小牛特训营
学习精要

————— 财学堂 ❍ 著

中国经济出版社
CHINA ECONOMIC PUBLISHING HOUSE

北京

图书在版编目 (CIP) 数据

小牛特训营学习精要 / 财学堂著 . -- 北京：中国经济出版社，2024.8. --ISBN 978-7-5136-7889-6

I. F830.91

中国国家版本馆 CIP 数据核字第 2024F53V20 号

责任编辑	贺　静
责任印制	马小宾
封面设计	财学堂·视觉设计部

出版发行	中国经济出版社
印 刷 者	四川省平轩印务有限公司
经 销 者	各地新华书店
开　　本	787mm×1092mm 1/16
印　　张	13.5
字　　数	206 千字
版　　次	2024 年 8 月第 1 版
印　　次	2024 年 8 月第 1 次
定　　价	99.00 元
广告经营许可证	京西工商广字第 8179 号

中国经济出版社 网址 http://epc.sinopec.com/epc　社址 北京市东城区安定门外大街 58 号　邮编 100011
本版图书如存在印装质量问题，请与本社销售中心联系调换（联系电话：010-57512564）

版权所有　盗版必究（举报电话：010-57512600）
国家版权局反盗版举报中心（举报电话：12390　服务热线：010-57512564）

编委会

主　任　照　雲

成　员　财学堂财经教育发展促进研究院

　　　　　高　亮　　冯国磊　　北　斗　　张穗鸿

　　　　　郑声友　　丁　洋　　刘煦然　　黄　平

前言

　　中国资本市场在近 30 年的发展中取得了显著成就。从交易所的成立到监管体系的完善，从法律法规的实施到市场创新与产品的丰富，再到对外开放与合作的不断深化，中国资本市场已经发展成为一个功能完善、规模庞大的金融市场体系。在过去数十年中，投资承载了许多人的梦想，也让一些投资者获得了可观的财富。然而，市场行情也颠簸不定，造成了一些投资者的严重损失。

　　在这个日新月异、波澜壮阔的时代，市场中的变化与机遇如潮水般汹涌而至。我们心怀激情和使命，深信财经教育对每个人来说都是一项非常宝贵的投资。财学堂作为一家深耕财经领域并致力于推动财经教育蓬勃发展的企业，成立近 10 年来，始终致力于为个人提供财经职业规划及帮助股民进行财经知识系统化学习，以及协助投资者享受中国资本市场红利。

　　随着数字化和金融科技的不断进步，金融行业正经历着前所未有的变革。同时在全球化的背景下，金融市场日益多元化和高度融合，国际金融活动不断增加，这使得金融行业人才需要具备更广泛的国际视野和更强的跨文化沟通能力。因此，培养金融人才与推动金融创新，提升金融素养，在当前全球经济环境中显得尤为重要。如今，财学堂推出这一系列财经书籍，旨在满足不同投资者的学习需求，让财经实际投资技术生动浅显，财经教育系统丰富，更加贴近生活。系列丛书涵盖了技术形态的精妙解析，也深入探讨了微观、中观、宏观经济的广阔天地还有趋势政策分析。同时我们汇聚了学术派的严谨与市场派的活力，全面覆盖财经教育领域的各个方面。我们深知，财经教育有助于提升公众的金融素养和风险意识，可以帮助投资者更好地理解金融市场的运作规律和风险特征；通过接受财经教育，投资者可以更加明智地进行金融决策，避免陷入金融陷阱和遭遇金融风险。同时，可以减少金融市场的信息不对称和投机行为，降低金融风险和金融危机发生的可能性。

　　通过系统的财经教育，可以培养出具备专业知识和实践能力的金融人才，为金融行业的发展提供有力支持；同时财经教育学习还可以帮助人们更好地管理个人财务和企业财务，提高经济效益和社会效益。

因此，财经知识不仅仅是冰冷的数字和复杂的模型，它更是一种智慧，是能够指引我们在市场浪潮中稳健前行的"灯塔"。因为每一次投资决策都是一场实打实的真金白银的较量，我们希望通过这些内容，将对市场走势的理性解读和对行业发展趋势的深刻分析，传递给每一个热爱投资学习、渴望成长的人，让投资者能够更好地理解市场、把握机遇，实现投资的稳定增长。

当然，想要在投资中生存并受益，就必须掌握抗风险的本领，要有全局意识思维，同时要善于总结经验教训，善于学习并掌握一套投资方法。而财经知识应该能够被更多的人接触和掌握，而不应该被局限于少数精通金融术语的专业人士，"传承投资智慧，播种希望工程"，真正实现普惠金融。

"一万小时定律"指出1万个小时的锤炼是任何人从平凡变成世界级大师的必要条件。顶尖的运动员、音乐家、棋手，需要花一万小时，才能让一项技艺至臻完美。同样的，只有经过大量的交易和不断的优化，才有成为专业人士的可能，才可以完成从普通投资者到操盘高手的蜕变。

时间的投入固然重要，但更重要的是持续地学习、实践，并不断反思和调整投资策略，还需要结合市场实际情况，总结每一次的交易经验和教训，从而不断提升自己的投资能力。通过学习财学堂投资系列丛书，相信你在短时间内，能够掌握投资的核心知识和技能，可以找到学习投资的捷径，得到点拨和指引。财学堂希望每一个读者都能从中受益，不仅能够提升投资技能和认知水平，在市场中获得实实在在的收益，还能构建个人投资者职业财经知识体系，为金融行业提供专业人才。

面对数字化、全球化、监管加强等挑战和机遇，金融行业需要不断提高自身的竞争力和创新能力。而财经教育作为提升公众金融素养、培养金融人才、推动金融创新的重要手段之一，应该得到更多的重视和支持。未来，财学堂将响应国家政策，致力于培养更具国际化金融视野的高层次财经职业人才，推动中国金融市场的建设与发展。我们希望通过不断的学习和积累经验，为财经领域注入新鲜血液，焕发新的活力和创造力，为金融行业的持续发展和社会的经济繁荣做出更大的贡献。

不忘初心，砥砺前行。财学堂始终秉承"人人都做合格投资人"的办学宗旨。我们相信，在未来的日子里，这些书籍将伴随着更多的读者走过市场的风风雨雨，见证投资者的成长与成功。

目录

① 高亮专栏   1
朱雀战法 —— 趋势战法   2
玄武战法 —— 短线战法   7
白虎战法 —— 涨停战法   19

② 冯国磊专栏   23
数据掘金估值见顶底   24
暴力大阳擒涨停战法   26
遍地黄金三角形战法   30
势不可当四渡赤水战法   34
静待花开均线黏合战法   36
随心套利分时吸筹战法   39

③ 北斗专栏   41
蜻蜓点水短线战法   42
空中飞仙短线战法   44
回头望月捉妖短线战法   48
像机构一样获利   52

4 张穗鸿专栏 — 59

- 单日反转 K 线 — 60
- 头肩底形态抓住股票赚钱基因 — 62
- 九五至尊战法 — 64
- 潜龙在渊战法 — 66
- 博弈长阳战法 — 68

5 郑声友专栏 — 69

- 大盘因子 — 70
- "技术面"因子之起涨位置和 K 线形态 — 72
- 主力预埋程度 — 76
- 买点方法一：打首板、抢首板 — 79
- 日 K 级别的支撑线止损保护 — 83

6 丁洋专栏 — 86

- 大盘智慧 —— 股市牛熊运动精解 — 87
- 大盘涨跌规律 — 91

7 刘煦然专栏 — 95

- 普通人寻找身边的预期差 — 96
- 寻找戴维斯双击 — 106

8 黄平专栏 — 109

- 识别传统分析方法的优劣 — 110
- 学习地利 发现机会 — 113
- 社会财经现象与股市的关系 — 117

❾ 财星专栏　　　　　　　　　　　　　　　　　120

一线游资操作手法　　　　　　　　　　　　121
集合竞价的规则　　　　　　　　　　　　　126
集合竞价抓涨停　　　　　　　　　　　　　129
竞价抓涨停 —— 天地乾坤战法　　　　　　135
涨停板的六大类　　　　　　　　　　　　　139
K线密码之涨停板分时形态　　　　　　　　145
短线盯盘 —— 九大元素看机会和风险　　　150
超短线首板战法　　　　　　　　　　　　　152
龙头首板战法　　　　　　　　　　　　　　153
打板战法：连板接力（一进二）　　　　　　154
龙头战法：地天板（22厘米）　　　　　　　156
板后倍量阴　　　　　　　　　　　　　　　159
缩量阴线风控法　　　　　　　　　　　　　160
缩量阳线持股法　　　　　　　　　　　　　161
高量柱战法 —— 攻防实战利器　　　　　　162
均线共振手法　　　　　　　　　　　　　　182
飞龙在天　　　　　　　　　　　　　　　　184
龙回头战法　　　　　　　　　　　　　　　185
市场总龙头接力战法　　　　　　　　　　　187
龙头二波顶级策略　　　　　　　　　　　　189
蚂蚁战法：高胜率尾盘选股　　　　　　　　190
超跌反弹战法　　　　　　　　　　　　　　191
势不可当攻击回调战法　　　　　　　　　　192
注册制战法 —— 涨停回调低吸　　　　　　193
一根线抓牛股起爆点战法　　　　　　　　　194
起爆K战法　　　　　　　　　　　　　　　196
筹码峰八大跟庄战法　　　　　　　　　　　200

后记　　　　　　　　　　　　　　　　　　205

1 高亮 专栏

- 财学堂特邀名师
- 曾任私募基金高级研究员，自创新趋势量化交易体系
- 积累 16 万字笔记 + 数万次股市教学案例浓缩的精华战法

趋势精灵

精通基础的裸 K 形态、动力指标、趋势交易法等技术分析；对相对角度理论、道氏理论、波浪理论、江恩理论、缠论等多项制胜金融市场的武器体系，具有丰富的理论知识和实操经验。

对国内和国际金融市场等各类基本面的关系，以及期货市场和国际能源对市场经济的影响有着深入研究，能更好地把握市场趋势；自创"时空共振交易战法""江恩结构共振交易战法""新趋势交易战法""新资管体系"等交易技法和理论体系。

熟练运用"X 战法"模型策略(系列)、"缠 1 号战法"模型策略、"缠 2 号战法"模型策略(系列)等量化交易体系。

擅长的市场：股票、期货、外汇。

朱雀战法——趋势战法

一、朱雀战法 1 号 —— 判断底部

❶ 找点。

❷ 画线。

❸ 判断下跌结束。

(1) 结构：衰竭 + 背驰 + 角度。

(2) 趋势线：有效突破。

❹ 判断上涨稳定。

(1) 结构：角度 + 上升趋势。

(2) 裸 K：强 K 反 (破趋势线)。

朱雀战法 1 号——判断底部的案例如图 1-1 至图 1-3 所示。

案例 1-1

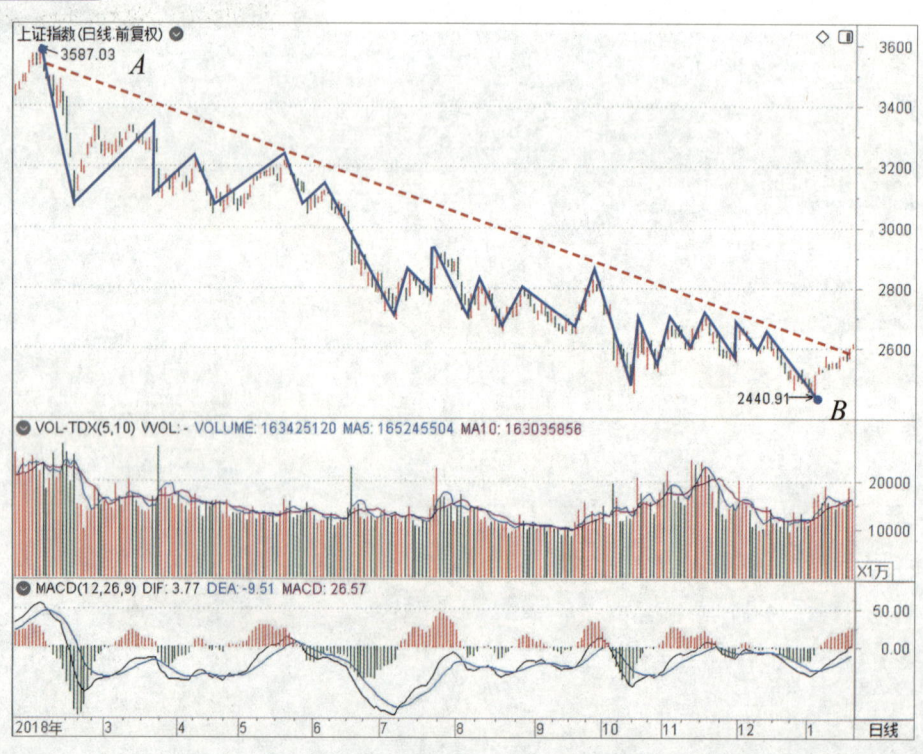

▲图 1-1　朱雀战法 1 号 —— 判断底部 K 线示例 1

1 高亮专栏

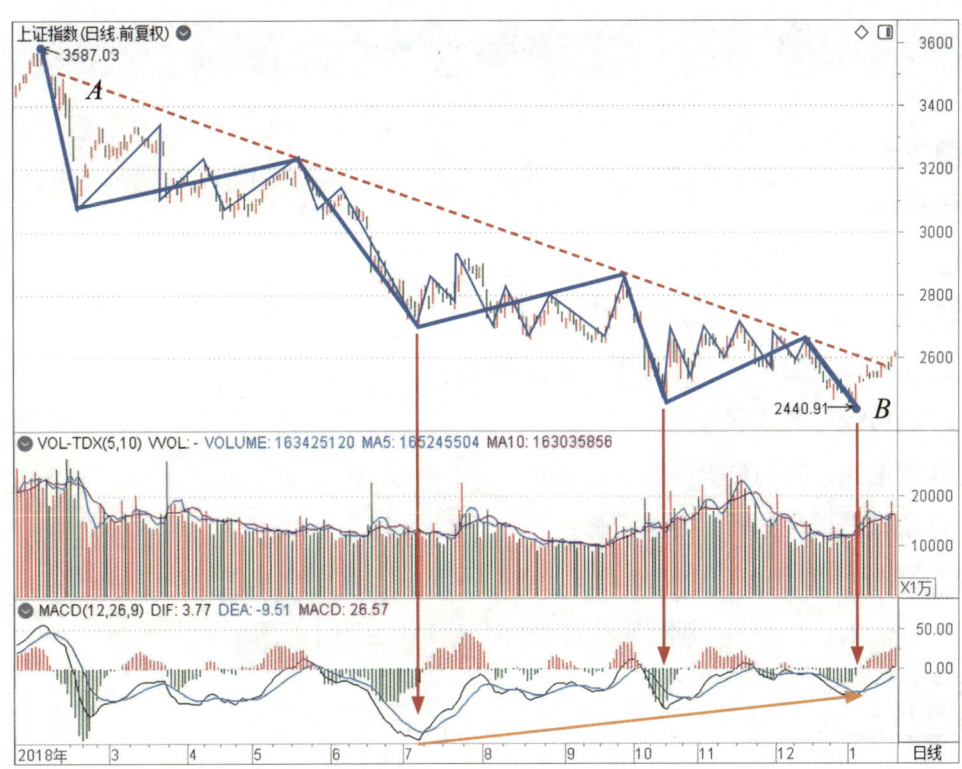

▲ 图1-2 朱雀战法1号——判断底部K线示例2

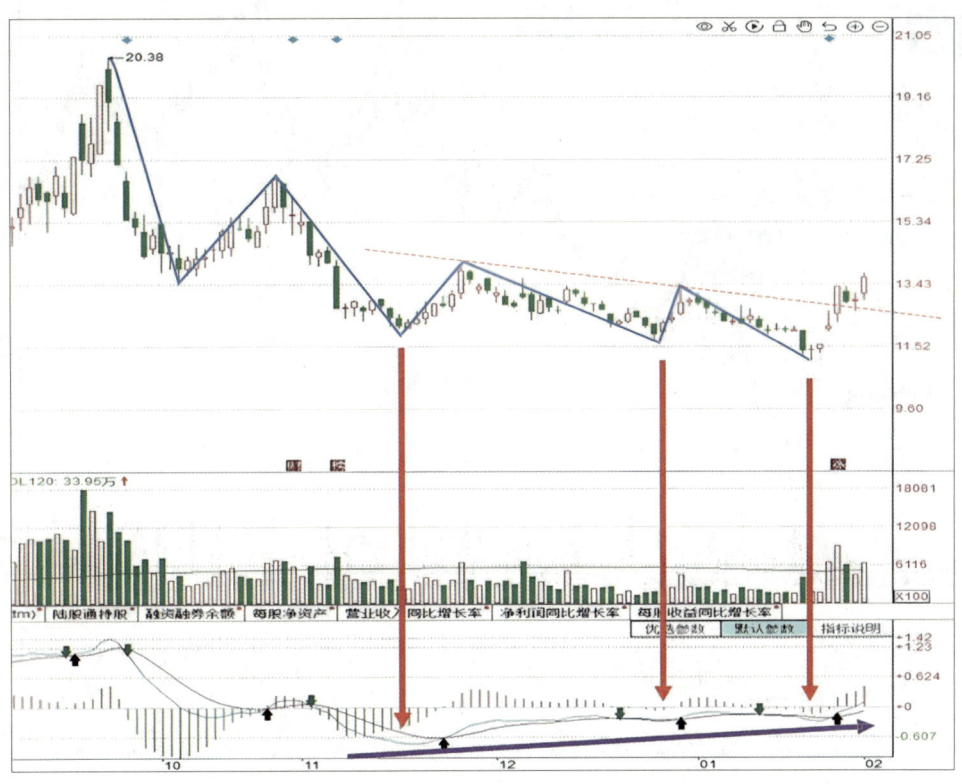

▲ 图1-3 朱雀战法1号——判断底部K线示例3

二、朱雀战法 2 号——判断顶部

❶ 找点。

❷ 画线。

❸ 买入点：参考朱雀战法 1 号。

❹ 卖出。

(1) **结构**：衰竭 + 背驰 + 角度 + 下降趋势。

(2) **趋势线**：有效跌破。

(3) **基本面**：宏观分析 + 行业分析。

(4) **题材**：板块分析 + 龙头分析。

备注 出货看成交量意义不大。

朱雀战法 2 号——判断顶部的案例如图 1-4 至图 1-6 所示。

案例 1-2

▲ 图 1-4 朱雀战法 2 号——判断顶部 K 线示例 1

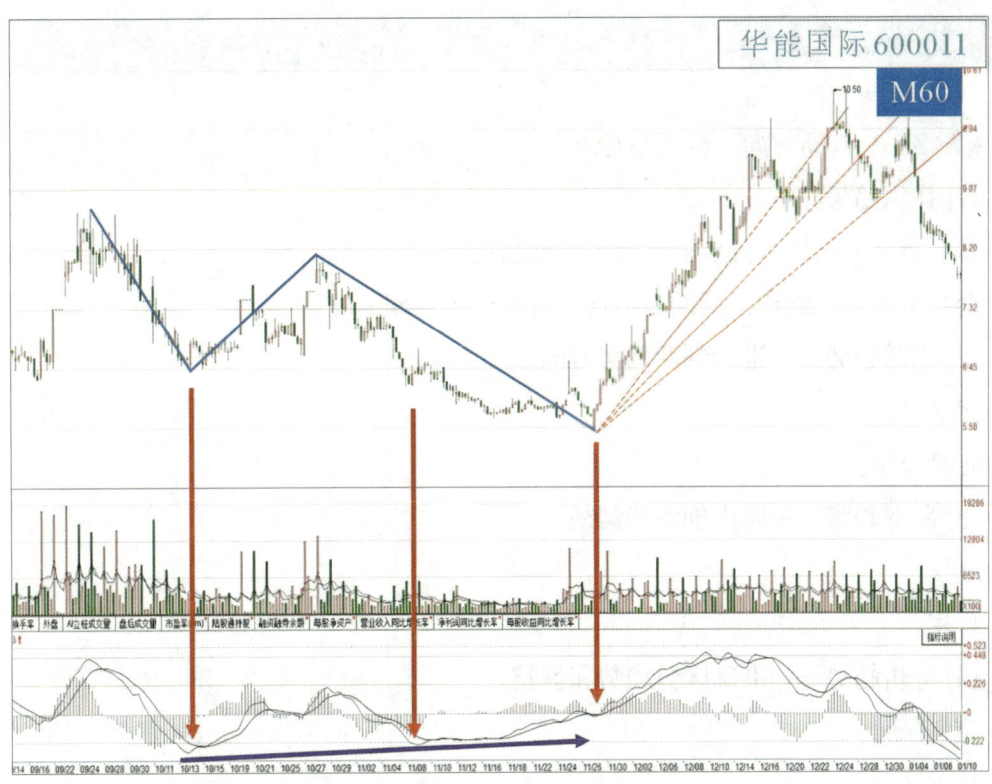

▲ 图1-5 朱雀战法2号——判断顶部K线示例2

买入： 6.8元。

卖出： 9.5元。

10～15天——获利40%（见图1-6）。

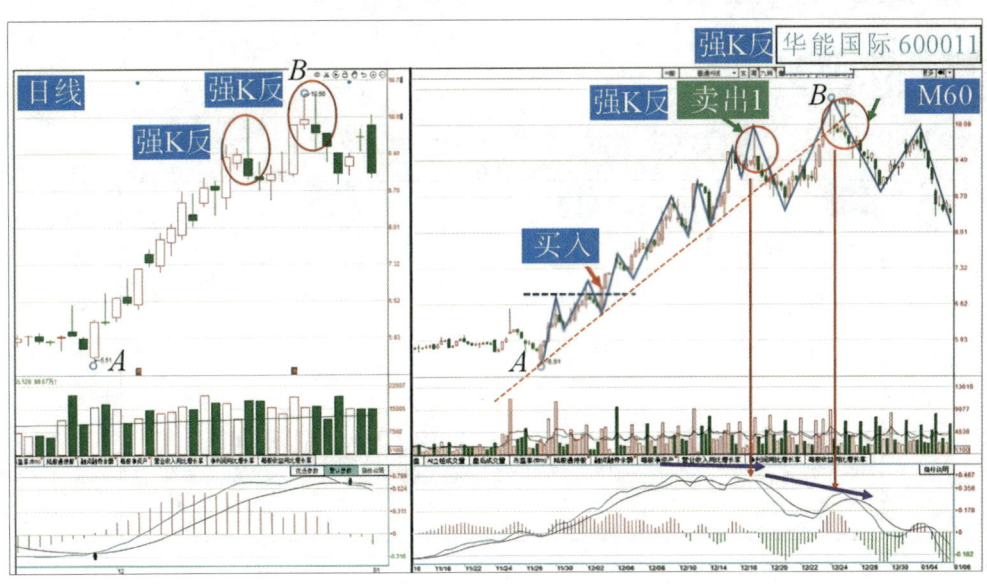

▲ 图1-6 朱雀战法2号——判断顶部K线示例3

三、朱雀战法总结

❶ 核心：判断方向，分析趋势。

(1) 认识趋势。

核心意义——技术分析的三大公理性前提。

趋势分类——结构、周期、特性、价格分级定理、缠论。

(2) 判断趋势——准确判断趋势方向。

定性分析。

定量分析。

(3) 跟踪趋势——画正确的趋势线。

画法。

作用。

(4) 分析趋势——准确区分趋势和盘整。

定义区分。

技术区分。

❷ 核心要点。

(1) 准确判断起涨点。

(2) 有效跟踪趋势。

(3) 清楚盈利、止损位置。

课后作业

● 图 1-7 中的 A、B、C 三个图形中，哪个图形会走出下跌趋势？

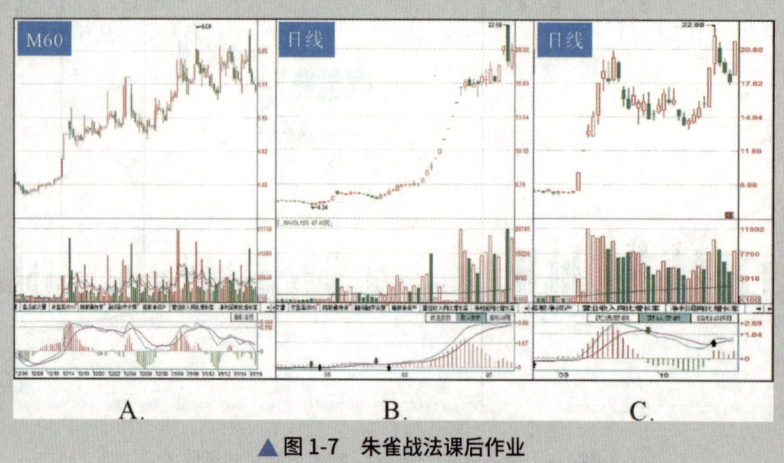

▲ 图 1-7　朱雀战法课后作业

玄武战法——短线战法

一、玄武战法 1 号

❶ **结构**：(1) ∠BAx>45 度；(2) ∠BCx<45 度。

❷ **成交量**：AB 段放量 > 平均地量。

❸ **涨幅**：AB 段涨幅小于 50%。

玄武战法 1 号的案例如图 1-8 至图 1-15 所示。

案例 1-3

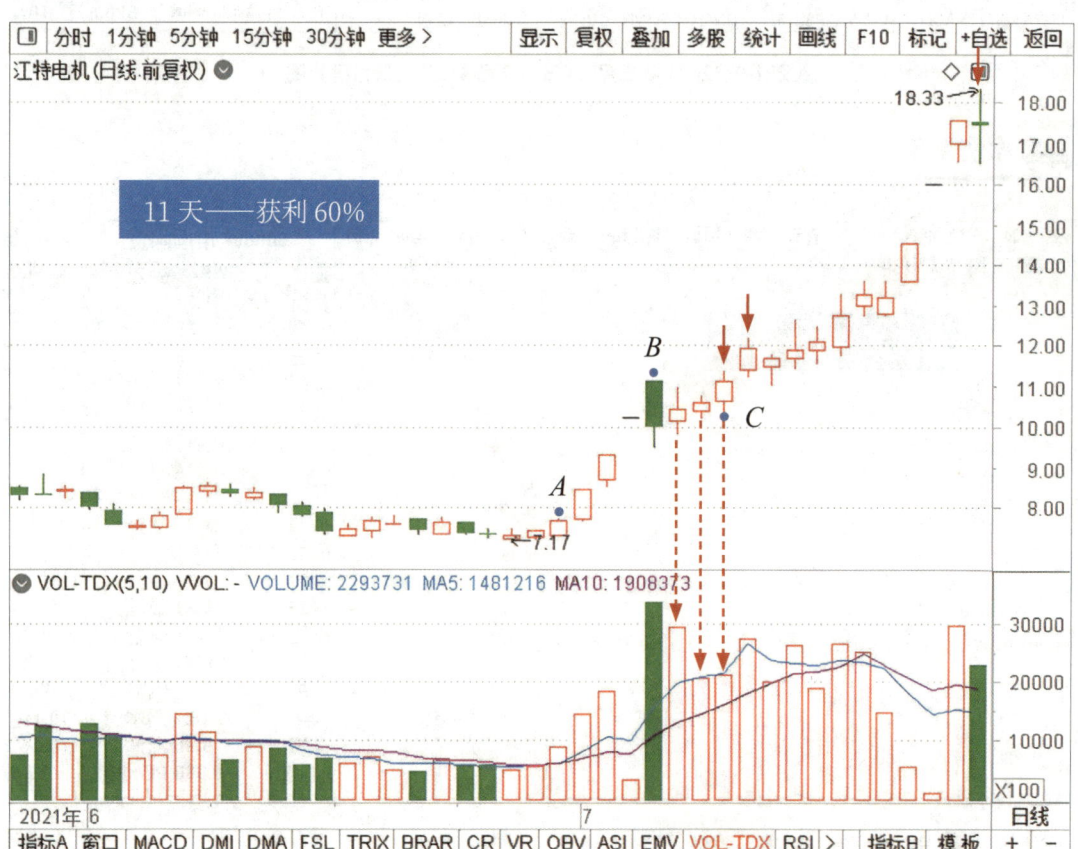

▲ 图 1-8　2021 年 5 月 31 日—7 月 26 日江特电机日 K 图

案例 1-4

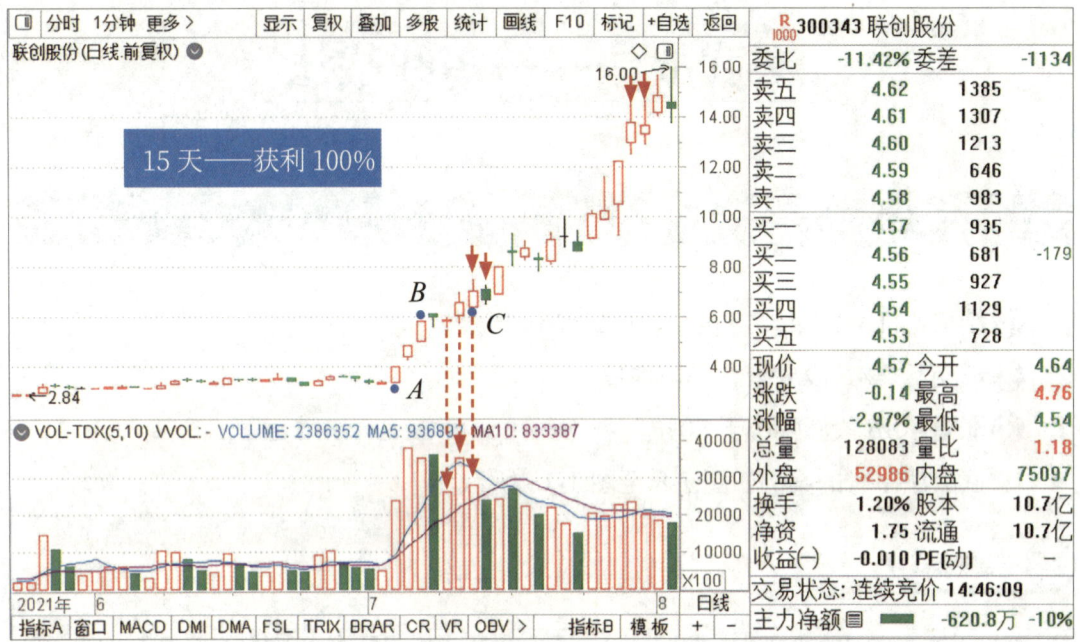

▲ 图 1-9　2021 年 5 月 24 日—8 月 3 日联创股份日 K 图

案例 1-5

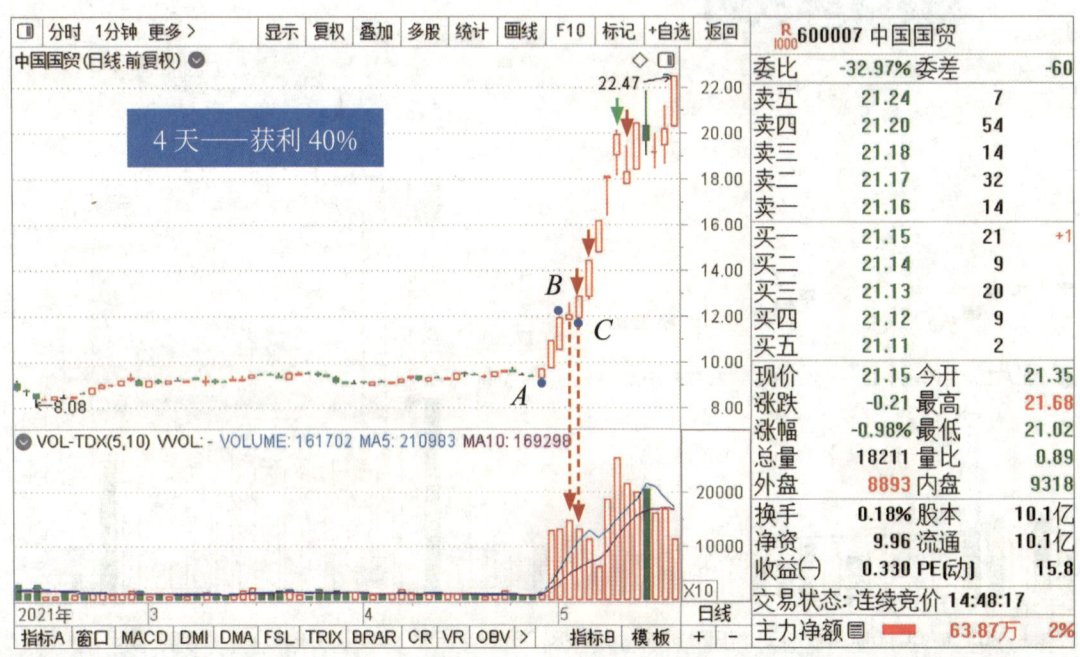

▲ 图 1-10　2021 年 2 月 2 日—5 月 24 日中国国贸日 K 图

案例 1-6

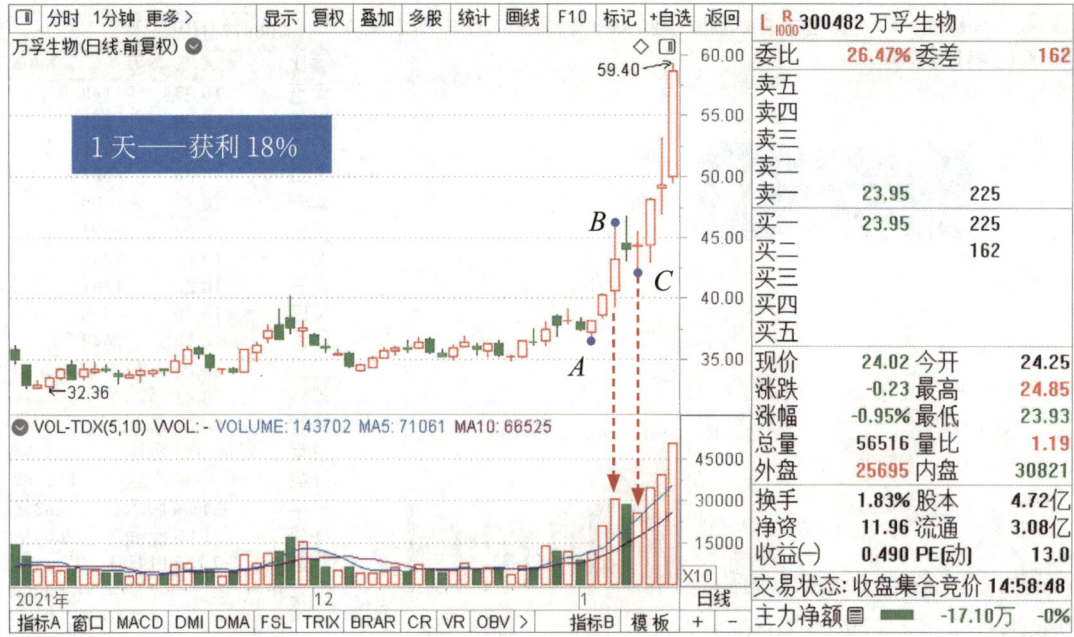

▲图 1-11 2021 年 10 月 26 日—2022 年 1 月 14 日万孚生物日 K 图

案例 1-7

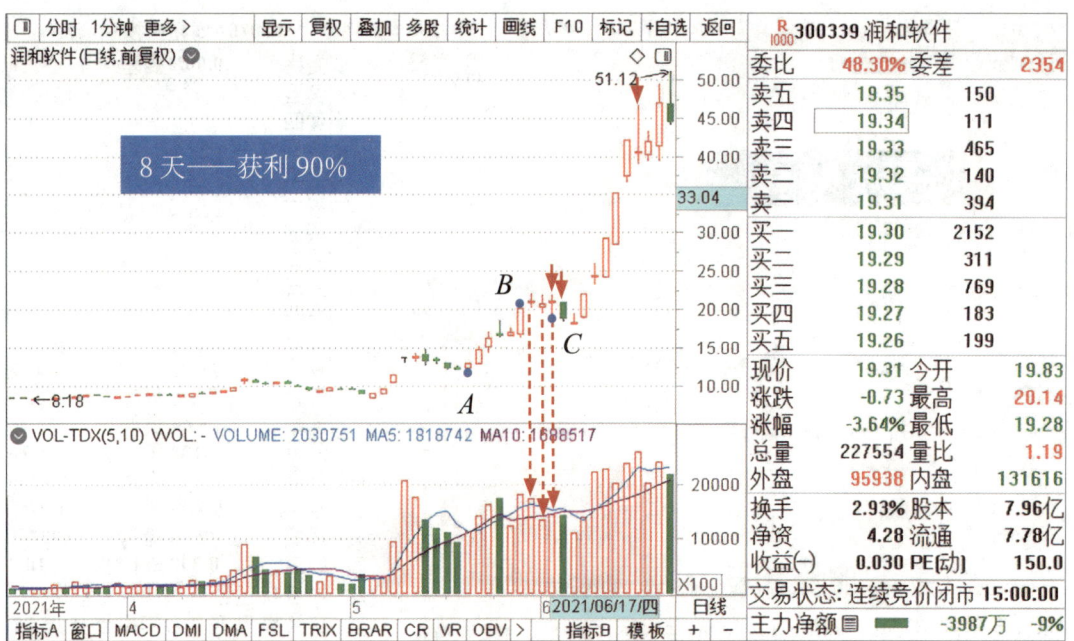

▲图 1-12 2021 年 3 月 17 日—6 月 25 日润和软件日 K 图

案例 1-8

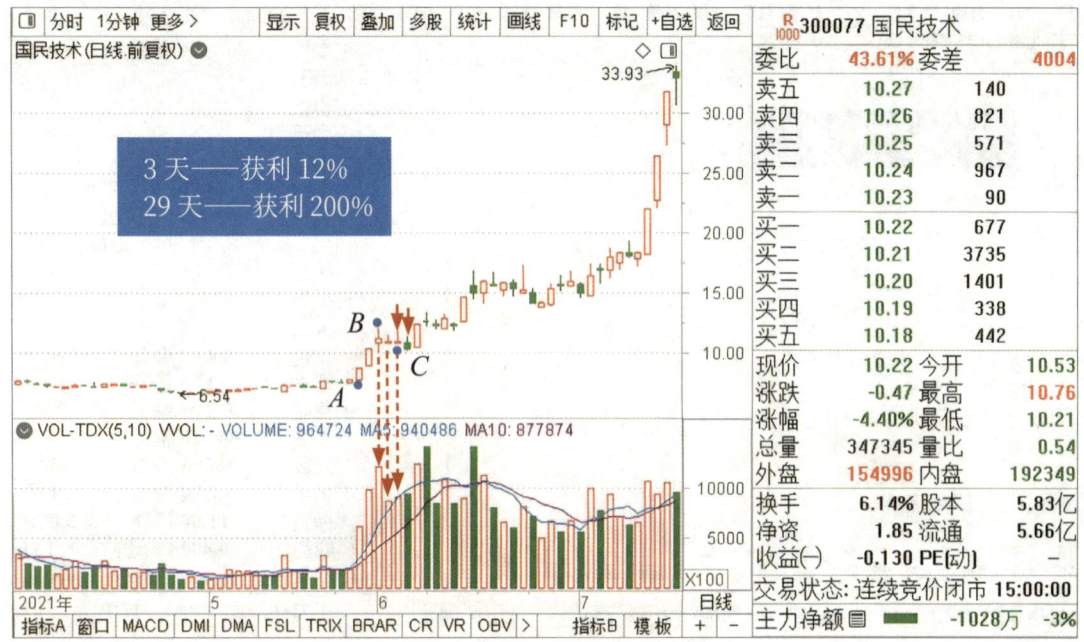

▲图 1-13　2021 年 4 月 2 日—7 月 22 日国民技术日 K 图

案例 1-9

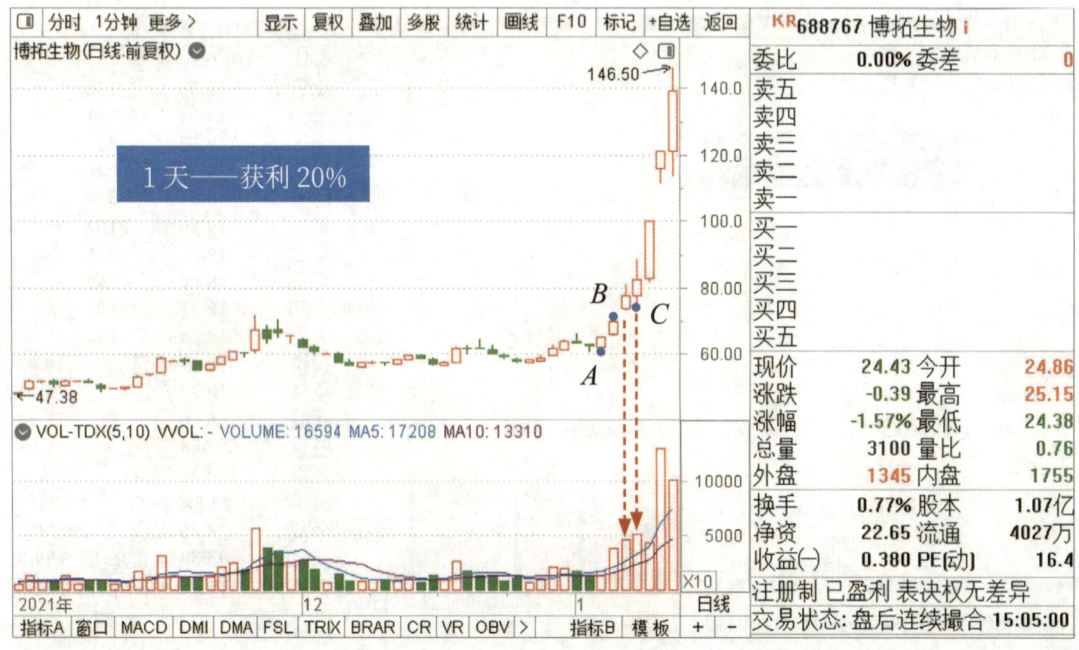

▲图 1-14　2021 年 10 月 28 日—2022 年 1 月 14 日博拓生物日 K 图

案例 1-10

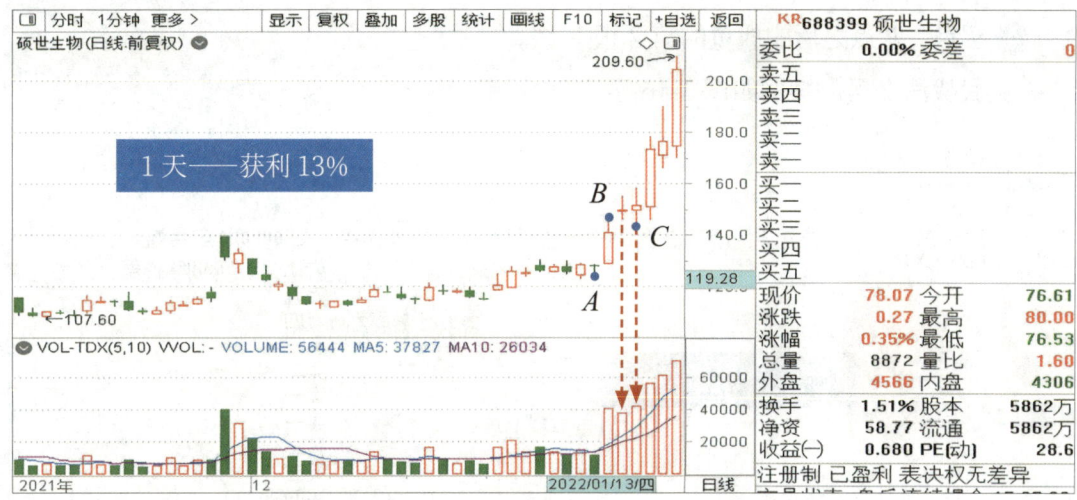

▲图 1-15　2021 年 11 月 8 日—2022 年 1 月 14 日硕世生物日 K 图

二、玄武战法 1 号总结

❶ **玄武战法 1 号关键点**。

(1) 动力学原理——底层逻辑。

(2) 成交量核心——最强规律。

(3) 技术量化——建立规则。

(4) 执行——实现稳定盈利。

❷ **趋势交易法关键点**。

(1) 学习价格运行规律。

(2) 建立成熟交易体系——不要靠心情交易。

(3) 训练执行力——不要追涨杀跌。

(4) 达成交易目标。

三、玄武战法 2 号

❶ **结构**。

(1) ∠*BAx*>45 度。

(2) *B* 点之后 K 线为调整的小阳或者中阳。

❷ **成交量**。

(1) *AB* 段成交量大于地量。

(2) BC 段成交量大于 AB 段成交量。

③ **涨幅**：AB 段涨幅小于 50%。

④ **买点**：B 点之后的放量的第 2 根 K 线。

玄武战法 2 号的案例如图 1-16 至 1-20 所示。

案例 1-11

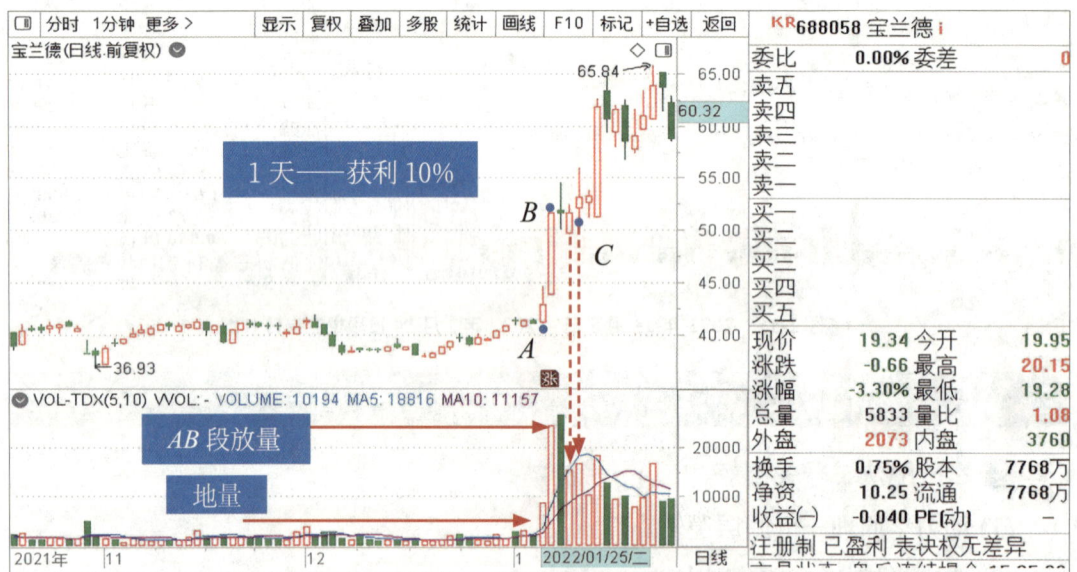

▲图 1-16　2021 年 10 月 18 日—2022 年 1 月 27 日宝兰德日 K 图

案例 1-12

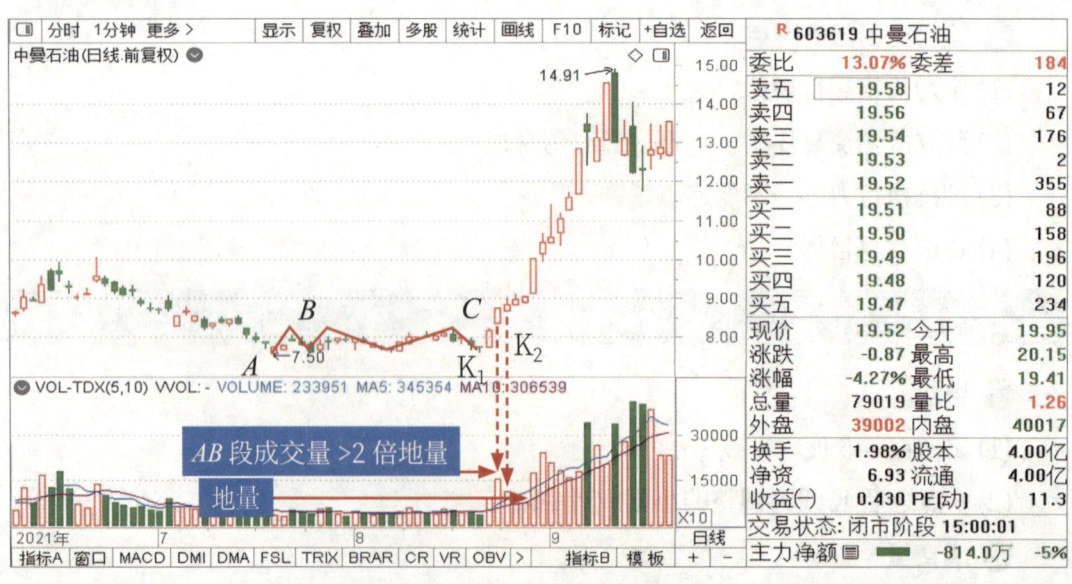

▲图 1-17　2021 年 6 月 8 日—9 月 22 日中曼石油日 K 图

1 高亮专栏

> **案例 1-13**

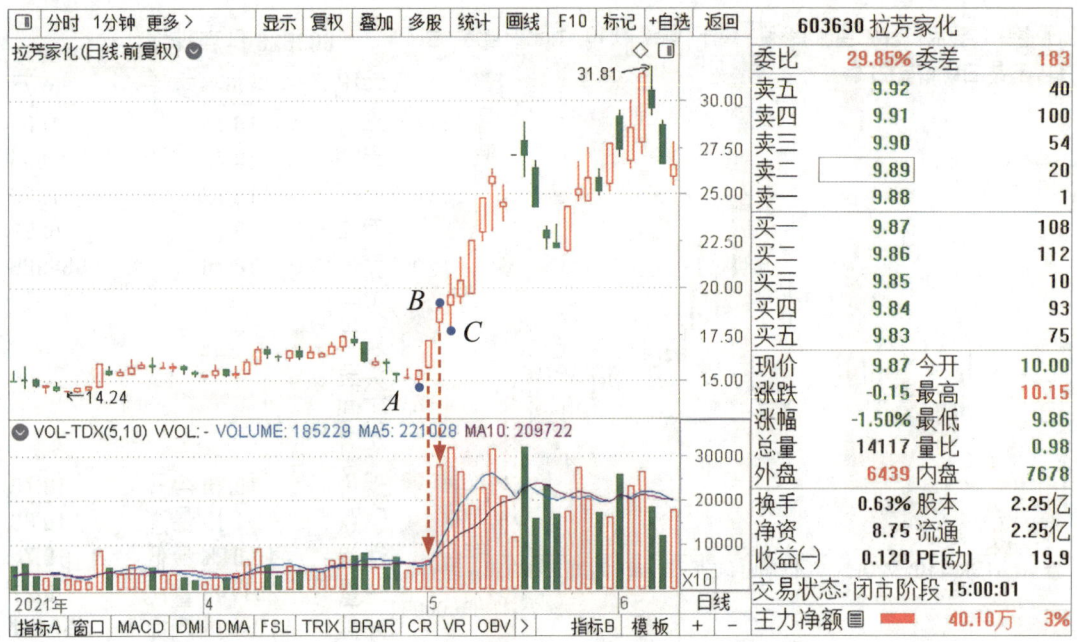

▲图 1-18　2021 年 3 月 8 日—6 月 8 日拉芳家化日 K 图

> **案例 1-14**

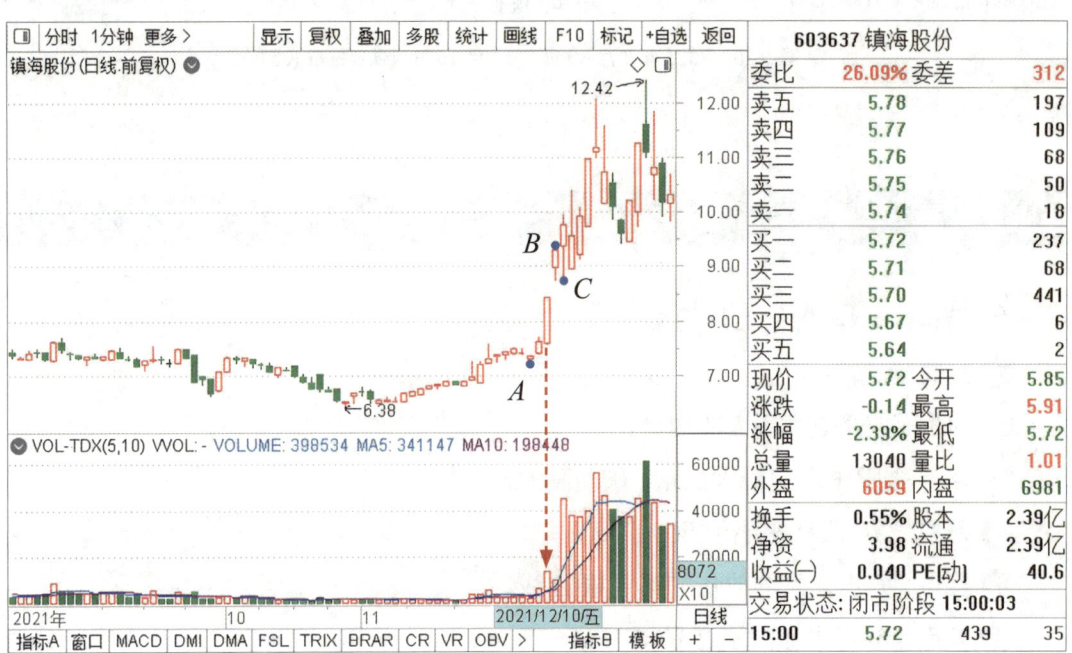

▲图 1-19　2021 年 8 月 24 日—12 月 22 日镇海股份日 K 图

案例1-15

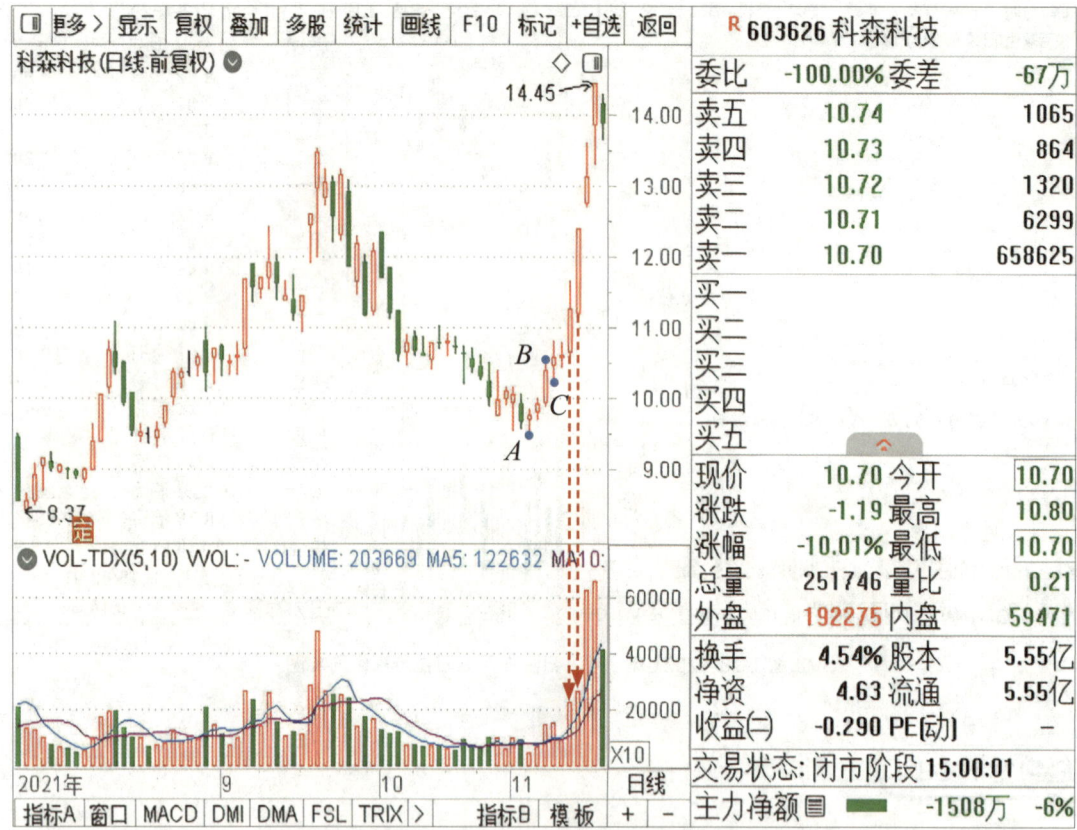

▲图1-20 2021年7月30日—11月16日科森科技日K图

四、玄武战法3号

❶ **结构：** AC段处于上升趋势。

❷ **成交量。**

（1）AB段成交量大于MA地量。

（2）K_1=强阳+历史最大放量（破前高为佳）。

❸ **涨幅：** AC段涨幅小于50%。

❹ **买点：** B点之后的放量的第3根K线。

❺ **卖点：** 参考朱雀战法2号。

玄武战法3号的案例如图1-21至1-27所示。

案例1-16

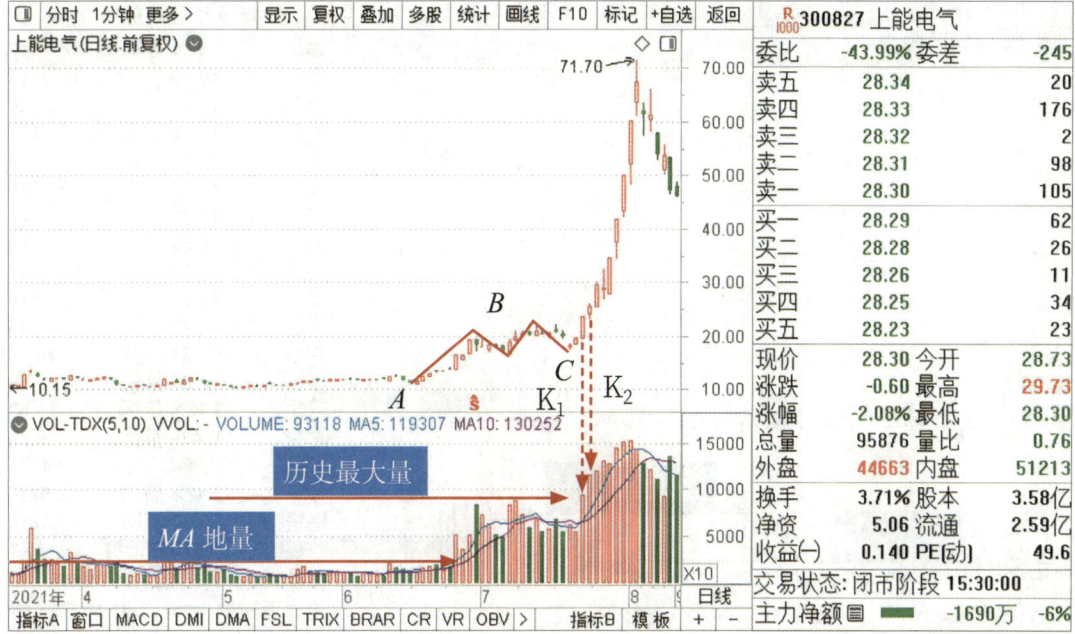

▲图1-21　2021年3月17日—9月1日上能电气日K图

案例1-17

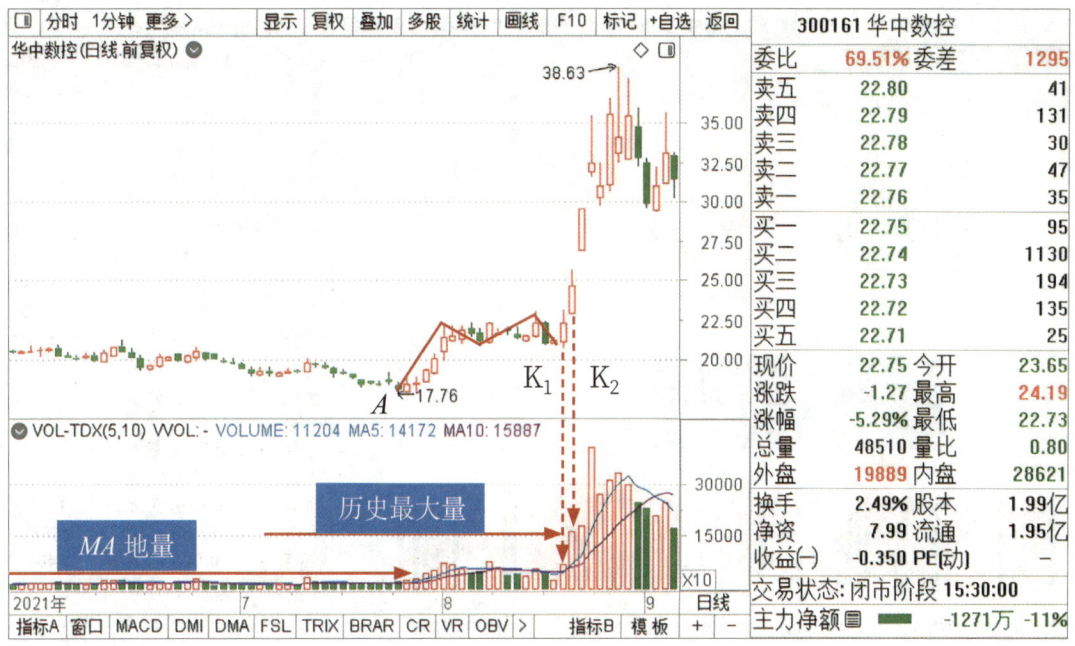

▲图1-22　2021年5月26日—9月6日华中数控日K图

案例1-18

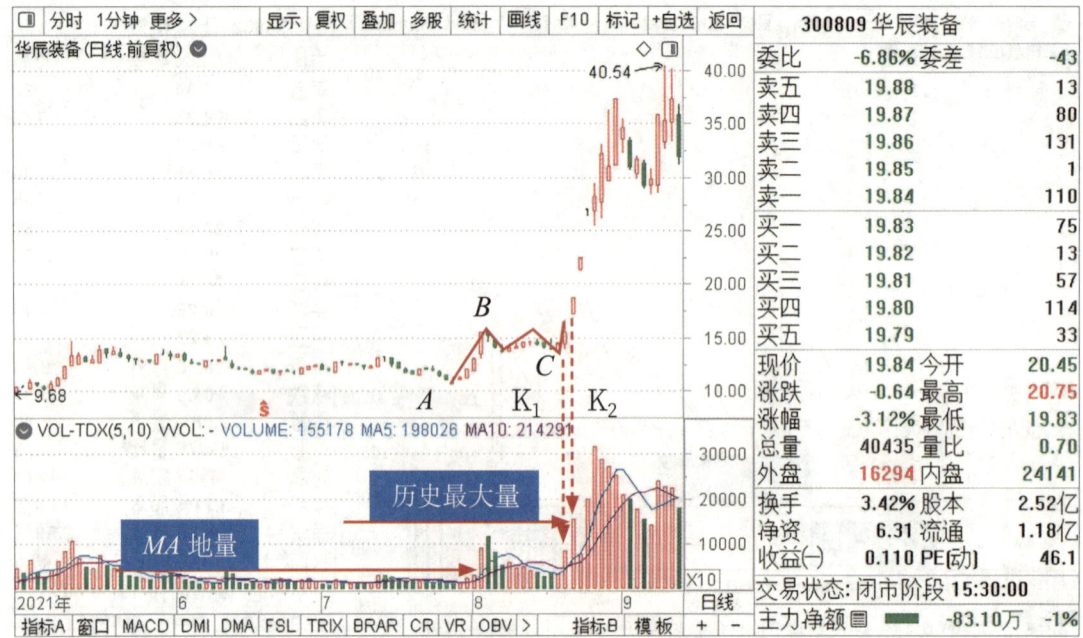

▲图1-23　2021年4月26日—9月17日华辰装备日K图

 案例1-19

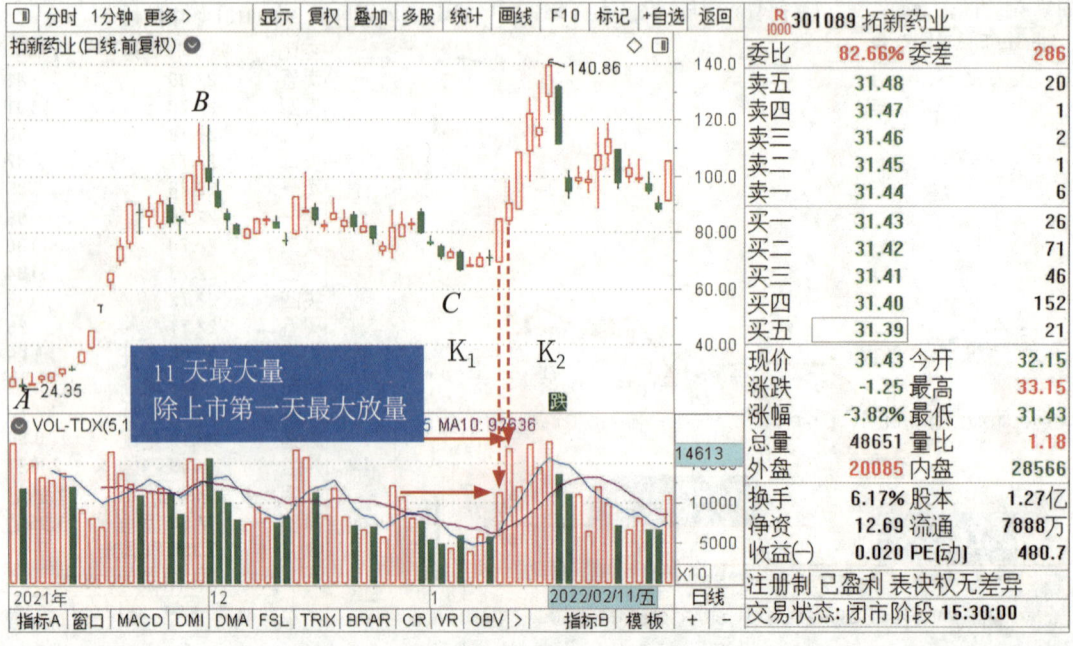

▲图1-24　2021年10月27日—2022年2月14日拓新药业日K图

1 高亮专栏

案例 1-20

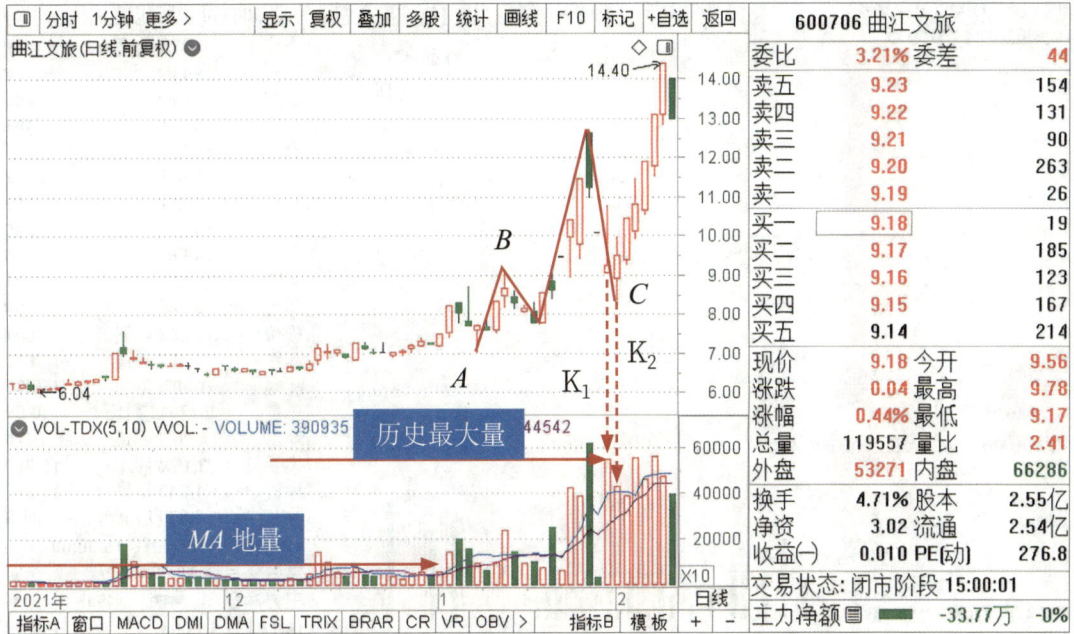

▲图 1-25　2021 年 10 月 29 日—2022 年 2 月 15 日曲江文旅日 K 图

案例 1-21

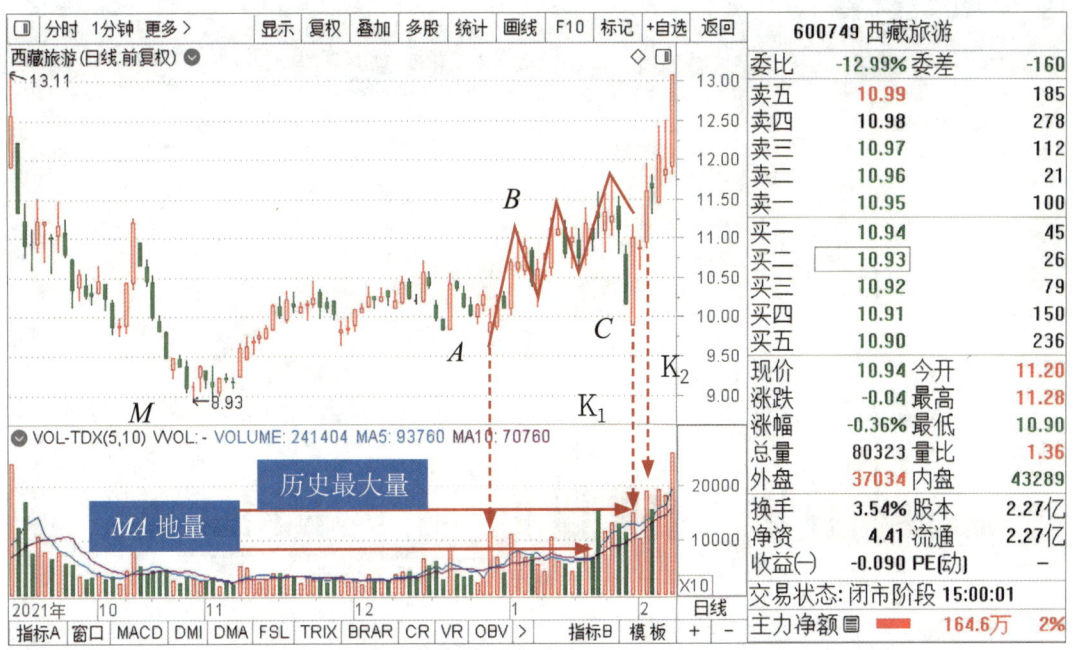

▲图 1-26　2021 年 9 月 10 日—2022 年 2 月 14 日西藏旅游日 K 图

案例1-22

▲ 图1-27　2022年12月27日—2023年4月7日中际旭创日K图

课后作业

- 图1-28中A、B、C三个图形中，哪个图形之后会走出上涨趋势？

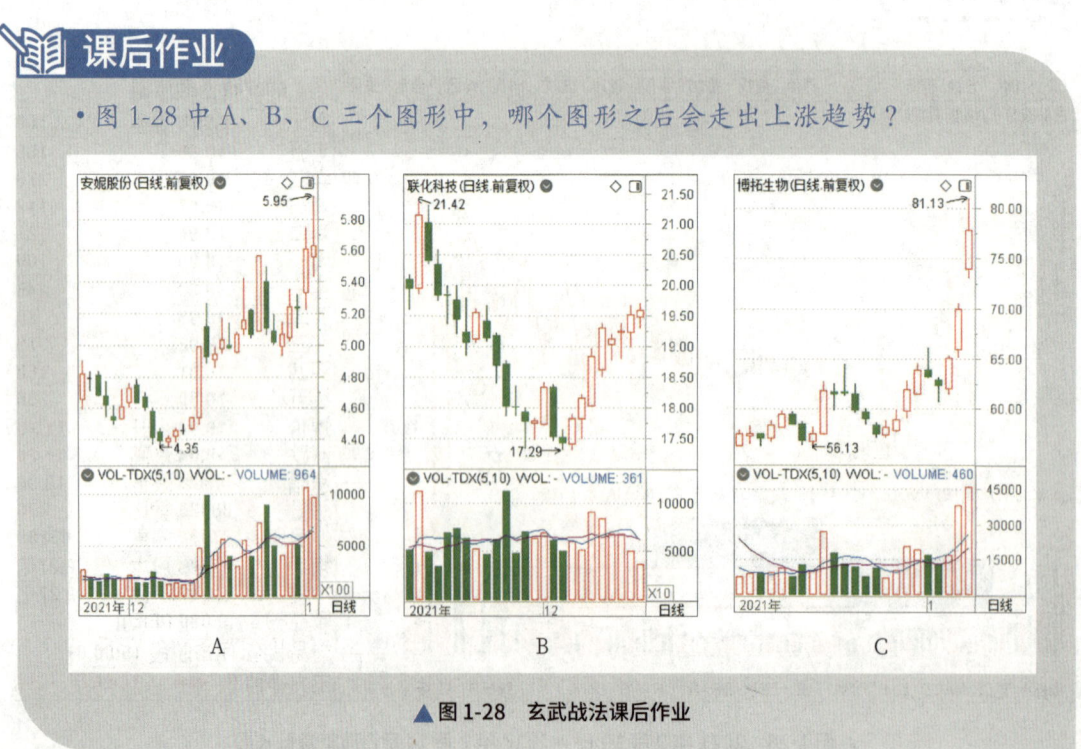

▲ 图1-28　玄武战法课后作业

白虎战法——涨停战法

白虎战法

❶ K 线状态：K_1 涨幅 = 涨停。

❷ 结构：$\angle BAx > 45$ 度。

❸ 成交量：K_1 放量 > 平均地量。

❹ 涨幅：AB 段涨幅小于 30%。

$B = K_2$ 最高点。

白虎战法 1 号的案例如图 1-29 至图 1-33 所示。

案例 1-23

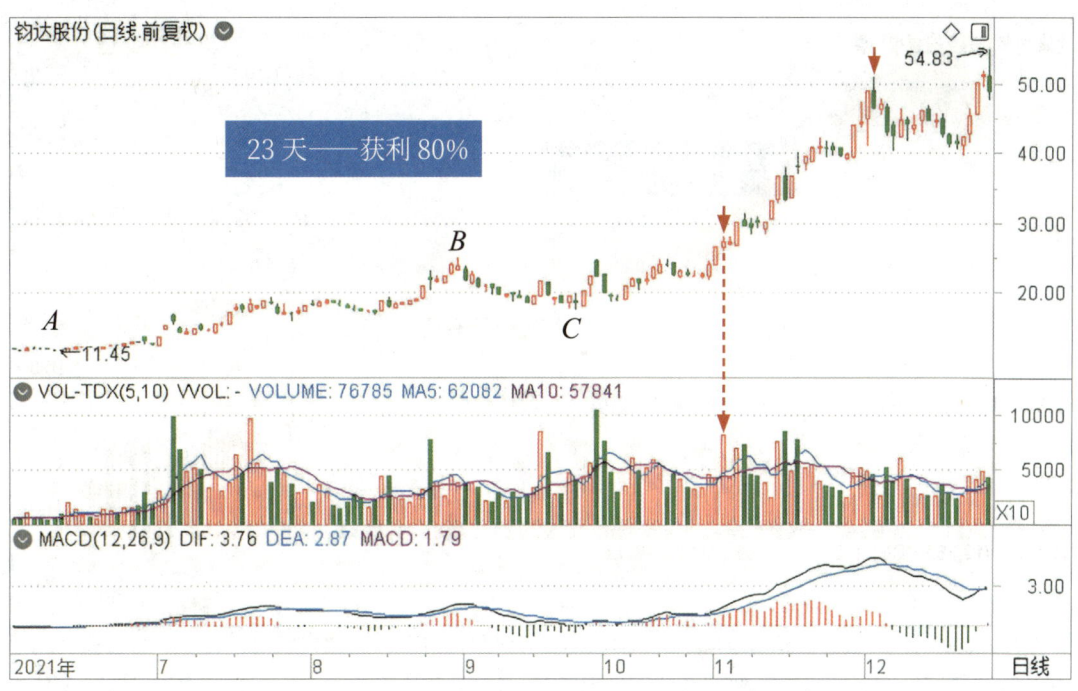

▲ 图 1-29　2021 年 6 月 1 日—12 月 27 日钧达股份日 K 图

小牛特训营学习精要

案例1-24

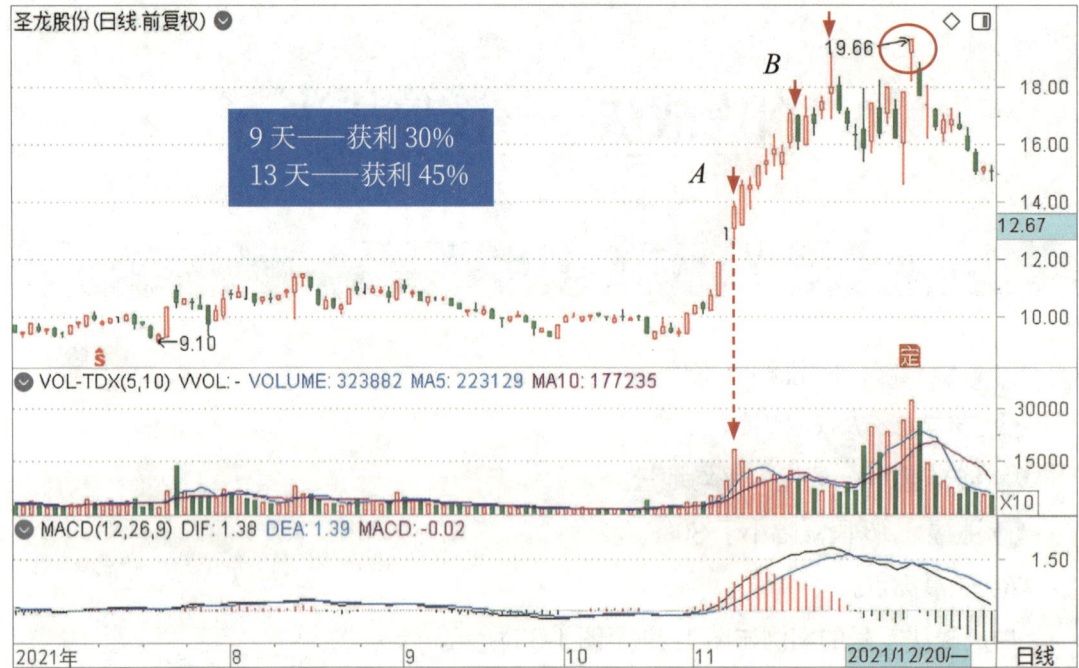

▲ 图1-30 2021年6月24日—12月22日圣龙股份日K图

案例1-25

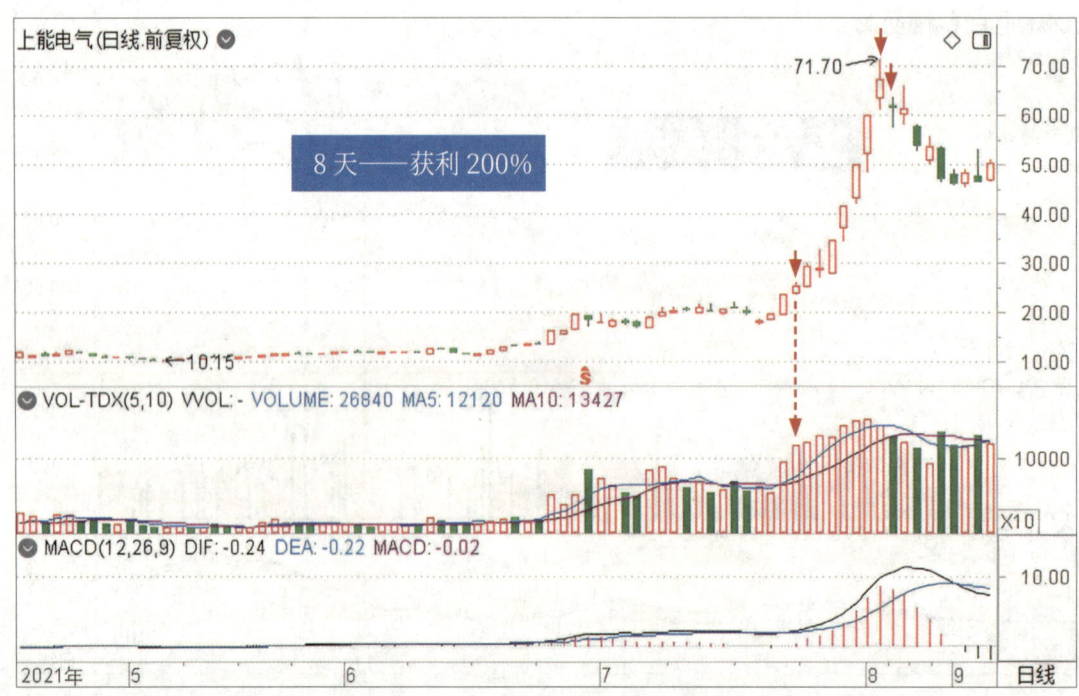

▲ 图1-31 2021年4月20日—9月6日上能电气日K图

◆ 案例1-26

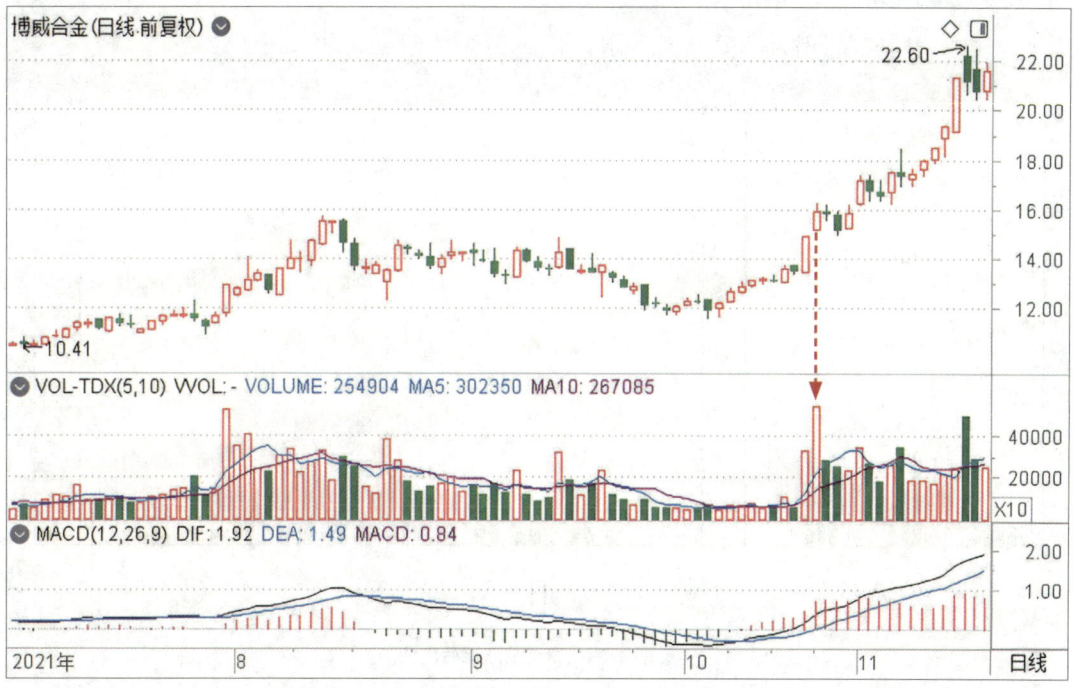

▲ 图1-32　2021年7月2日—11月17日博威合金日K图

◆ 案例1-27

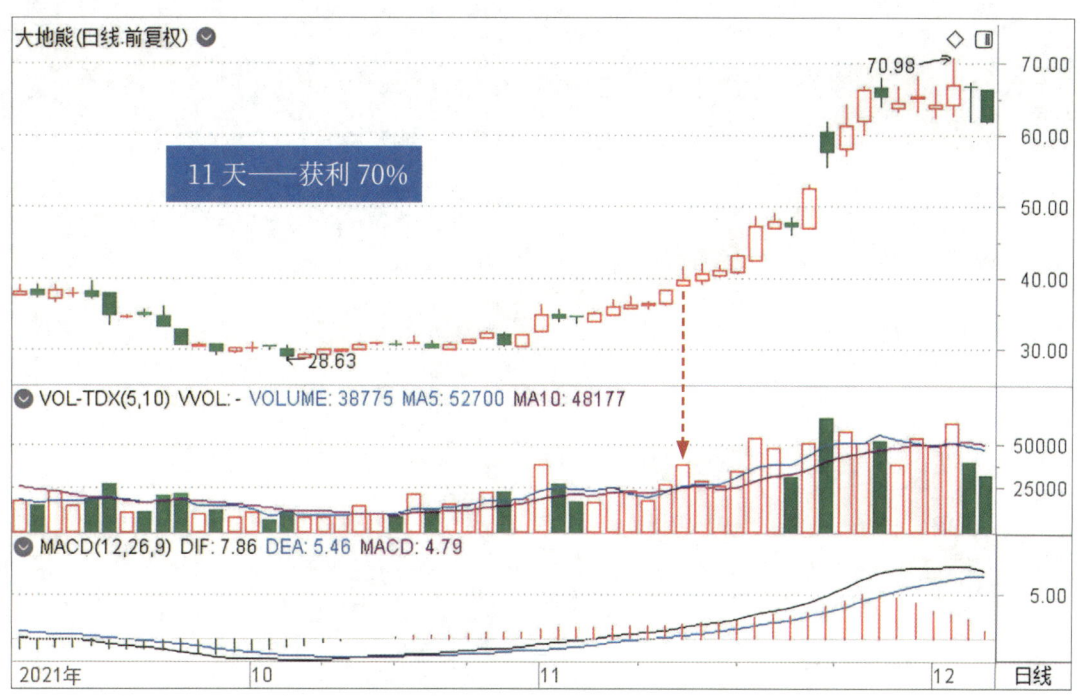

▲ 图1-33　2021年9月10日—12月6日大地熊日K图

课后作业

• 图1-34中A、B、C三个图形中,哪个图形之后会走出上涨趋势?

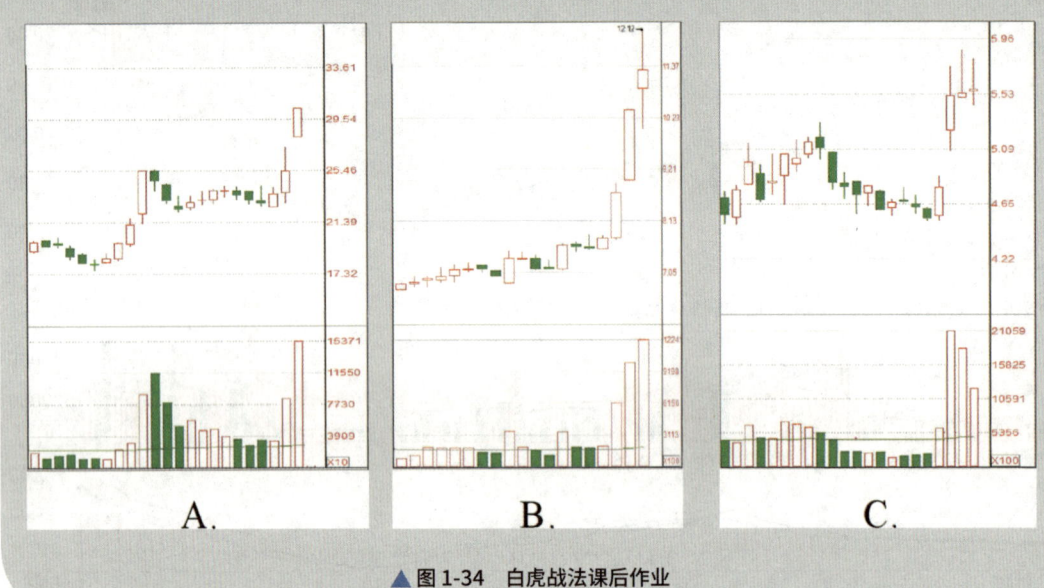

▲ 图1-34 白虎战法课后作业

② 冯国磊 专栏

- **财学堂特邀名师**
- 国内多档财经节目特邀嘉宾，曾任私募机构策略分析师

擒牛军师

擅长把握主力动向，能通过筹码、分时等盘口语言找准股票起爆点，锁定上涨主升浪，捕捉龙头股。

自创"响尾蛇战法""四渡赤水战法""均线黏合战法"等选股战法。通过公式指标教学，帮助投资者学会智能化选股。

精通基本面分析。遵循基本面选股、技术面择时的投资方法。自上而下找方向，自下而上定节奏。通过技术面择时优化相对交易区间，淡化绝对交易价格。

精通大盘和宏观分析。擅长把握大盘高低点，善于解读经济周期、宏观事件以及经济数据，从宏观角度把握市场的机会与风险。

数据掘金估值见顶底

一、战法逻辑

解析： 股市不以价格论短长，而以估值论高低。

3478 点与 6124 点的估值基本一样。上证指数每次等权市盈率低于 30 倍见底，每次高于 80 倍见顶（见图 2-1）。

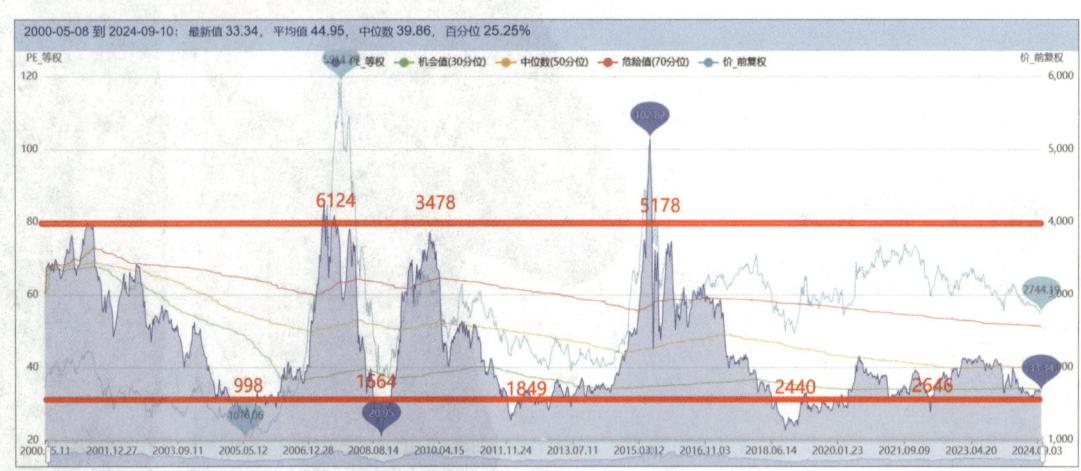

▲ 图 2-1　上证指数等权市盈率

二、市场现状

市场现状如图 2-2 和图 2-3 所示。

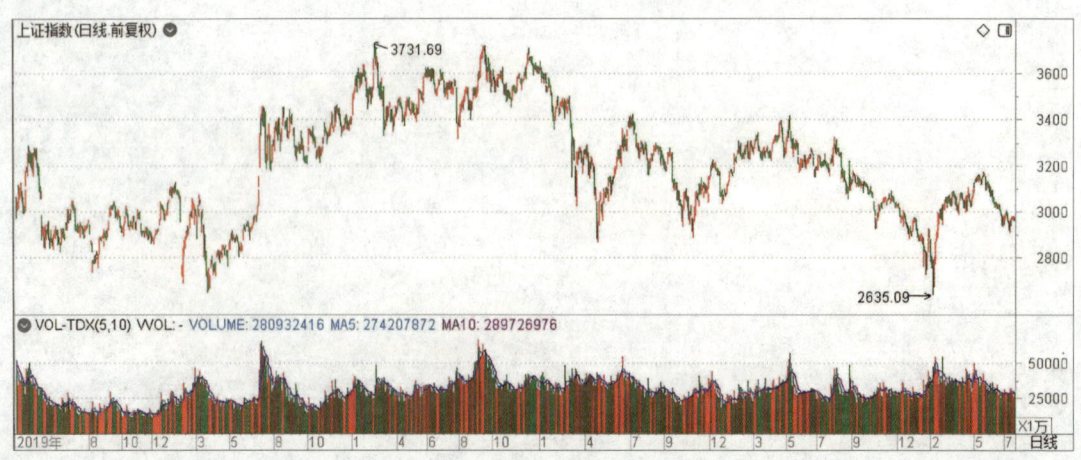

▲ 图 2-2　2019 年 4 月 —2024 年 7 月上证指数日 K 线 走势

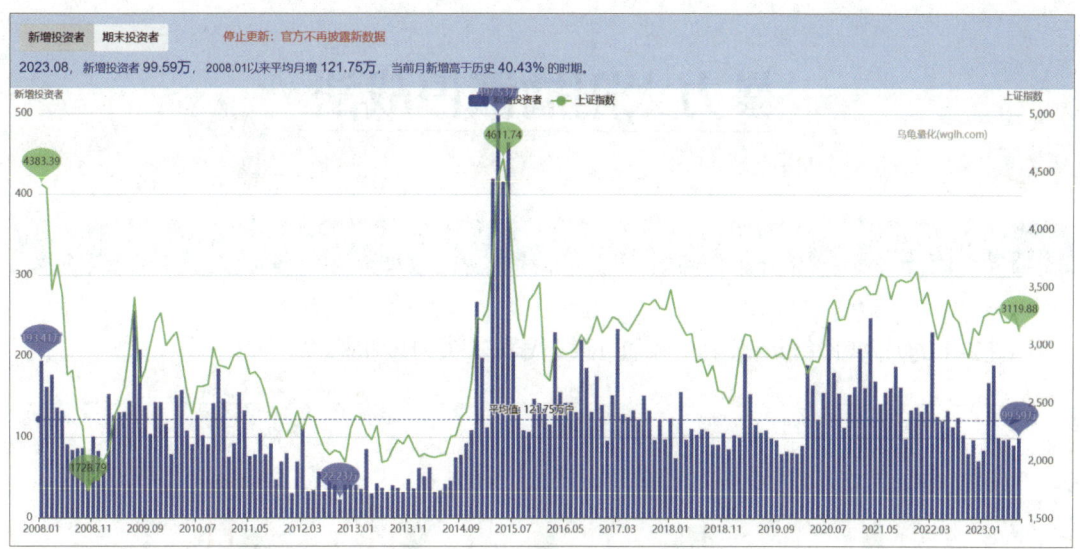

▲ 图 2-3　新增投资者柱状图

解析： 越是顶部，越被多数人广泛看好，很多人跑步进场；越是机会区，越被多数人怀疑、质疑；90% 的普通投资者输在了看不懂估值上。

暴力大阳擒涨停战法

一、战法逻辑

图 2-4 的几种 K 线形态中，哪种 K 线代表多头力度极强？

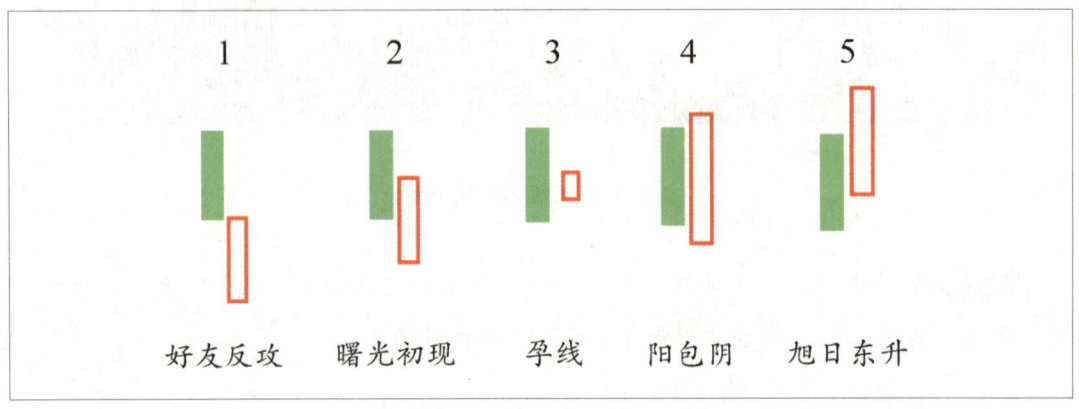

▲ 图 2-4　K 线形态

❶ 所有 K 线形态中，最弱势的就是跌停板，其次是跌幅 7% 以上的大阴线。当趋势呈现出这种杀跌力度时，投资者的心态是最脆弱的。如果第二天能够反手涨停，则是呈现另一种极端，直接否定了前一天的大幅下跌，说明它的走势和资金实力是非常强劲的。

❷ 传统坐庄理论认为，一段上涨趋势初期的首根大阴，通常为主力刻意洗盘的结果，并因此存在所谓的"首阴战法"。因此，最好的买入位置，必然是起涨行情初段的首阴后涨停反击。

二、优选条件

❶ 所属板块呈现出明显走强的情形。

❷ 日线图，前一根是跌幅超 7% 的阴线。

❸ 当天是涨停板。前期是盘整行情，当下处于起涨不久（20 天内涨幅不超过 30%，日 K 线多在 30 日均线、60 日均线附近）。

暴力大阳擒涨停的案列见图 2-5 至图 2-10。

案例 2-1

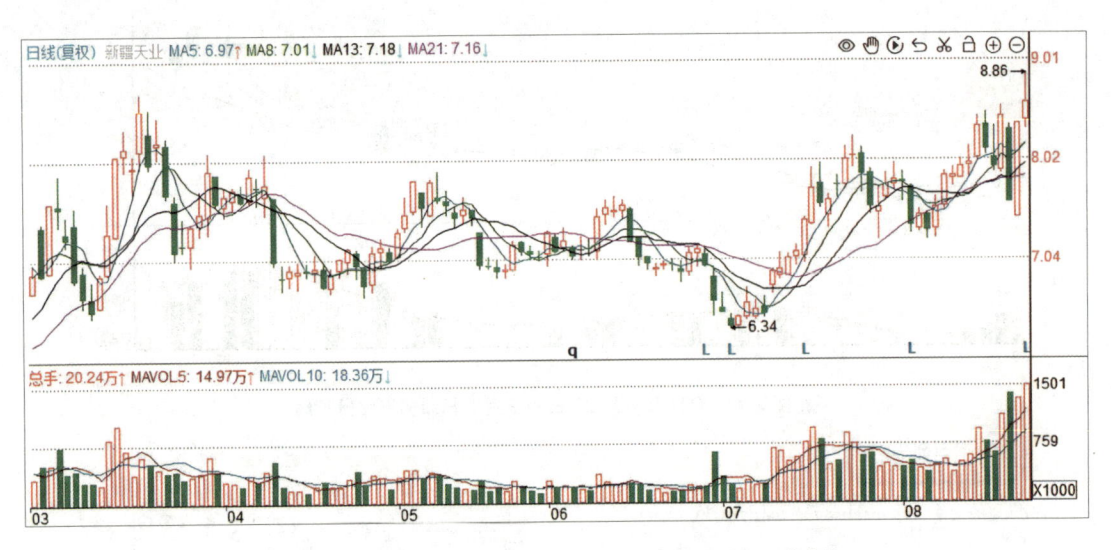

▲ 图 2-5　2021 年 3 月 1 日—8 月 23 日新疆天业日 K 线走势

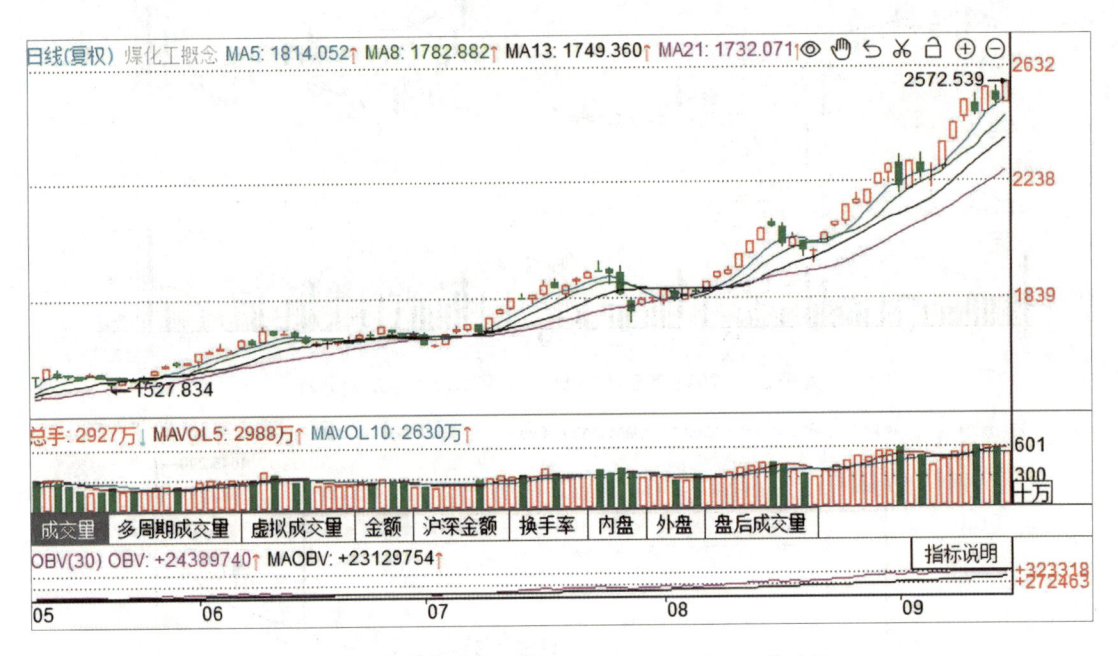

▲ 图 2-6　煤化工板块 2021 年 5 月—9 月日 K 线走势

分析：

1. 煤化工板块在 2021 年 8 月、9 月处于走强状态，OBV 多头发散，可做；

2. 趋势横盘震荡整理，均线和成交量多头发散，处于起涨初期；

3. 跌停的位置，仍然在横盘震荡区间内，后面的涨停板拉回起到洗盘目的；

4. 第二天逢低买入（见图 2-5 至图 2-7）。

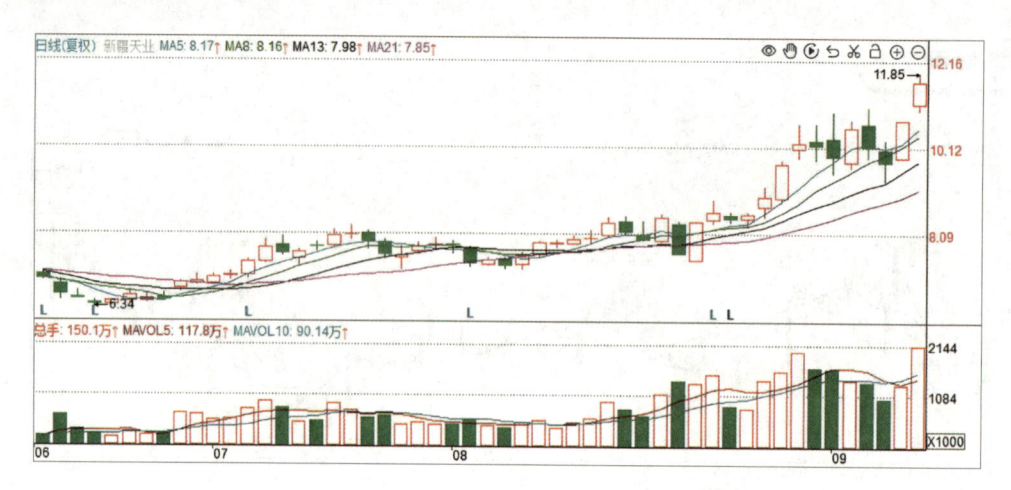

▲图 2-7　2021 年 6 月 29 日—9 月 8 日新疆天业日 K 线

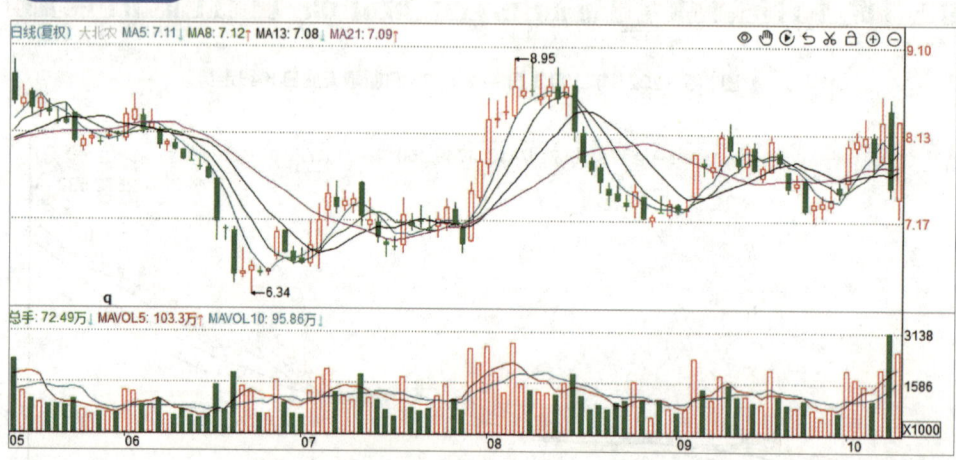

案例 2-2

▲图 2-8　2021 年 5 月 13 日—10 月 18 日大北农日 K 线

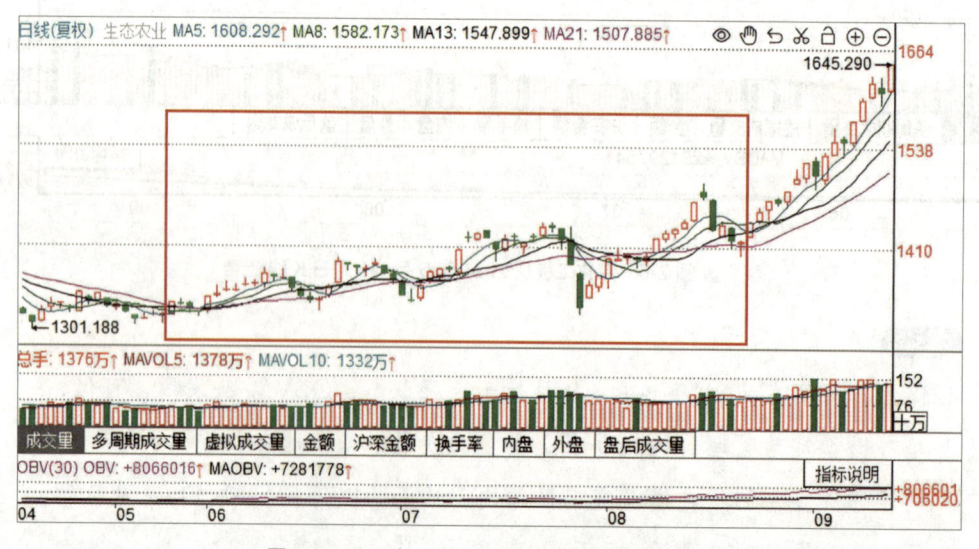

▲图 2-9　2021 年 4 月—9 月生态农业板块 K 线走势

分析：

1. 大北农隶属于农林牧渔板块，均线多头发散，成交量趋于放大，可关注；

2. 属于横盘起涨型，前一根大阴线起到洗盘目的，后一根大阳线反包大阴线，宣告洗盘结束；

3. 第二个交易日逢低参与，不超过3层（见图2-8至图2-10）。

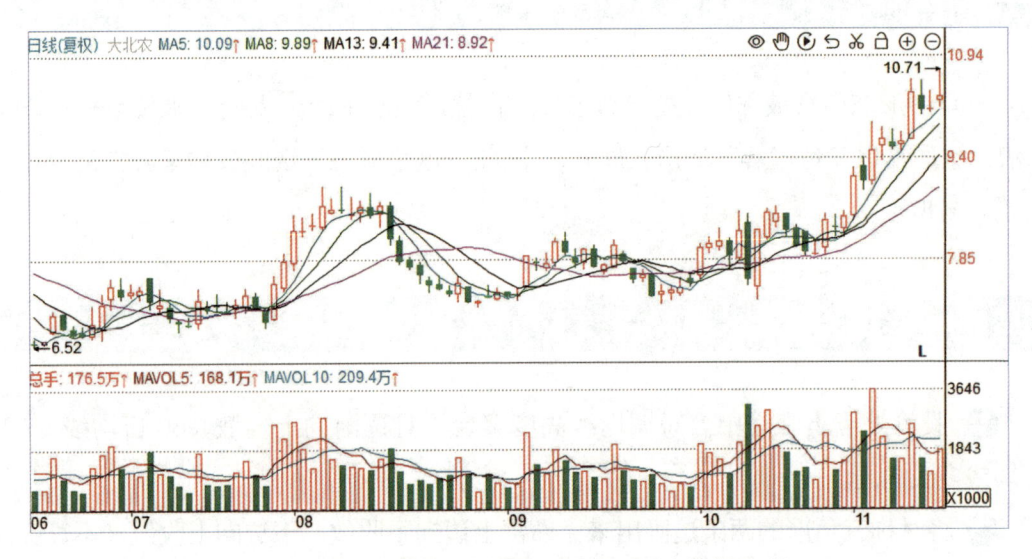

▲ 图2-10　2021年6月24日—11月12日大北农日K线

课后作业

寻找几只符合暴力大阳形态的个股！

遍地黄金三角形战法

一、战法逻辑

三角形形态通常被称作"持续形态",也就是上涨中继。另外,波浪理论中的第4浪,也通常以三角形震荡的形式展开。因此,这个形态的选股成功率异常高,而且特别容易识别。

二、优选条件——对称三角形

❶ 股价处于上涨途中,短期均线高度聚合,且逐渐向上发散。60日均线、120日均线多头向上。

❷ 将对称三角形的两条边画出来,通常上边向下收敛,下边向上收敛。不算突破这次,每个边至少两个高低点相吻合,中间间隔不得少于9根K线。

对称三角形战法案例如图2-11至图2-12所示。

案例2-3

▲图2-11 卓朗科技(600225)对称三角形示例图

案例 2-4

▲ 图 2-12　上工申贝（600843）对称三角形示例

三、优选条件 —— 上升三角形

❶ 股价处于上涨途中，短期均线高度聚合，且逐渐向上发散。60 日均线、120 日均线多头向上。

❷ 将上升三角形的两条边画出来，通常上边呈水平状，下边向上收敛。不算突破这次，每个边至少两个高低点相吻合，中间间隔不得少于 9 根 K 线。

上升三角形战法案例如图 2-13 至图 2-17 所示。

案例 2-5

▲ 图 2-13　天顺股份（002800）上升三角形示例

案例 2-6

▲图 2-14　网达软件（603189）上升三角形示例

案例 2-7

▲图 2-15　中南文化（002445）上升三角形示例

案例 2-8

▲图 2-16　大智慧（601519）上升三角形示例

案例 2-9

▲图 2-17　东方电气（600875）上升三角形示例

势不可当四渡赤水战法

一、战法逻辑

主力洗盘上攻，历史验证，第四次上攻力度最大、胜率较高。

二、优选条件

❶ 确认前期放量进攻的失败点——老主力被套的成本线。

❷ 股价至少 3 次攻击这个失败点（跨度至少 2 个月，最多 2 年）并构成一条压制趋势上涨的颈线。

势不可当四渡赤水战法案列如图 2-18、图 2-19 所示。

案例 2-10

▲图 2-18　台基股份（300046）四渡赤水战法示例

案例2-11

▲ 图2-19　伟明环保（603568）四渡赤水战法示例图

课后作业

· 寻找几只符合四渡赤水形态的个股！

静待花开均线黏合战法

一、战法逻辑

❶ **变盘前特征 —— 均线聚会。**

不管是大盘、板块还是个股，均线高度聚合，都是即将变盘的特征！

当所有均线(5日、10日、20日、60日、120日均线)都聚在一个非常狭窄的区域里，就意味着趋势即将发生大变盘。均线聚合的时间越久，未来变盘的力度就越大！

注意：不要赌均线朝着哪个方向变盘，最佳的方法是等待均线选择变盘方向，再顺势而为！

❷ **主力压盘吸筹特征 —— 低位聚合，向上发散。**

均线低位高度聚合，向上发散，常是主力压盘吸筹的特征！

主力建仓必然要在低位收集足够多的筹码，在主力吸筹的过程中，股价已经拒绝下跌，主力会通过以下手段刻意打压，让更多的散户出局，交出廉价筹码。

吸筹特征1： 低位震荡区间频繁出现涨停板，是主力（急迫）吸筹特征。

吸筹特征2： 廉价筹码被接走，股价拒绝新低，股价重心不断上移，是主力吸筹特征。

吸筹特征3： 持续多个温和放量，涨幅5%以内的阳线，是主力（缓慢）吸筹特征。

吸筹特征4： 均线系统低位高度黏合，向上发散，常是主力压盘吸筹的特征。

二、优选条件

❶ 板块初步站上BBI、量能活跃。

❷ 股价处于中低位、均线高度聚合。（10日、20日、60日、120日、250日这5条均线聚合在一起。比如，一根K线就可以上穿几乎所有均线的情形，一定高度黏合！）

❸ 均线逐渐多头发散，10日均线高于20日均线，且成交量开始明显放大，5日均量明显大于90日均量（见图2-20）。

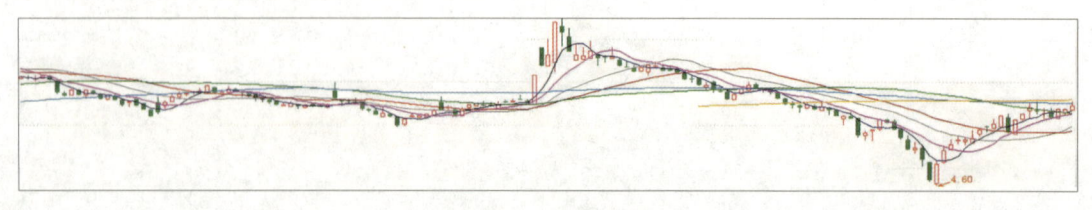

▲ 图2-20 均线黏合示例

静待花开均线黏合战法案例如图 2-21 至图 2-23 所示。

案例 2-12

▲图 2-21　2023 年 10 月 30 日前后昂利康均线黏合示例

案例 2-13

▲图 2-22　2021 年 12 月 3 日前后岭南控股均线黏合示例

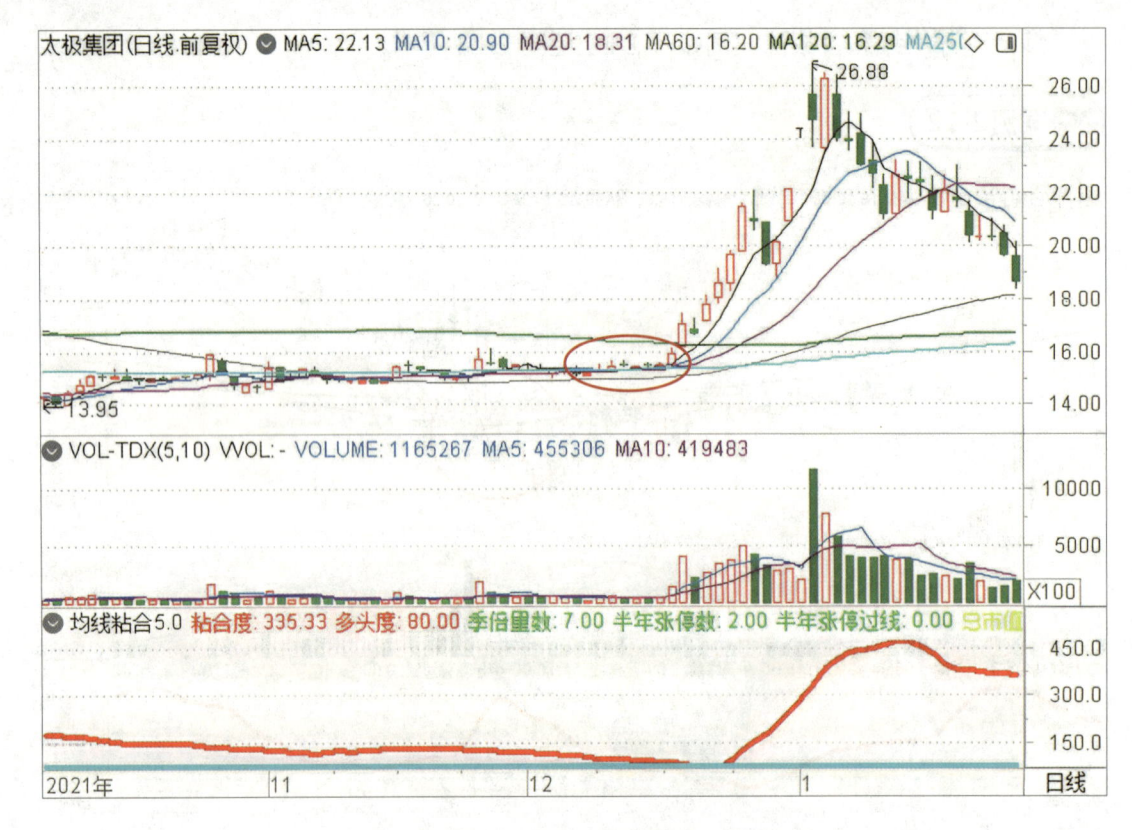

▲ 图 2-23　2021 年 12 月 15 日前后太极集团均线黏合示例

课后作业

- 寻找几只符合均线黏合形态的个股！

随心套利分时吸筹战法

一、战法逻辑

❶ 小盘股，总市值在 10 亿~50 亿元。
❷ 中盘股，总市值在 50 亿~300 亿元。
❸ 大盘股，总市值大于 300 亿元。

二、优选条件

如何确认普通 K 线与吸筹 K 线？

❶ 主买大单 <10%，操盘意义很小。（普通 K 线）
❷ 主买大单 >10%，主买大单 > 主卖大单，代表主力吸筹。（吸筹 K 线）

随心套利分时吸筹战法案列如图 2-24 至图 2-26 所示。

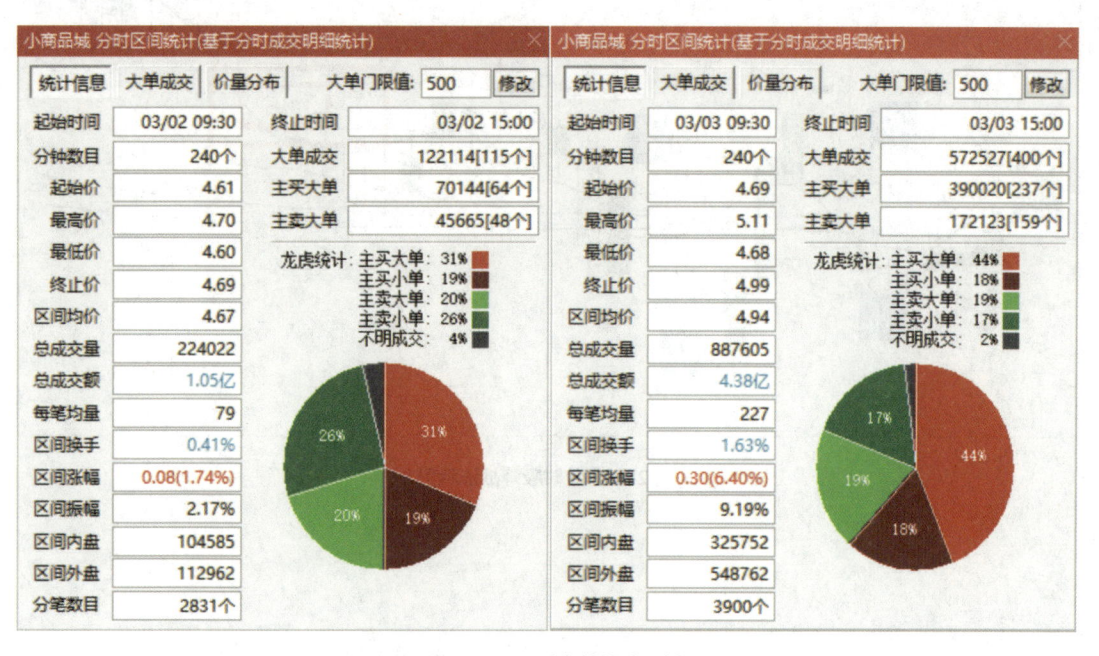

案例2-14

▲ 图 2-24 分时大单统计示例 1

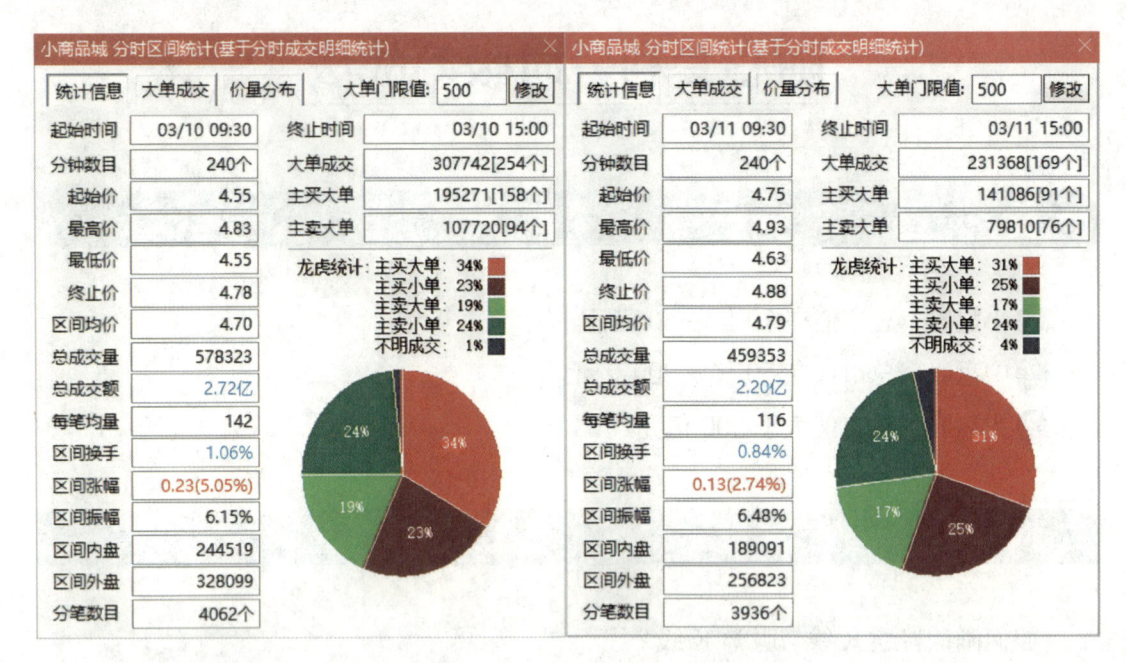

▲ 图2-25 分时大单统计示例2

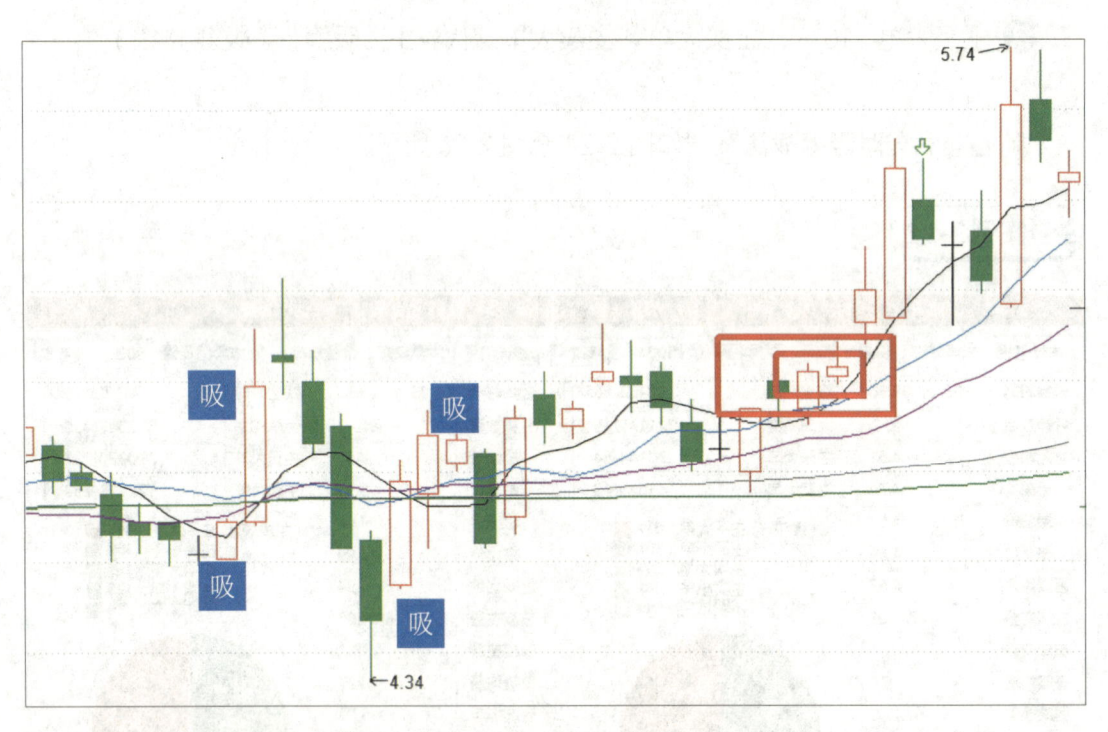

▲ 图2-26 分时吸筹战法示例3

③ 北斗 专栏

- 财学堂特邀名师
- 国家注册证券分析师

中国证券市场第一代投资人、投资家

拥有30年大资金管理经验

资深宏观分析专家

长期从事私募机构战略研究及风险控制工作，曾任某私募机构的一线交易员、投资总监；以独创的蜻蜓点水、坑底捞金、空中飞仙三种盈利模式享誉圈内，这三种模式也被同行称为"夺命三式"。

研发出一系列高胜率操作法则和实操技巧，也是中国元素选股模型的开山鼻祖。对国家宏观政策有着独到见解，独创机构波段理论，波段把握具有极高的准确率；倡导快乐稳健投资，历经资本市场三十载，穿越牛熊，用实战投资经验书写辉煌人生。

操作特点：擅长基本面和宏观经济研究，精通资金管理和资本运作。

经典战法：短线三绝杀、波段三连击、趋势三买入。

投资名言：宏观面选势、基本面选股、政策面选时、技术面选点。

蜻蜓点水短线战法

一、战法逻辑

❶ **技术要点**：一根 K 线技术名称是高开阳吃阴。

❷ **要求**：前一天收阴线，跌幅在两个点以上（假阴线也可以）。

当天高开在前一天阴线的 $\frac{2}{3}$ 处以上（见图 3-1）。

开盘价在前一天阴线的 $\frac{2}{3}$ 处以上

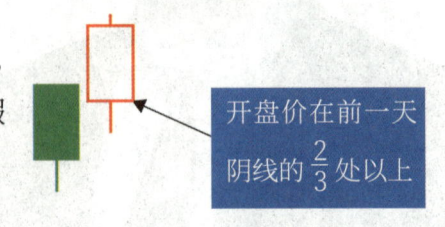

▲ 图 3-1 高开阳吃阴

二、开盘选强及蜻蜓点水的注意事项

蜻蜓点水：形态 30%+ 盘口 70%。

❶ **当日强势标准**：大盘强或板块热。

❷ **高开幅度**：10 厘米高开 2~5 个点，20 厘米高开 6~8 个点。

❸ **盘子大小**：相对来说，盘子小较好。

❹ **股价的高低**：相对来说股价高的好，因为散户少。

❺ **前一天成交量**：前一天阴线成交量越小越好。

❻ **买入日量比大小**：量比越大越好。

❼ **个股位置**：上升趋势中的回调最好，其他也可。

三、蜻蜓点水的选股和交易计划

❶ **时间**：早盘 9:25—9:30。

❷ **选股**：从集合竞价高开的个股中选择昨天下跌 3% 以上的个股。

❸ **买入**："形态符合 + 开盘强" 7 点符合，则开盘可以小仓位买入。

❹ **仓位**：短线仓位整体控制在 1 成以内。

❺ **止盈**：买入当天涨停持有，第二天不涨停则逢高减仓或止盈；买入当天未涨停，第二天逢高卖出。

❻ **止损**：买入当天收阴线，第二天平开或者低开就止损卖出。

蜻蜓点水短线战法如图 3-2、图 3-3 所示。

案例 3-1

▲ 图 3-2　2023 年 2 月 28 日的吉贝尔

案例 3-2

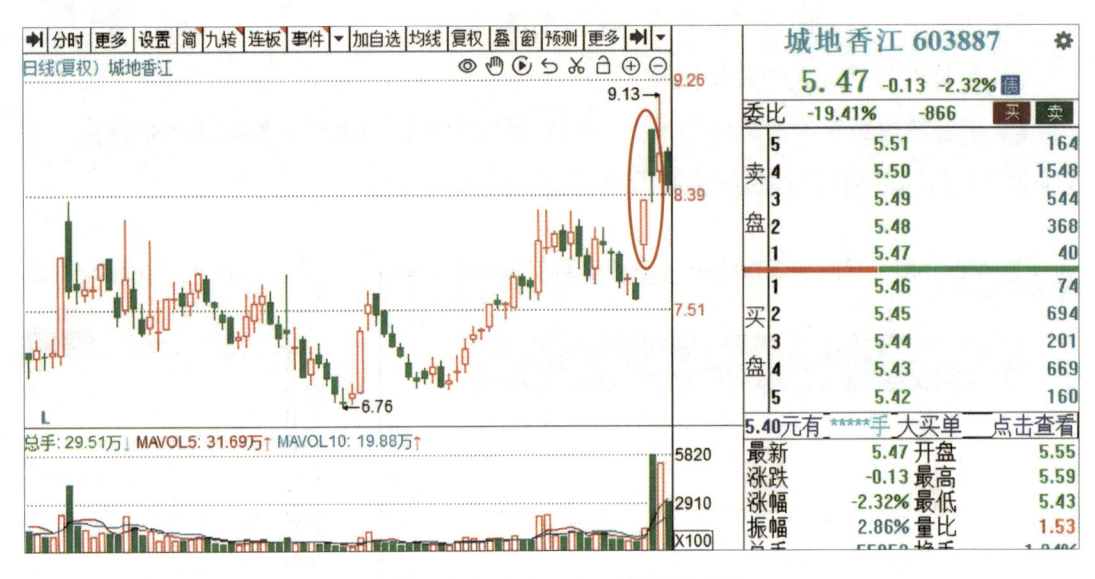

▲ 图 3-3　2023 年 2 月 28 日的城地香江

课后作业

- 寻找几只符合蜻蜓点水特征的个股！

空中飞仙短线战法

一、战法形态条件

❶ **两种形态**：平台突破、创新高突破。

❷ **条件**。

(1) 大盘趋势向上。

(2) 股价的突破应以收盘价为标准，最好是涨停板。当股价向上突破阻力位时，股价应收在阻力位之上，相对应的成交量放大，表明股价向上突破成功；反之，则是假突破。

(3) 如果股价要突破前期高点，必须建立在成交量大于前期高点相对应成交量的前提下；反之，则是假突破，不应追涨。

(4) 在牛市中，突破量可以略微小于前高量。

(5) 新股不与前三天的量相比较。

❸ **平台洗盘结束的最基本标准**：一根放量的大阳线突破平台整理时的最高点，并且阳线收盘价在平台整理时的最高价之上（见图3-4）。

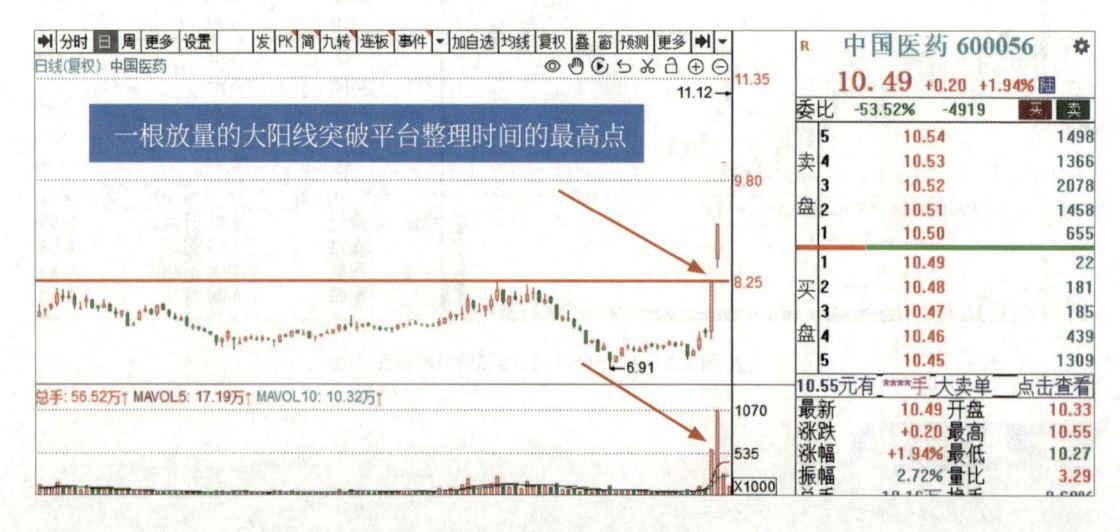

▲ 图3-4 空中飞仙平台突破

二、战法要求

❶ **最低要求**："政策面 + 技术面 + 资金面"三维共振。
❷ **政策面选时**：当日热点或者最近持续性热点。
❸ **技术面选点**：个股低位 / 平台涨停突破，量价双双突破前高。
❹ **资金面定涨幅空间**：个人 + 游资 / 机构。
❺ **技术占比**：形态 20%（空中飞仙技术形态）+ 盘口 80%（开盘选强十点要求）。

三、开盘选强十要点

❶ **当日强势标准**：大盘强或板块热。
❷ **高开幅度**：2.5%~5%（一般选择 10 cm 的股票）。
❸ **盘子大小**：小比大好。
❹ **股价高低**：做短的，相对高的好；做飞起来的，相对低的好。
❺ **前一天成交量**：量要大，后量超前量。
❻ **买入日量比大小**：越大越好。
❼ **个股位置**：最好低位 / 中位（在低位向上飞起来的空间更大）。
❽ **个股趋势**：上升最好，均线多头排列，个股站在均线之上最佳。
❾ **缺口**：跳空、缺口不补。
❿ **分时形态**：回调不破均价线，在均价线上方买入。

四、选股和交易计划

❶ **选股时间**：收盘后选股。
❷ **选股标准**：在当日涨停个股中选择量价齐突破的个股加入自选关注。
❸ **买入**：符合空中飞仙形态和开盘选强十要点的则可以买入；如若错过买点，不要追涨。
❹ **仓位**：短线控制在 1 成以内，短线操作考验技术 + 盘口，短线个股持仓总数不宜过多。
❺ **止盈**。
(1) 买入当天涨停，第二天继续涨停则持有，开板则卖出或者减仓。

(2) 买入当天涨停，第二天不涨停，逢高卖出或者减仓。

(3) 买入当天不涨停，第二天冲高卖出。

❻ **止损**：买入当天不涨停，第二天止损位是前一个涨停板一半的位置。

❼ **注意**：空中飞仙的个股有连续涨停成为龙头的可能，连续涨停的个股要减仓而不是全部卖出。

空中飞仙短线战法案例如图 3-5 至图 3-7 所示。

案例 3-3

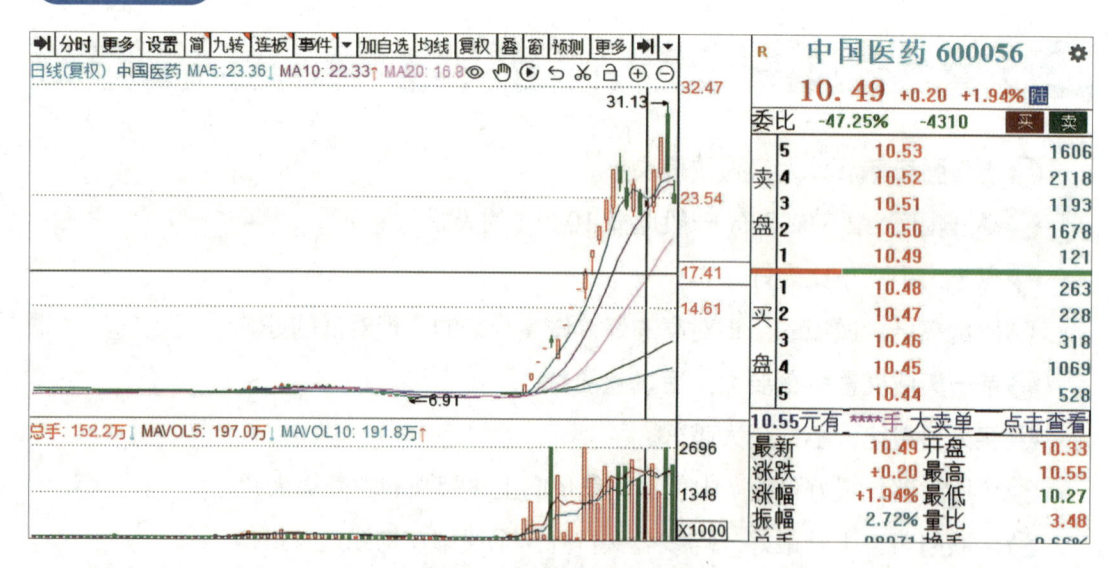

▲ 图 3-5 中国医药空中飞仙案例

案例 3-4

▲ 图 3-6 宁夏建材空中飞仙案例

案例 3-5

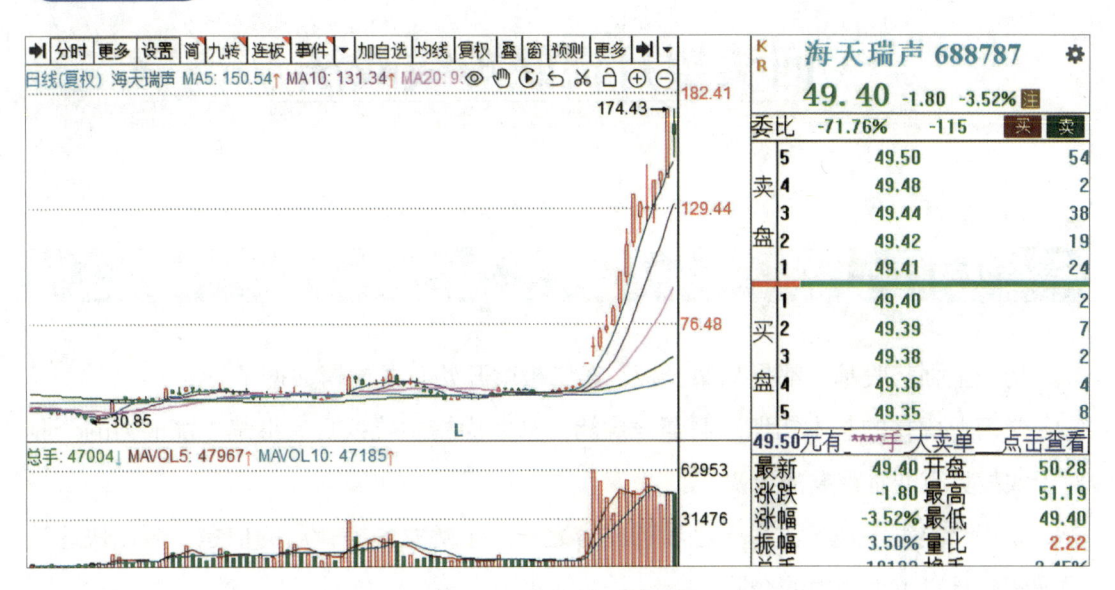

▲ 图 3-7　海天瑞声空中飞仙案例

课后作业

- 寻找几只符合空中飞仙特征的个股！

回头望月捉妖短线战法

一、龙虎榜的意义

历史上强势股基本都是从第一板、第二板就开始有龙虎榜数据了。

学习龙虎榜的基本知识，看懂龙虎榜，从龙虎榜中寻找具有继续上涨潜力的个股对于实战具有非常重要的意义。

龙虎榜是很多技术派每天必看的内容之一，了解龙虎榜背后的信息，可以快速从中搜索到具有上涨潜力的个股。

二、龙虎榜的上榜条件

❶日价格涨跌幅偏离值达到7%。

❷日价格振幅达到15%。

❸日换手率达到20%。

❹连续三个交易日内收盘涨跌幅偏离值累计达到20%。

❺ST和*ST证券连续三个交易日内收盘价格涨跌幅偏离值累计达到15%（深市达到12%）。

❻无价格涨跌幅限制的证券。

三、龙虎榜席位

❶**席位分类**。

龙虎榜席位包括：机构席位，游资席位，沪股通、深股通席位。

❷**不同席位使用人**。

(1) **机构席位**：主要是基金、保险、社保、券商自营和QFII等使用，以价值投资为主。

(2) **游资席位**：主要是市场中的私募基金、大户、超级大户使用，以短线投机为主。

四、龙虎榜的参考价值

龙虎榜一般都代表当前市场最活跃、最强势资金的偏好，包括机构资金和游资。因此，从上榜个股里很容易找到短线强势股，当然长线投资价值股也很可能潜伏其中。

通过龙虎榜数据，可以很直观地看出主力的买卖动向，为个股选择提供重要参考。

❶ 龙虎榜对于个股走势的意义。

当龙虎榜上榜个股中出现机构席位时，往往该个股后期继续上涨的概率较大（不是绝对，机构也有假机构）。

❷ 当龙虎榜中出现游资席位时，可根据以下两个方面进行具体分析。

(1) 按照前面的买卖力量总量和结构进行分析。

(2) 观察是否出现市场中的知名游资席位，根据他以往的操作风格判断个股短期走势。

❸ 资金总额分析。

对比买卖双方席位资金总量：若买入席位资金总量＞卖方席位资金总量，说明资金吸筹较多，后市继续上涨的概率大；若买入席位资金总量＜卖方席位资金总量，说明抛压较大，短期继续上涨的概率小。

尤其是龙虎榜如果持续显示资金净买入或者净卖出，那么上涨或者下跌的可能性将会被成倍放大。

❹ 资金结构分析。

买一席位要明显大于卖一席位，则市场看涨；卖一席位要明显大于买一席位，则市场看跌。同时，主攻席位相差不能太大，否则很容易造成一家独大，形成潜在砸盘力量。

五、龙虎榜选股基本方法

❶ 龙虎榜跟踪。

所谓的龙虎榜跟踪，就是每天将龙虎榜净买入额的前15只个股（过多不容易跟踪）加入自选进行跟踪。

❷ 看席位。

看席位就是观察这些上榜个股是机构买入还是游资买入。越多机构席位大量买入，说明后期行情越可期；若有游资买入，则可能是一日行情或波段行情；若机构和游资同时看好某只或某几只个股，那么后期拉升的概率较大。

机构和游资的知名度也是追踪因素之一，我们在这里可将机构和游资共同净买入放到优先位。

❸ **量能比较**。

量能比较是在初步缩小我们的选股范围以后，可以将当日或近几日的净成交量进行排名，其中机构席位的量越大越好。

❹ **发现板块**。

发现板块是通过交集选股、量能排序、机构或游资数量及知名度排名之后筛选出来的个股，按板块联动划分，找出该板块近期政策面及消息面的新闻进行参考，为进一步决策提高准确率。

❺ **从"个股基本面＋技术面"最终确定个股**。

我们可以选择业绩优良、主营业务明显，且技术上上行趋势明显或回调处于尾声的个股进行跟踪。

六、龙虎榜使用攻略

了解一些主要的营业部，清楚他们的风格之后，筛选出一些你认为可以跟上的营业部，每天观察龙虎榜的数据。

不过买入的时候有一个原则需要注意一下，能上龙虎榜的股票每天都有可能是它的顶点，越早发现越有利，后面跟上等于"自杀"。

因此，一定要选择前三天出现大涨，且有知名营业部介入的股票。

七、回头望月战法逻辑

❶ 有重大符合当前热点题材概念的支撑。

❷ 流通盘不超过 10 亿元，越小越好。

❸ 股价不宜太高，启动时最好在 10 元以下。

❹ 资金构成：机构＋牛散。

❺ 启动后龙虎榜上榜，有知名游资身影。

❻ 业绩不一定要好。

❼ 一轮大涨，高位没有爆量（超前量）。

❽ 回调一定是缩量。

回头望月案例如图 3-8 所示。

案例 3-6

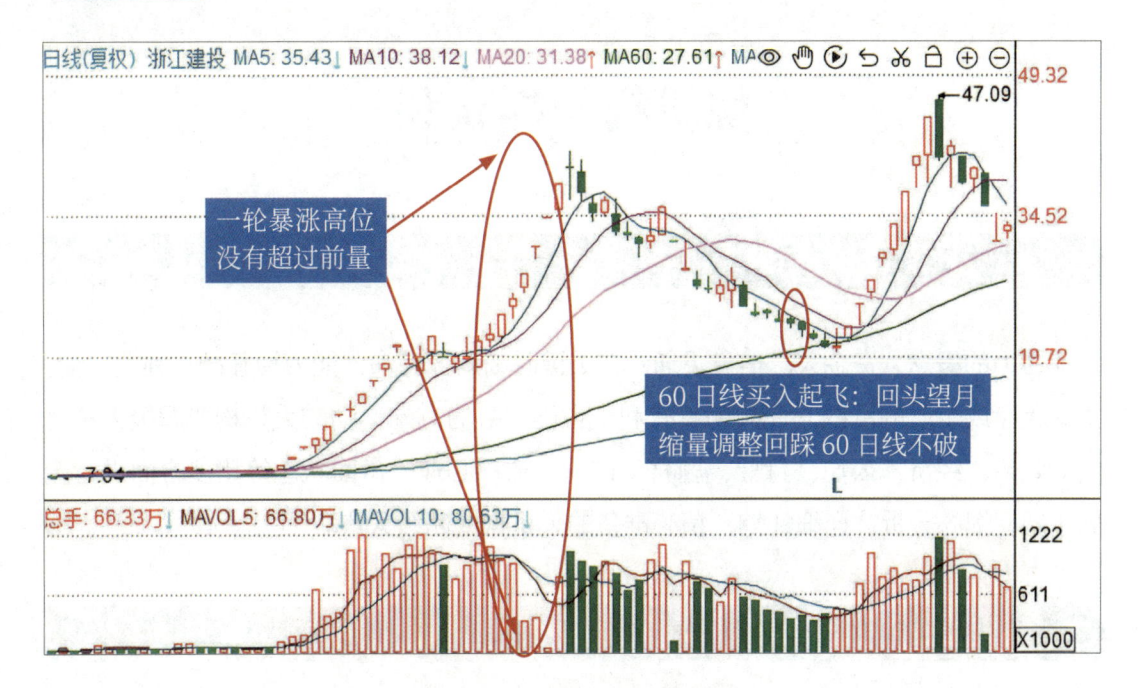

一轮暴涨高位没有超过前量

60 日线买入起飞：回头望月
缩量调整回踩 60 日线不破

▲ 图 3-8　浙江建投回头望月案例

课后作业

- 寻找几只符合回头望月战法的个股！

像机构一样获利

一、主力定义

主力的概念： 资金大、信息灵通，在关键时刻肩负使命，能力挽狂澜、制造行情、主宰大盘或个股的涨跌，使其朝着有利于自己利益的方向运动的大机构或超级大户；或对政治、经济、公司、行业、题材、信息、散户心理、盘面状态等诸多方面进行全面了解、细心分析、详细计划、精心准备的大机构或超级大户。

二、散户生存之道 —— 向机构学习

❶ 组织机构的不同。

散户： 单兵作战。

机构： 团体协同（策略部、交易部、风控部、宣传部）。

❷ 思维模式的不同。

散户： 追求不稳定交易，快进快出投机。

机构： 投高确定性公司，长期性投资。

❸ 行为准则的不同。

散户： 追龙头、追热点、高位买、低位卖、止损割肉。

机构： 操作策略严格，目标确定，执行坚决。

❹ 资金管理的不同。

散户： 没有资金管理。

机构： 针对短、中、长线操作，有多种资金管理方法。

❺ 心态控制的不同。

散户： 以涨喜、以跌悲、被涨跌控制情绪。

机构： 不被涨跌影响情绪，以交易计划控制行为准则。

三、散户生财之道 —— 做机构式交易

❶ 资金管理不同。

机构资金配置模式——短线投机、中线交易、长线投资资金的配比为 1 ∶ 2 ∶ 7。

❷ 不同股票有不同操作模式。

短线投机： 技术 + 盘口 + 热点；

高胜率战法、小仓位、严格止盈止损、快进快出。

中线交易： 技术 + 基本面 + 盘口；

趋势交易、T+0 操作、轻仓位、高抛低吸做波段。

长线投资： 政策、基本面、技术、资金，寻找确定性机会；

选好股、低位买、长持有、重仓位。

四、如何像机构一样进行交易

❶ 建立机构一样的思维模式。

(1) 投行思维： 一切都可为我所用。

投行思维，其本质是一种多维度的商业智慧，是基于对商业资本核心属性的极致洞察，将各种有形资产与无形资产的所有权及使用权、抵押权、租赁权、分红权等其他全部衍生可支配权益进行深度价值挖掘，发现其中被忽视或被低估的价值洼地，并通过使用金融手段将资产的各种权益进行契约映射，使其转化为高度流动性形态，以快速进行合约式及份额式虚拟化交易为主的思维模式。

投行思维表现为卓越的商业模式重构与内部外部资源重组支配能力，并最终实现资产的高效增值与所有者权益的最大化。

(2) 创新思维。

逆向思维——从结果推过程。

发散思维——没人做过的才是机会。

否定思维——我是散户，我是错的。

物极思维——物极必反。

多路思维——换个角度看问题：圆珠笔。

破位思维——不破不立。

(3) 财富思维： 都是我的。

❷ 机构的行为准则：实战运作模型。

(1) **建立强大的投资团队。**

策略部：研发团队（实地调研、投资策略）。

交易部：操盘团队（交易计划、实战操盘）。

风控部：风控团队（控制风险、止盈止损）。

宣传部：公关团队（疏通关系、上传下达）。

(2) **遵循四项基本原则。**

顺势而为——宏观面选势。

强势股至上——基本面选股。

把握机遇——政策面选时。

精准买点——技术面选点。

(3) **保持特色投资理念。**

选股宜急、研究宜缓、买入宜迟、了结宜速，"以正合，以奇胜"（投资组合）。"体、面、线、点"，"以我为主，上下联动，左右逢源"，"全面撒网、重点捕鱼"，"上、中、下打通"，"忍、等、狠"，"知己知彼，百战不殆"，个人永远干不过团队。

❸ 机构的投资纪律：管理原则。

(1) **趋势为王**：大资金永远投向最赚钱的地方。

(2) **保命第一**：2% 止损原则。

(3) **仓位管理**：2 1 3 2 2 模式。

(4) **选对股票**：低位买，长持有。

(5) **资金效率**：1∶3∶6 法则。

❹ 机构永远都是一级、二级市场联动。

五、九种经典 K 线组合形态

❶ 旭日东升。

(1) 这里收出长阳或中阳最好是光头光脚。

(2) 光头光脚的中长阳代表多头攻击力度大，短线反弹空间自然会大。

(3) 旭日东升种形态最好出现在上涨初期或上涨中途，上涨中期即使有空间，也难免会突然见顶（见图 3-9）。

▲ 图 3-9　旭日东升

❷ **一阳穿三线。**

一根大阳线向上同时突破 5 日、10 日、30 日均线（见图 3-10）。

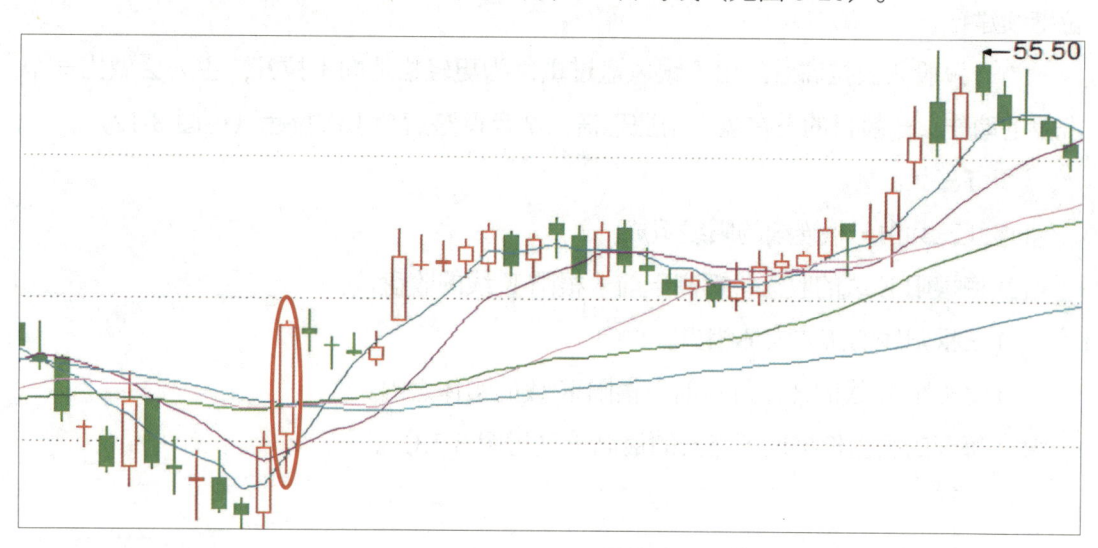

▲ 图 3-10　一阳穿三线

❸ **涨停缩量。**

(1) 股价大涨，量能却极度萎缩，表明持有该股的投资者不太愿意抛出，卖盘非常小，而买盘比较大，所以量能比较小，但反映出该股做多力量强大，向上的突破强度更大。

(2) 表明该股主力高度控盘，短线筹码锁定较好，且该股恐慌抛压小，持有者情绪比较稳定。

(3) 散户珍惜手中的筹码，不想抛出，因此，股价大概率会继续上涨（见图 3-11）。

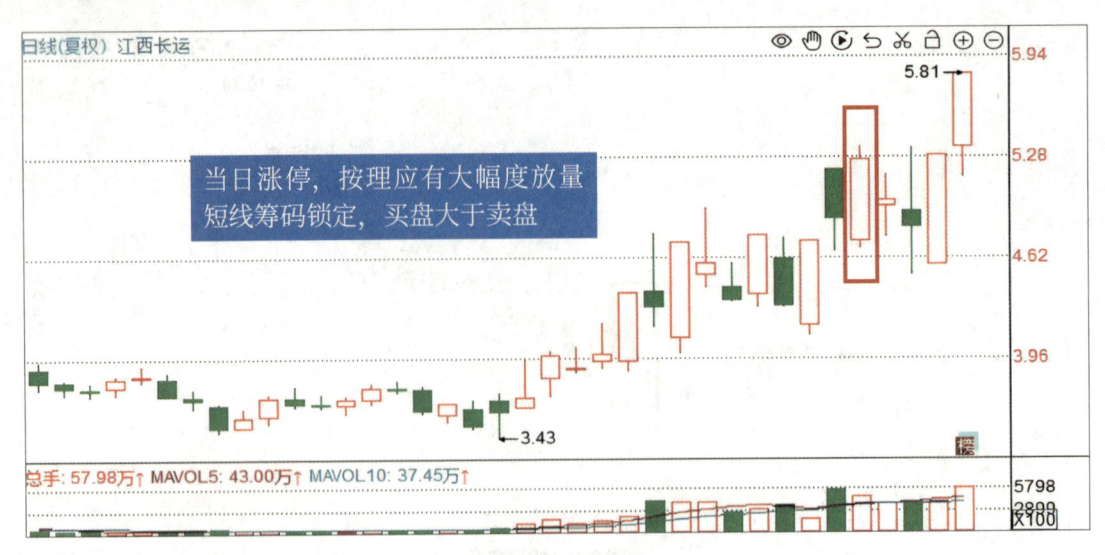

▲ 图 3-11 涨停缩量

④ 牛回头。

将前面获利筹码洗出，故意打压股价，制造恐慌洗盘，压低价格，降低成本，低位继续建仓。

当一只股票被拉高后，由于跟风盘过重，为更轻松地向上拉升，主力会做出一个洗盘的动作，一般目的是在盘中制造恐慌，洗盘调整后会再次拉起（见图 3-12）。

⑤ 红三兵。

(1) 红三兵由三根连续的阳线组成。

(2) 每根阳 K 线的收盘价都高于前一根阳 K 线的收盘价。

(3) 三根阳线的实体大体相当。

(4) 每根阳 K 线的开盘价在前一根阳 K 线的实体之内。

(5) 每天的收盘价接近于当天的最高价（见图 3-13）。

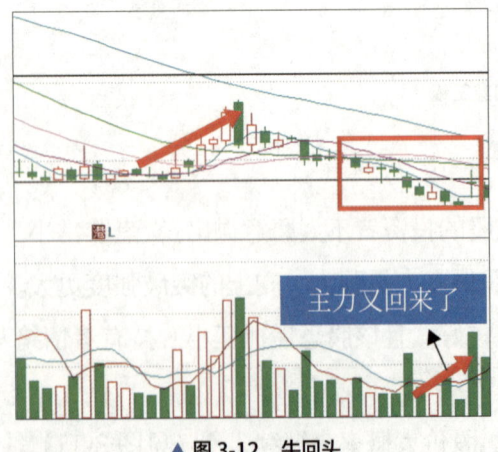

▲ 图 3-12 牛回头

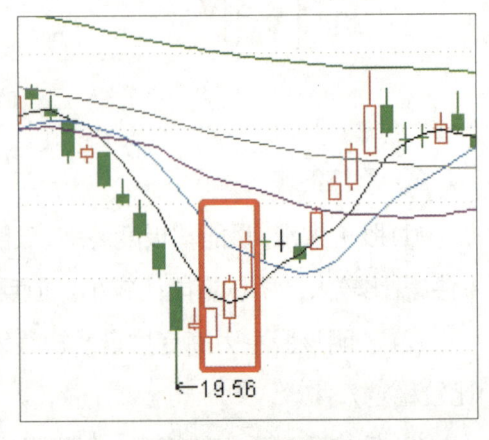

▲ 图 3-13 红三兵

❻ **早晨之星。**

(1) 早晨之星由三根 K 线组成，一般出现在下降趋势的末端，是一个较强烈的趋势反转信号。

(2) 第一天的实体阴阳线与趋势方向相一致，为大阴线。

(3) 第二天的小实体星形线与第一天之间有向下跳空的缺口，小实体的阴阳线并不重要。

(4) 第三天的 K 线为一根大阳线，且收盘价显著向上穿入第一根阴线实体内部（见图 3-14）。

▲ 图 3-14 早晨之星

❼ **单针探底。**

(1) 单针探底形态发生之前，市场处于下跌趋势，有一天，出现一根带长下影线的 K 线，说明空方力竭，失去市场主动权，市场底部已基本探明。

(2) 单针探底形成后，市场多头应逐渐占据市场主动权，展开一定级别的拉升行情，如果多头没有反攻，反而震荡下行，则说明单针探底失败（见图 3-15）。

▲ 图 3-15 单针探底

❽ 大鹏展翅

(1) 长阳最好是光头光脚，这样做多力量就越强烈。

(2) 大鹏展翅最好出现在连续暴跌后。

(3) 短线调整已初步到位，表明大盘或个股即将进入一波短线反弹行情（见图 3-16）。

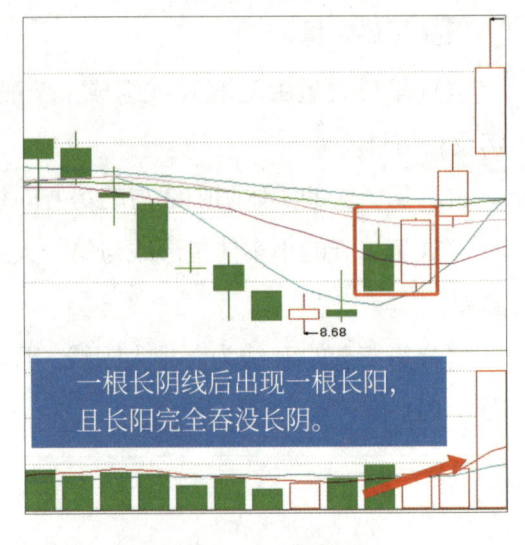

一根长阴线后出现一根长阳，且长阳完全吞没长阴。

▲ 图 3-16 大鹏展翅

❾ 多方炮。

(1) 多方炮由三根 K 线组成，左右两根是中长阳线（最好是中长阳），中间是一根阴线（尽量是中长阴）。

(2) 第三根 K 线收盘价要尽量高于中间阴线的最高点，这样攻击性能将会更强大（见图 3-17）。

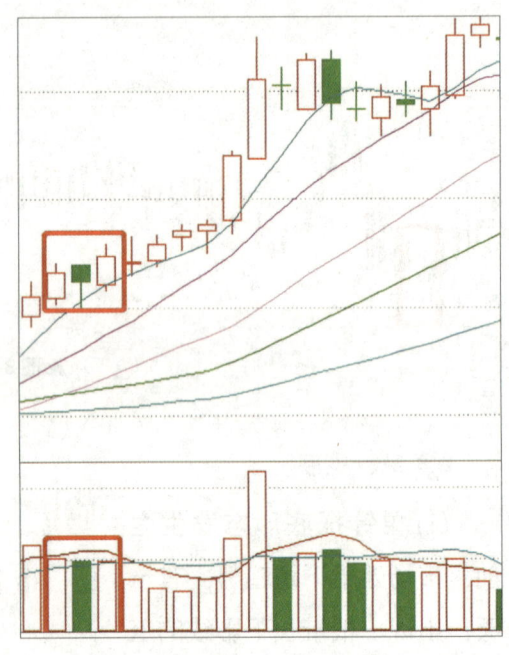

▲ 图 3-17 多方炮

❹ 张穗鸿 专栏

- **财学堂特邀名师**
- 股学 AI 集大成者
- 中国首批指标开发先行者
- 国内著名大学投资策略研究所特聘讲师

龙虎榜发明人

纵横资本市场二十余载，有丰富的金融从业实战策略分析经验，是中国首批指标开发先行者，曾任指南针龙虎榜首席策略师，为中国资本市场培养多批游刃于市场一线的机构操盘手和专业投资者，其部分学生已成为市场追捧的财教名师。

张穗鸿老师以图形识别技术研判决策模型，深研四大经典理论体系（道氏理论、波浪理论、筹码理论、缠论），对 81 种细分定理核心进行高效优化，重塑百年市场投资经典模型，可帮助投资者深入理解和掌握投资之道，树立正确投资理念和一线机构核心交易方式，以术入道，以道入缠。

经 24 年百万次计算和专业交易团队实操测试，独创成本分析法则，通过股学 AI 与缠论体系深度融合，量化成本指标，缩小选股范围，提前锁定优质筹码，实现成功率大幅提升。

智者千里，学海无涯，登高望远，更上层楼。

潜心研究缠论十余载，去繁化简，结合交易实战应用，将独家交易系统成功率提升到同类最高水平，推崇以科学改变投资习惯，以规则规范投资行为。学习改变命运，实现真正的投资价值。

去伪存真，传承经典！化繁为简，让投资赚钱变成一件快乐且平常的事情！

单日反转 K 线

一、单日反转 K 线

❶ **底部单日反转 K 线。**

在股价下跌趋势中，某个交易日中股价突然大幅滑落，但马上又受到了强大的抢购支撑，把当日所有的跌幅收复，可能还会多升一部分，并以全日最高价（或接近全日最高价）收市（见图 4-1、图 4-2）。

❷ **顶部单日反转 K 线。**

一只股票持续上升一段时间，在某个交易日中股价突然不寻常地被推高，但马上又受到了强大的抛售压力，把当日所有的升幅都完全跌去，可能还会多跌一部分，并以全日最低价（或接近全日最低价）收市。

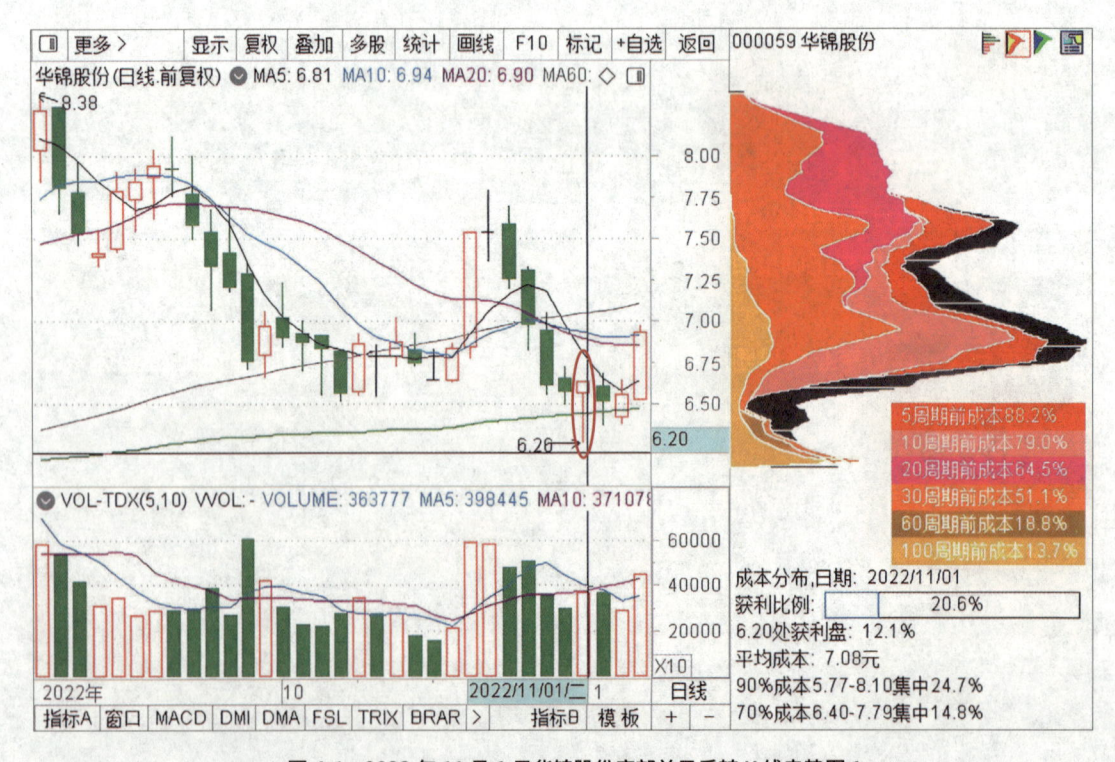

▲ 图 4-1 2022 年 11 月 1 日华锦股份底部单日反转 K 线走势图 1

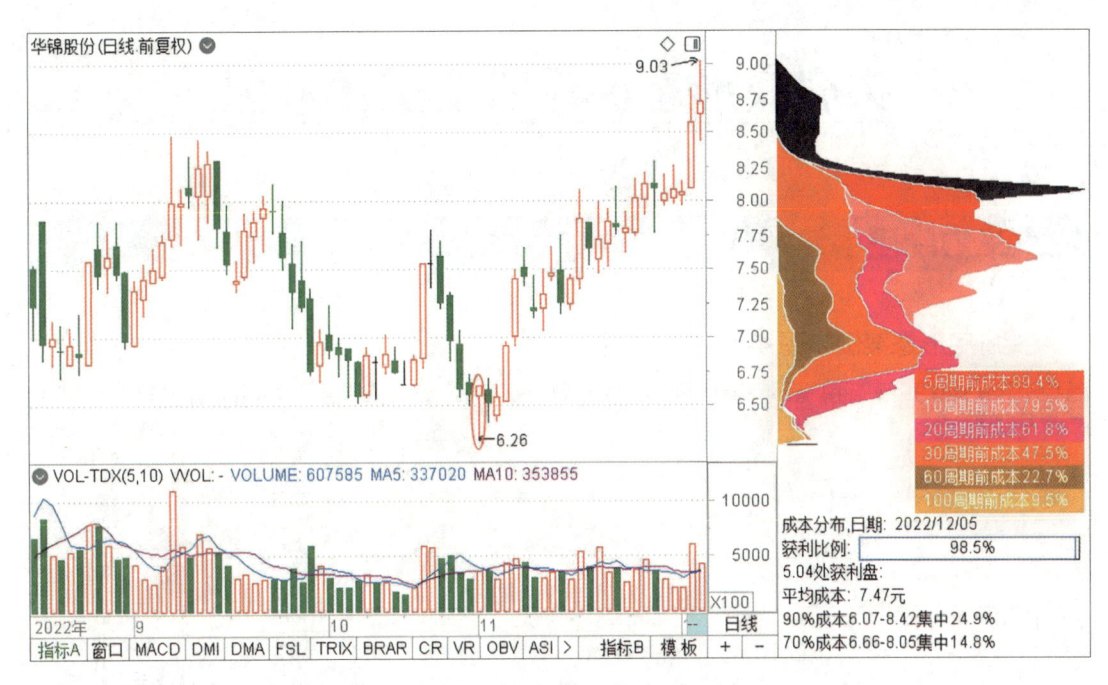

▲ 图 4-2　2022 年 11 月 1 日华锦股份底部单日反转 K 线走势图 2

二、要点提示

出现单日反转 K 线当日，股价一两个小时内的波动幅度可能较平时三四个交易日的波动幅度更大。顶部单日反转时，股价开市较上个交易日高出许多，但很快形势逆转过来，价格迅速向反方向移动，最后这一天的收市价和上个交易日比较几无变化。底部单日反转情形则是完全相反。

单日反转当天，成交量突然大增，价位的波动幅度也很大，成交量和股价波动幅度较平时都明显增大。如果成交量不高或全日价格波动幅度不大，形态就不能确认。

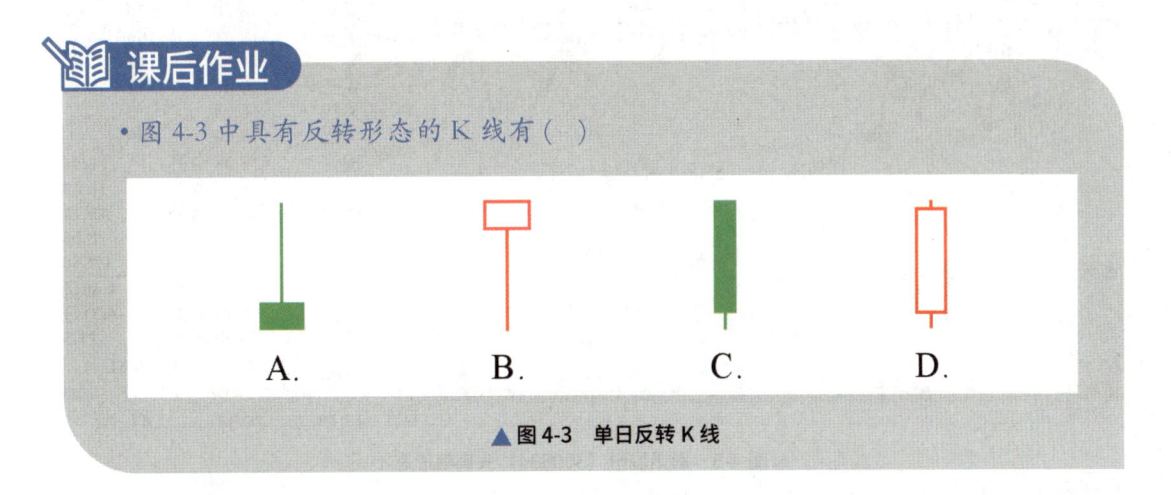

课后作业

• 图 4-3 中具有反转形态的 K 线有（　　）

▲ 图 4-3　单日反转 K 线

头肩底形态抓住股票赚钱基因

一、主力坐庄手法揭秘

头肩底形态案例如图 4-4、图 4-5 所示。

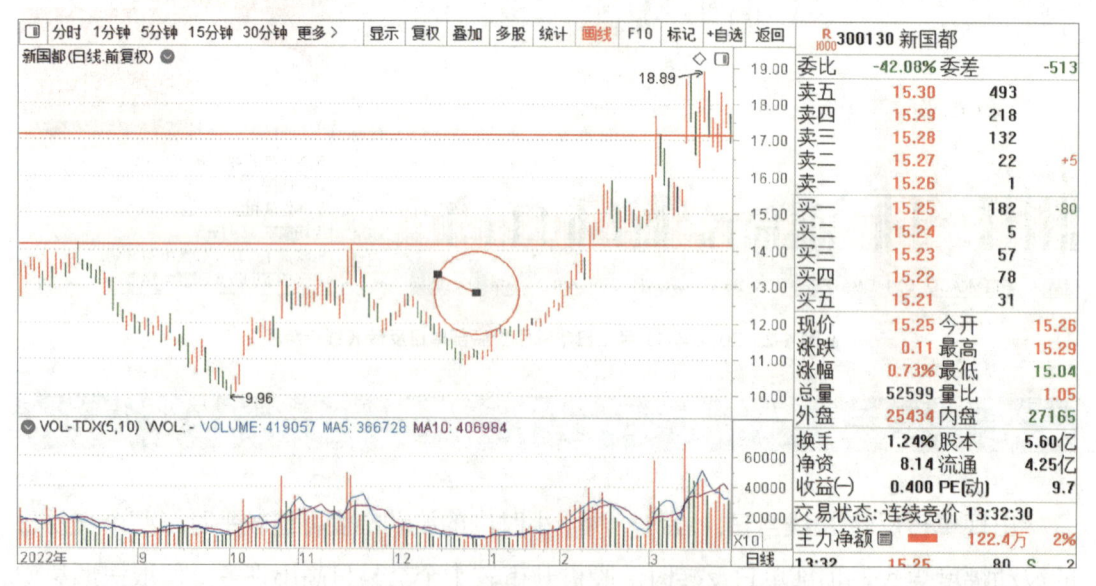

▲ 图 4-4　新国都（300130）头肩底形态

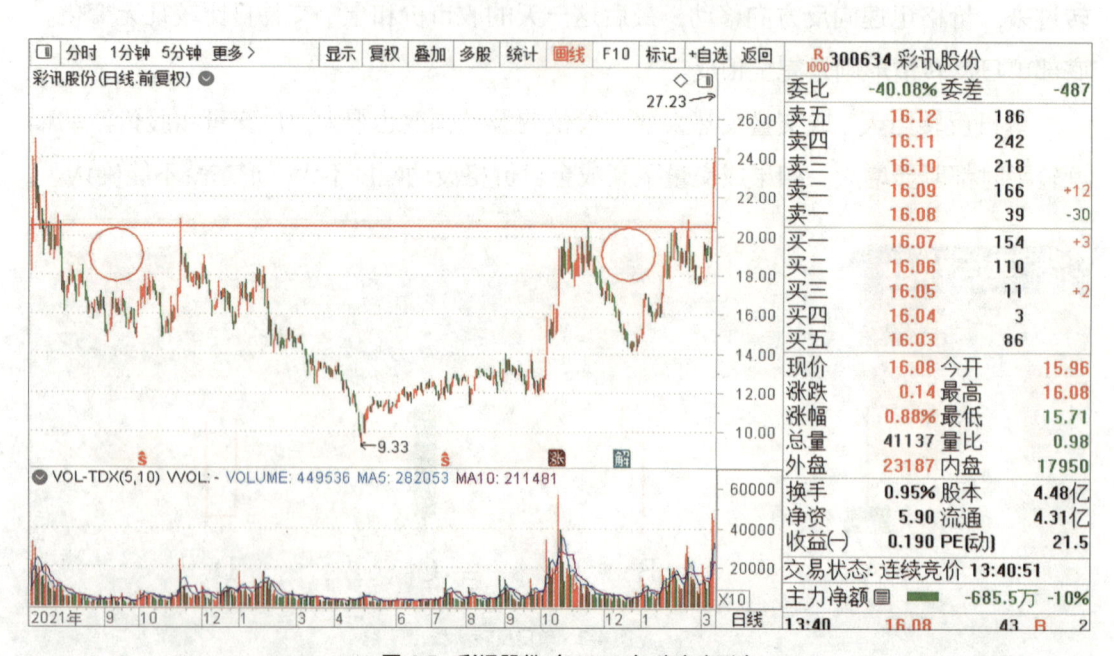

▲ 图 4-5　彩讯股份（300634）头肩底形态

二、要点提示

❶ 发掘题材，寻找合适的股票。
❷ 小幅放量推升吸筹。
❸ 配合利空或者大盘不好打压吸筹。
❹ 拉回成本区，加快筹码收集。
❺ 回到成本区平台整理。

三、头肩底模型拆解

头肩底模型拆解分析如图 4-6 所示。

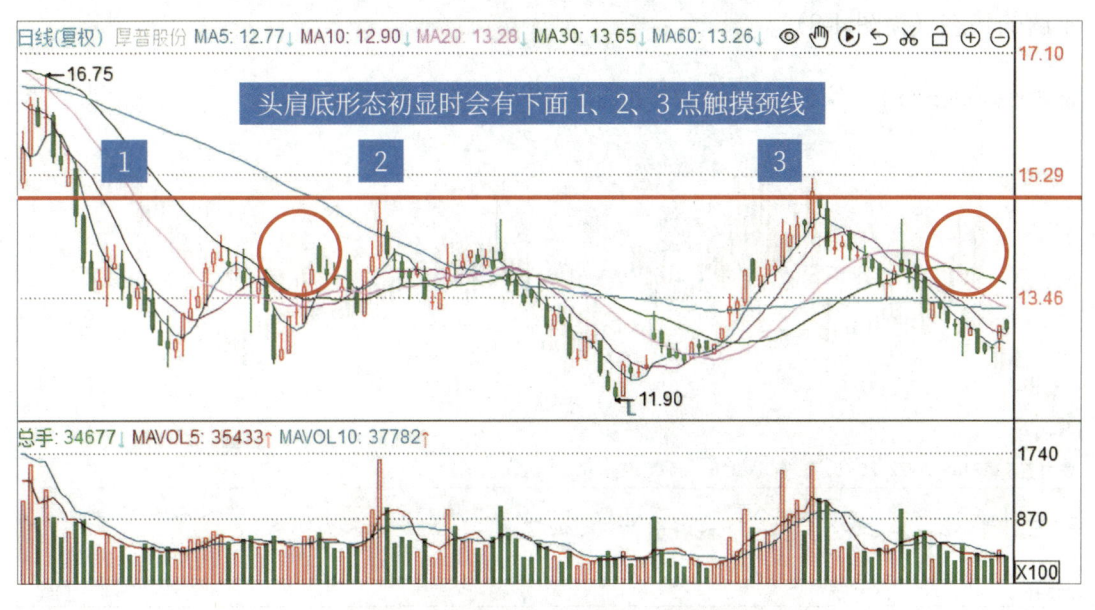

▲ 图 4-6　厚普股份（300471）头肩底形态

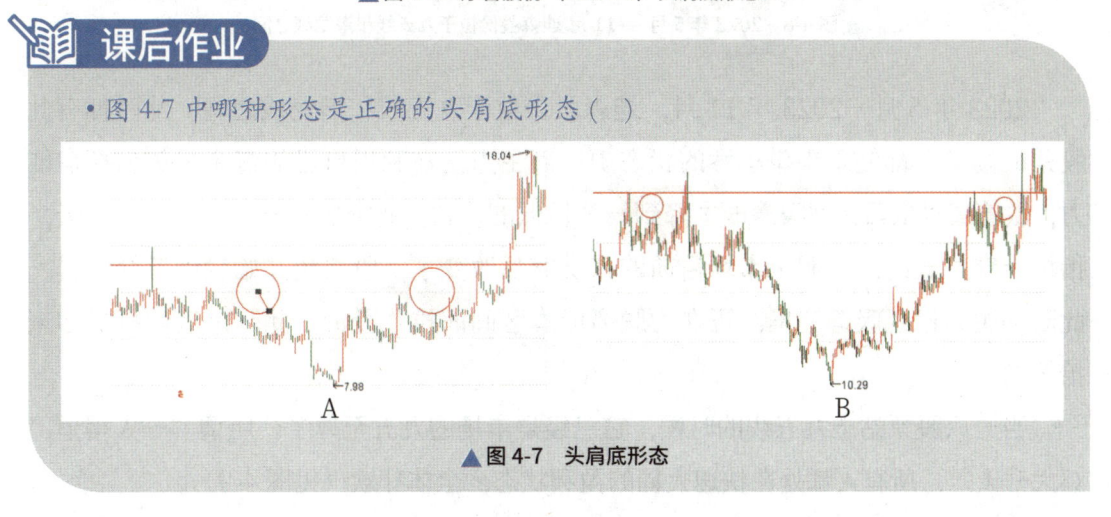

课后作业

- 图 4-7 中哪种形态是正确的头肩底形态（　　）

▲ 图 4-7　头肩底形态

九五至尊战法

一、九五至尊运用

通过九五至尊战法，我们会发现市场中所有股票 95% 以上的时间都运行于上面这条紫色九五线的下方和蓝色（黑底则为黄色）潜龙线的上方，此时该股票处于非常平庸的状态（见图 4-8）。

▲图 4-8　2023 年 5 月—11 月迪森股份位于九五线和潜龙线之间

2023 年 5 月—2023 年 11 月，迪森股份位于九五线和潜龙线之间，此时拥有此股票的投资者都处于小赚小亏的状态中，而主力正在利用自己的资金优势和控盘能力，做着高抛低吸，把吸筹成本降到一个极低的位置。而突然有一天股价一飞冲天，指标上穿九五线，说明全市场目前的状况突然改变了，股票也开始受到万众瞩目。此时的主力已经吸筹完毕，正在为脱离成本区间而拉升股价，此时是欢迎打板客来抬轿的。

当一只股票站上九五线的时候，它已经是市场的九五至尊了，所谓"一人得道，鸡犬升天"，所有人都处在快速大幅的盈利状态，全体狂欢（见图 4-9）。

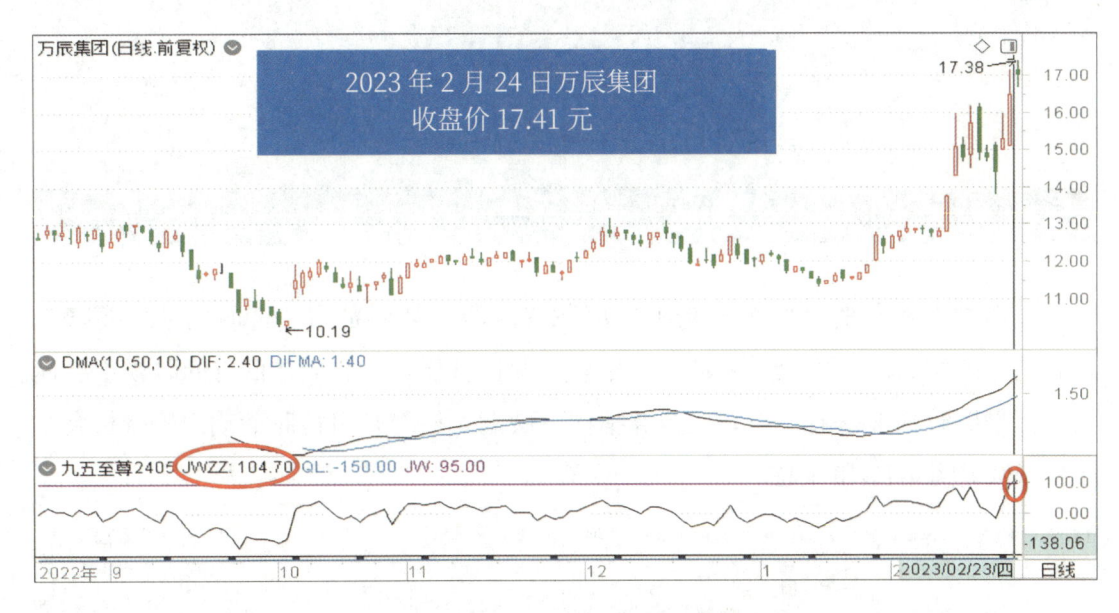

▲ 图 4-9 2023 年 2 月 24 日万辰集团上破九五线

二、要点提示

在应用九五至尊指标时，依然应该注意止损，止损可以以自己的心理价位为标准，也可以以指标参数为标准。

为了及时捕获九五至尊，在参数设置时，可将参数设置为 93，筛选出潜力选手，给自己一个观察时间，然后通过多参数对比，选择买入股票，最终实现盈利。九五至尊是一个非常敏感的指标，和选择 93 为参数设置一样，微破可不走，继续观察是否会再次上穿，多次上穿是很常见的。

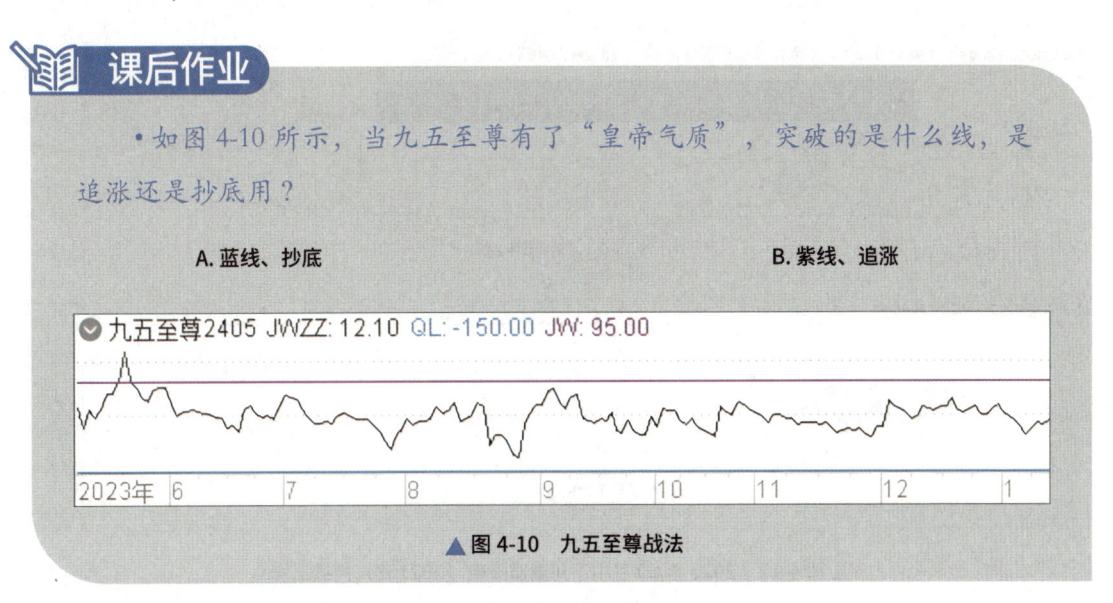

课后作业

• 如图 4-10 所示，当九五至尊有了"皇帝气质"，突破的是什么线，是追涨还是抄底用？

A. 蓝线、抄底　　　　　　　　　　　　B. 紫线、追涨

▲ 图 4-10 九五至尊战法

潜龙在渊战法

一、潜龙在渊的含义

"潜龙在渊"的字面意思是阳气潜藏在深渊之处；是君子待时而动，要善于保存自己的实力，不可轻举妄动。人生有高潮也有低谷，我们在低谷的时候不要迷失，而是要时刻准备着。当九五至尊指标下破潜龙线时则可待时而动，等待机会。指标示例见图4-11和4-12。

2022年10月11日通富微电收盘价14.21元

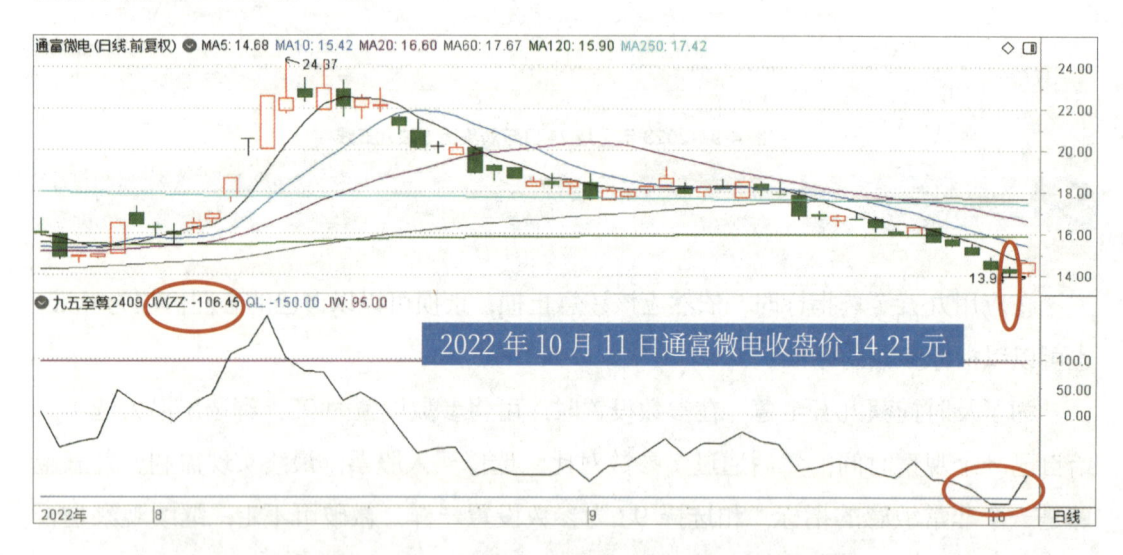

▲图4-11　2022年10月11日通富微电（002156）下破潜龙线

2022年10月27日通富微电收盘价19.04元

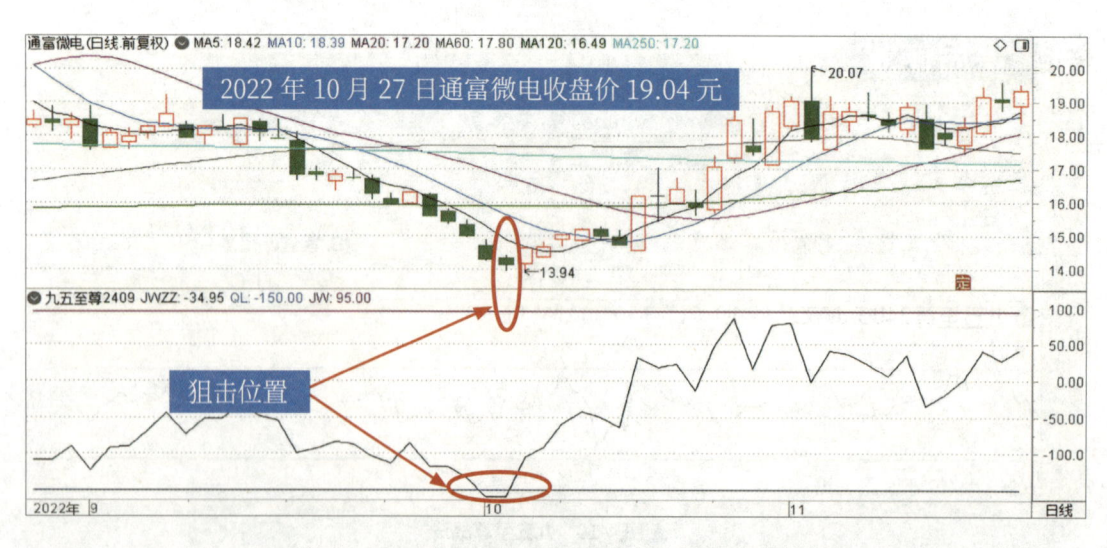

狙击位置

▲图4-12　2022年10月中下旬通富微电（002156）持续上涨

二、要点提示

潜龙在渊是一种抄底模式，一定要分仓进行，以防止大盘的系统性风险。首先买入 1/3 仓，如果上涨则不再加仓。如果继续下跌 10%，再加 1/3 仓，加仓操作以此类推。此时，所有人处于绝对被套阶段，要有耐心等待回暖。

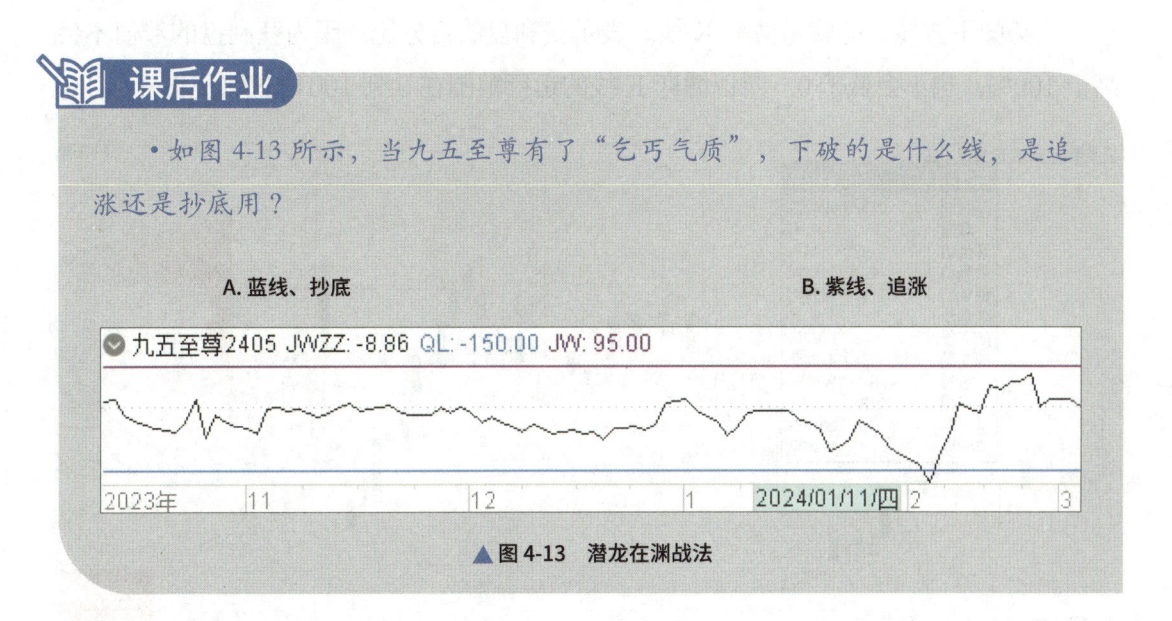

课后作业

- 如图 4-13 所示，当九五至尊有了"乞丐气质"，下破的是什么线，是追涨还是抄底用？

A. 蓝线、抄底　　　　　　　　　　　　B. 紫线、追涨

▲ 图 4-13　潜龙在渊战法

博弈长阳战法

一、博弈长阳的含义

走势图下方显示的就是博弈 K 线，表示获利盘的百分比，因为获利盘的数值不会高于 100%，也不会低于 0，所以博弈 K 线的运行范围在 0 到 100 之间（见图 4-14）。

▲ 图 4-14 2023 年 3 月 21 日盛通股份博弈长阳指数上破 80

二、要点提示

博弈 K 线长阳，不可用作买入的决策依据，主要用于辅助判断准备攻击的股票是否已被主力强力控盘，被主力强力控盘的股票，在爆发的时候会比普通股票更强。

5 郑声友 专栏

- **财学堂特邀名师**
- 南开大学金融学硕士
- "点掌财经"特约财经嘉宾
- 11因子首板连板战法创始人

价值情绪操盘手

拥有超过二十年的股市经验，是高效率价值趋势投资者，实战半年最高收益曾达125%。

独创11因子首板连板战法，可以帮助投资者高效选出确定性强、具有连板机会的个股；精通技术分析，深谙各类主力资金操作手法，善于结合情绪面、盘口语言、资金异动等，把握操作时机以及首板连板预期，优化相对交易空间，降低投资风险；精通题材研判，深谙市场走势周期轮动，熟悉热门题材的起涨底层逻辑，深度预判题材持续性，拒绝侥幸心理，顺大势而为；精通主力分析，通过主力的控盘及预埋程度分析，提前预知主力动向，找准介入时机，跟随主力做高效率的交易。

大盘因子

一、大盘趋势的选择

大盘上行或者震荡时，可利用本战法选股，运用本战法应避开大盘即将下行或下行趋势中的时期；趋势应从中长周期角度来看，图5-1为2021年8月27日—2022年12月30日上证指数周K线图，趋势尽量避免从日K线（偏短线）角度来看。

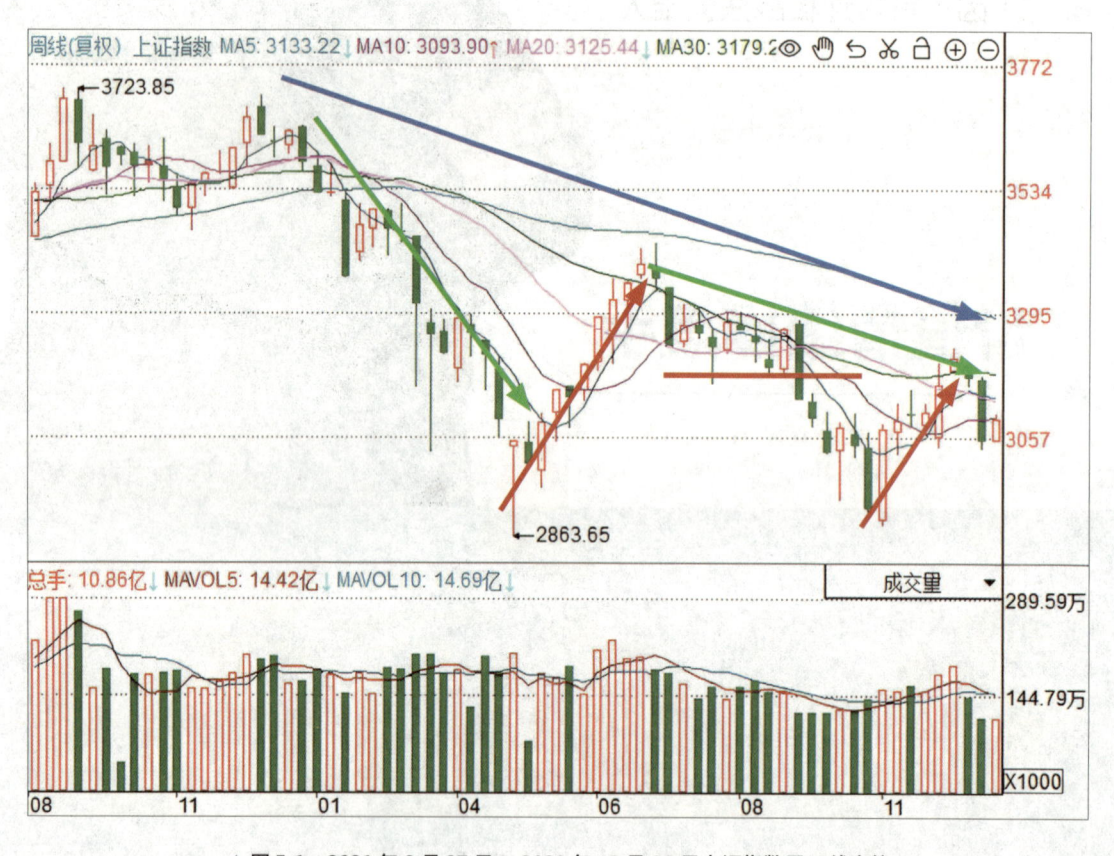

▲图5-1 2021年8月27日—2022年12月30日上证指数周K线走势

二、大盘中长周期趋势判断

❶ 中长周期K线均线的排列方式：多头排列、空头排列。

❷ 中长周期均量线走势：缩量—逐步放量—缩量。

❸ 中长周期 MACD 指标：金叉上行，红柱逐步加长；死叉下行，绿柱加长。

❹ 中长周期 KDJ 指标：金叉上行，强势区运行；死叉下行，弱势区运行（见图 5-2、图 5-3）。

▲ 图 5-2　2013 年 4 月—2024 年 8 月上证指数月 K 线走势

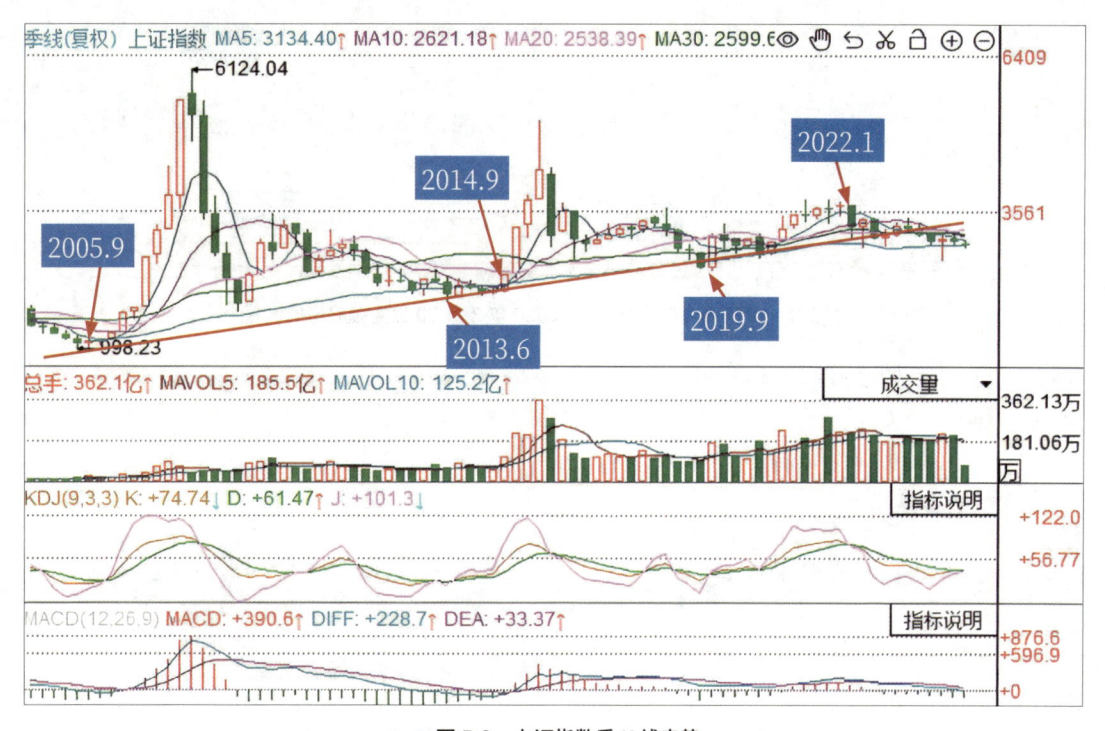

▲ 图 5-3　上证指数季 K 线走势

"技术面"因子之起涨位置和 K 线形态

"技术面"因子之起涨位置和 K 线形态实战案例如图 5-4 至图 5-15 所示。

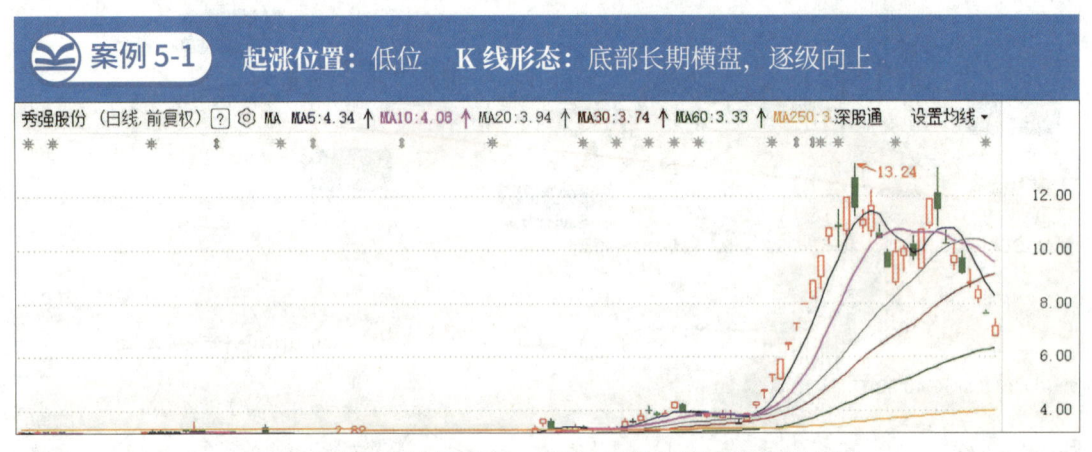

案例 5-1　　起涨位置：低位　　K 线形态：底部长期横盘，逐级向上

▲ 图 5-4　2019 年 9 月 16 日—2020 年 3 月 17 日秀强股份日 K 图

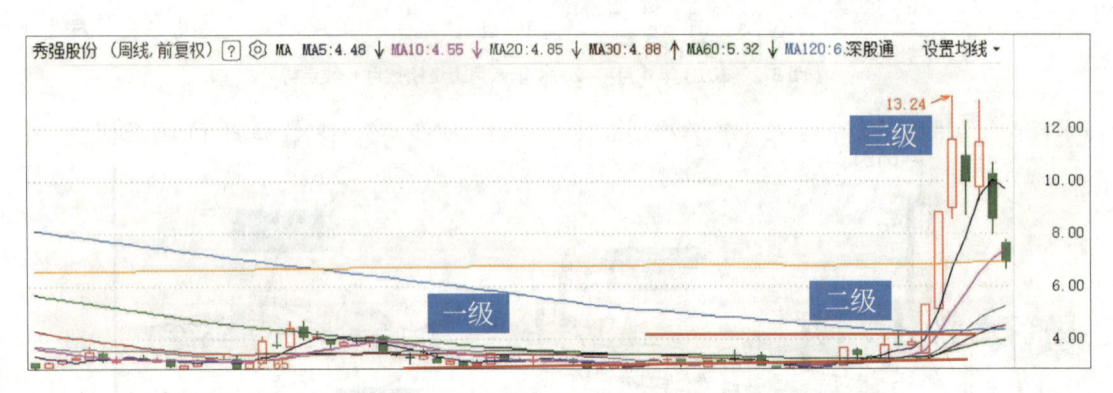

▲ 图 5-5　2018 年 10 月 19 日—2020 年 3 月 20 日秀强股份周 K 图

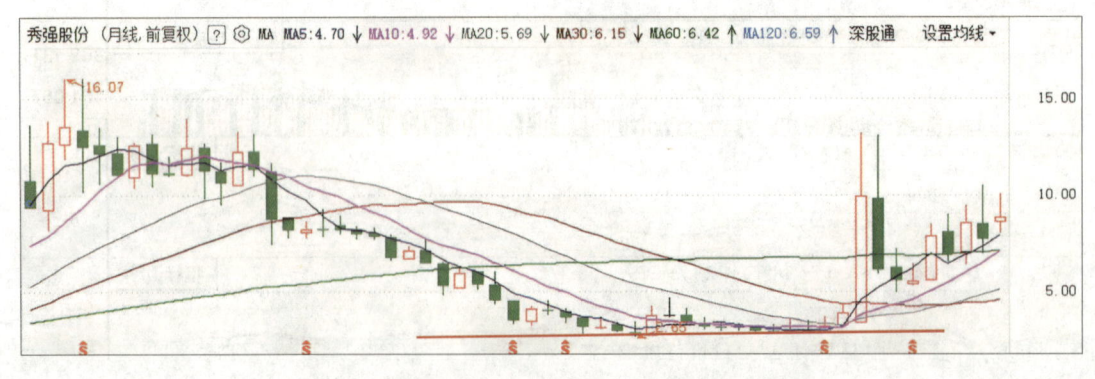

▲ 图 5-6　2016 年 2 月—2020 年 10 月秀强股份月 K 图

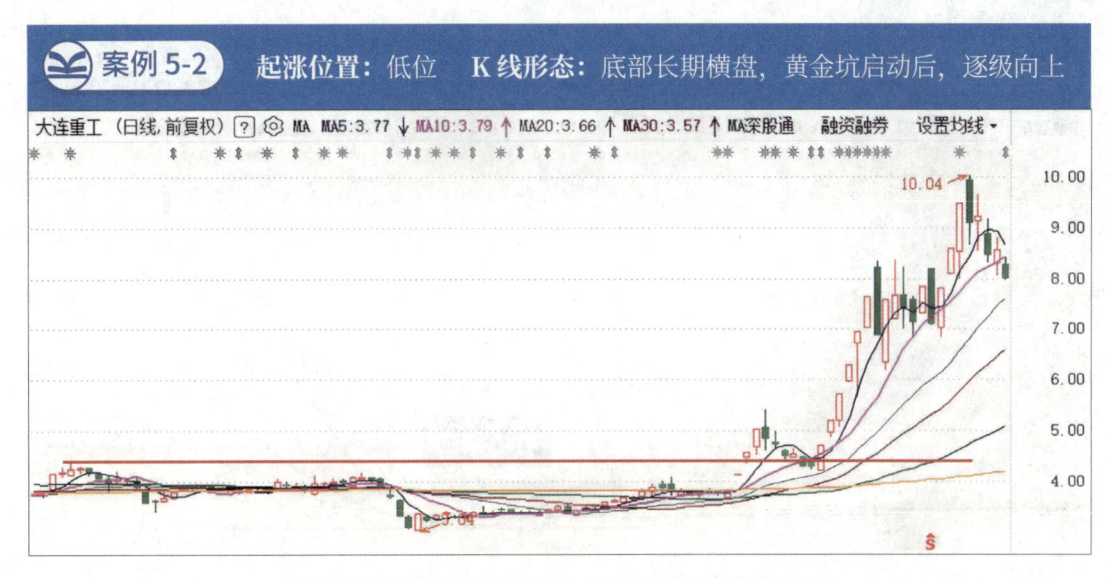

案例 5-2　起涨位置：低位　　K 线形态：底部长期横盘，黄金坑启动后，逐级向上

▲ 图 5-7　2022 年 2 月 25 日—7 月 29 日大连重工日 K 图

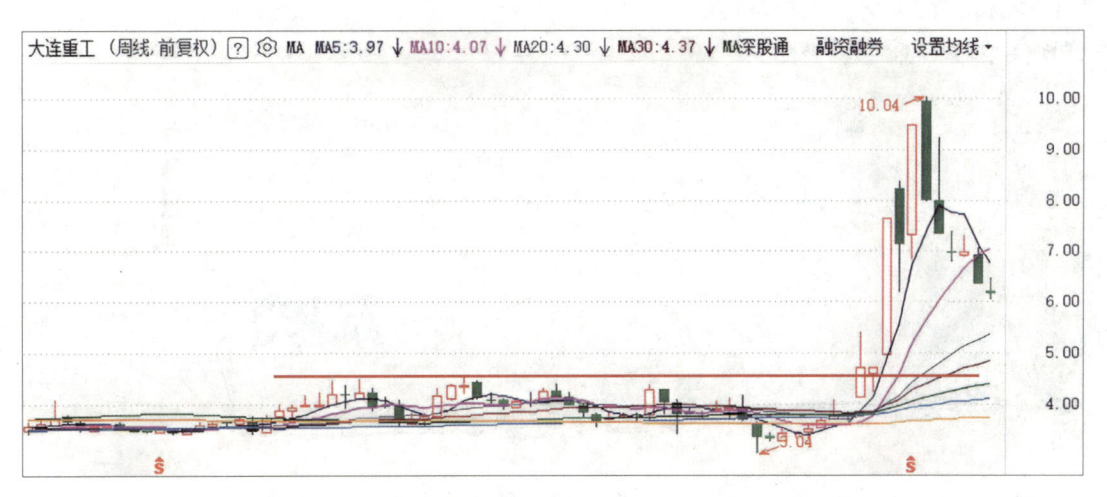

▲ 图 5-8　2021 年 4 月 2 日—2022 年 9 月 2 日大连重工周 K 图

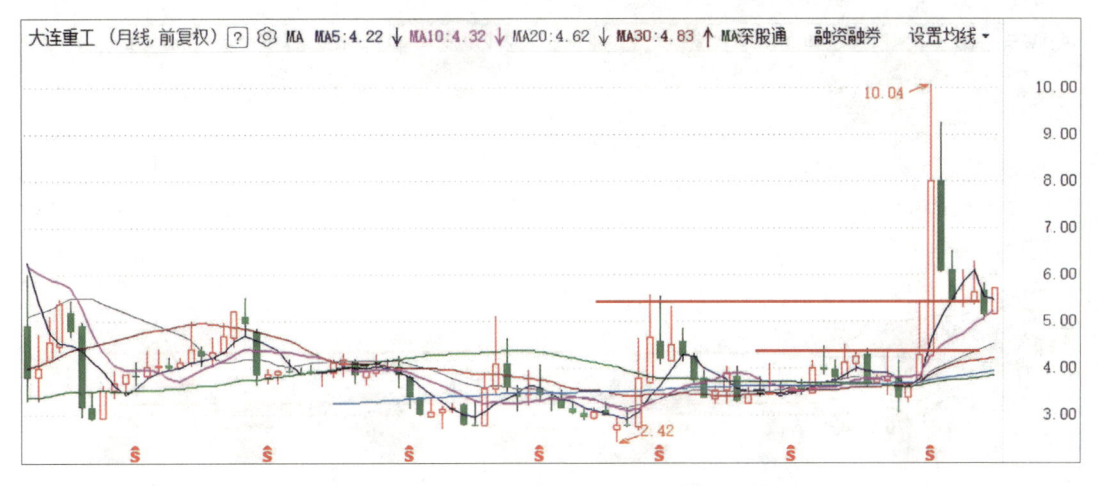

▲ 图 5-9　2015 年 8 月—2023 年 1 月大连重工月 K 图

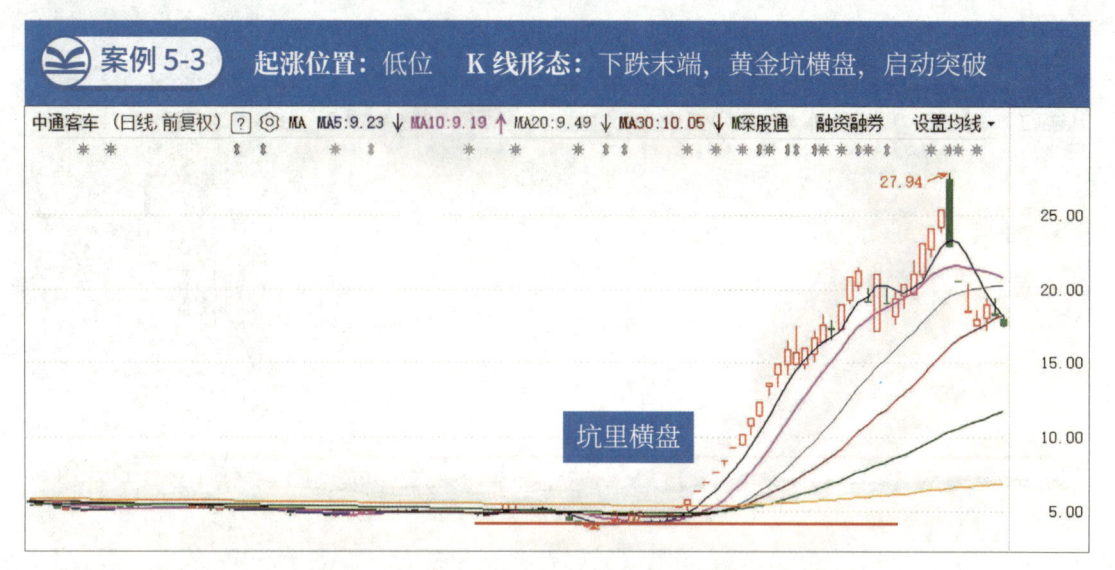

案例 5-3　　起涨位置：低位　　K 线形态：下跌末端，黄金坑横盘，启动突破

坑里横盘

▲ 图 5-10　2022 年 1 月 20 日—7 月 27 日中通客车日 K 图

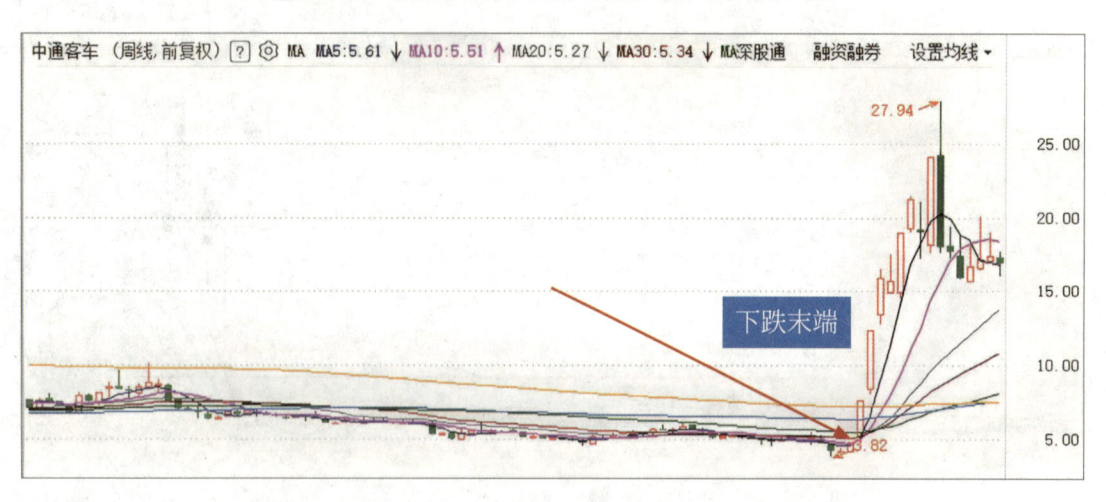

下跌末端

▲ 图 5-11　2020 年 9 月 30 日—2022 年 9 月 2 日中通客车周 K 图

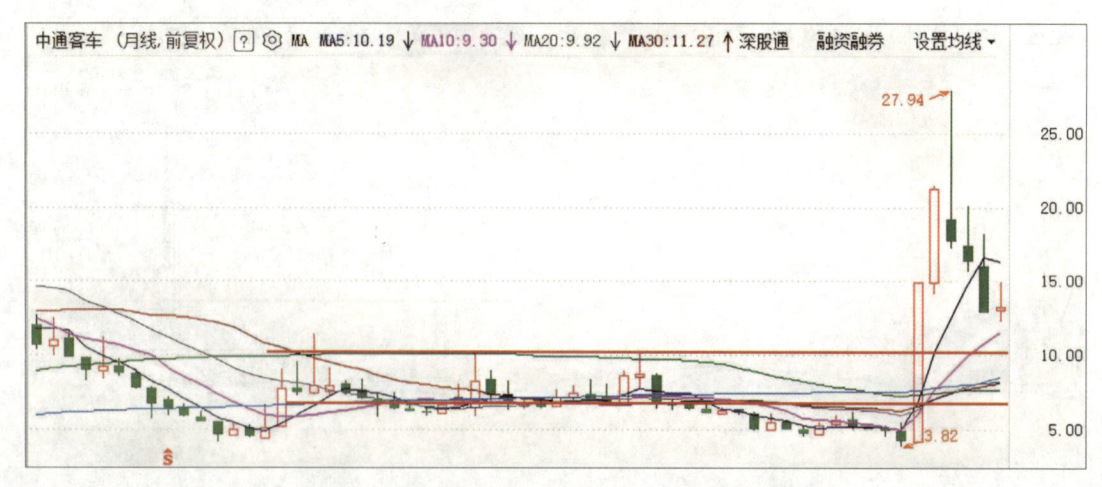

▲ 图 5-12　2017 年 11 月—2022 年 10 月中通客车月 K 图

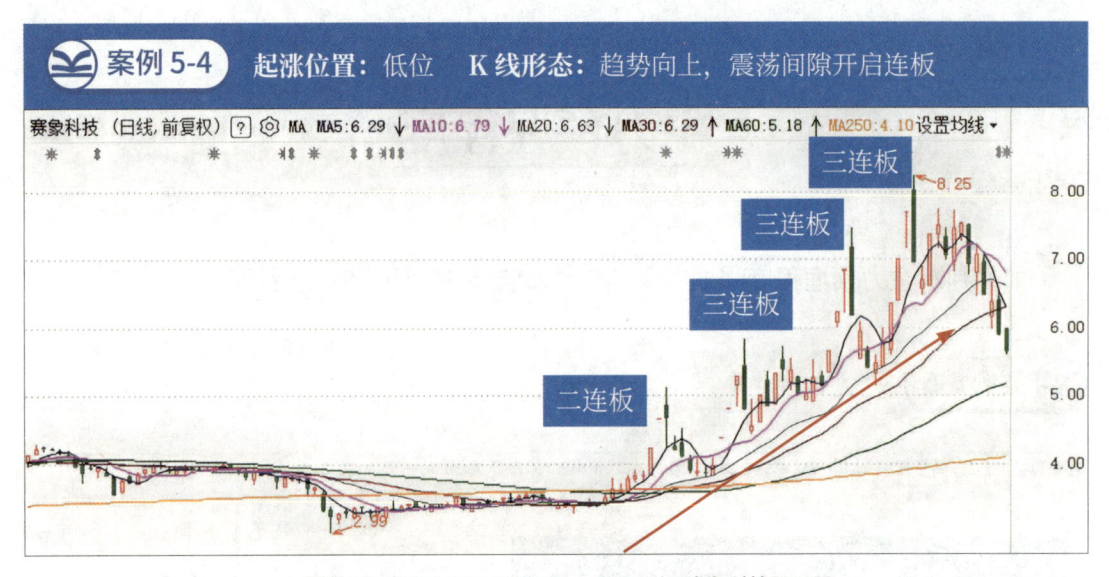

案例 5-4　起涨位置：低位　K 线形态：趋势向上，震荡间隙开启连板

▲图 5-13　2022 年 2 月 28 日—8 月 31 日赛象科技日 K 图

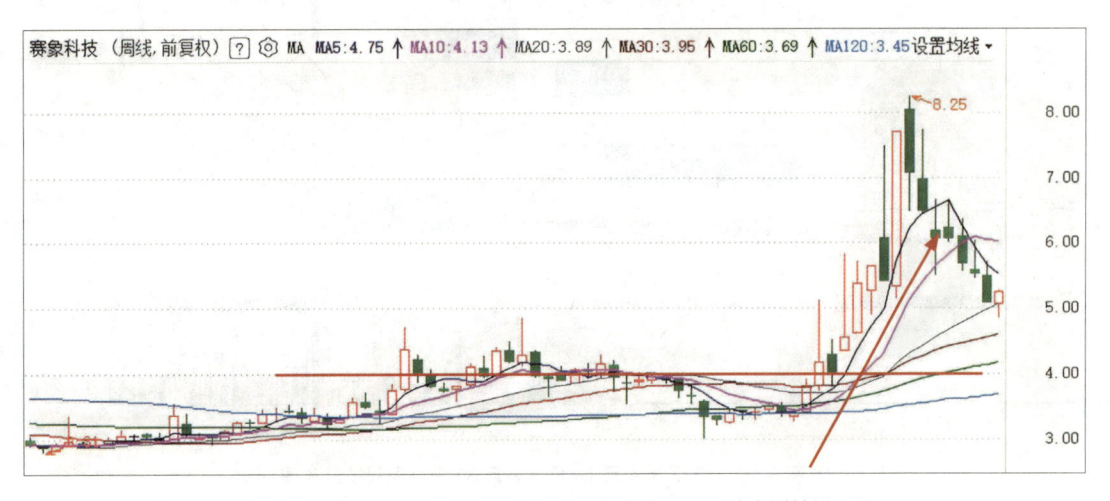

▲图 5-14　2021 年 4 月 23 日—2022 年 10 月 14 日赛象科技周 K 图

▲图 5-15　2017 年 10 月—2023 年 3 月赛象科技月 K 图

主力预埋程度

如何判断主力预埋程度强弱？具体案例如图 5-16 至图 5-21 所示。

案例 5-5

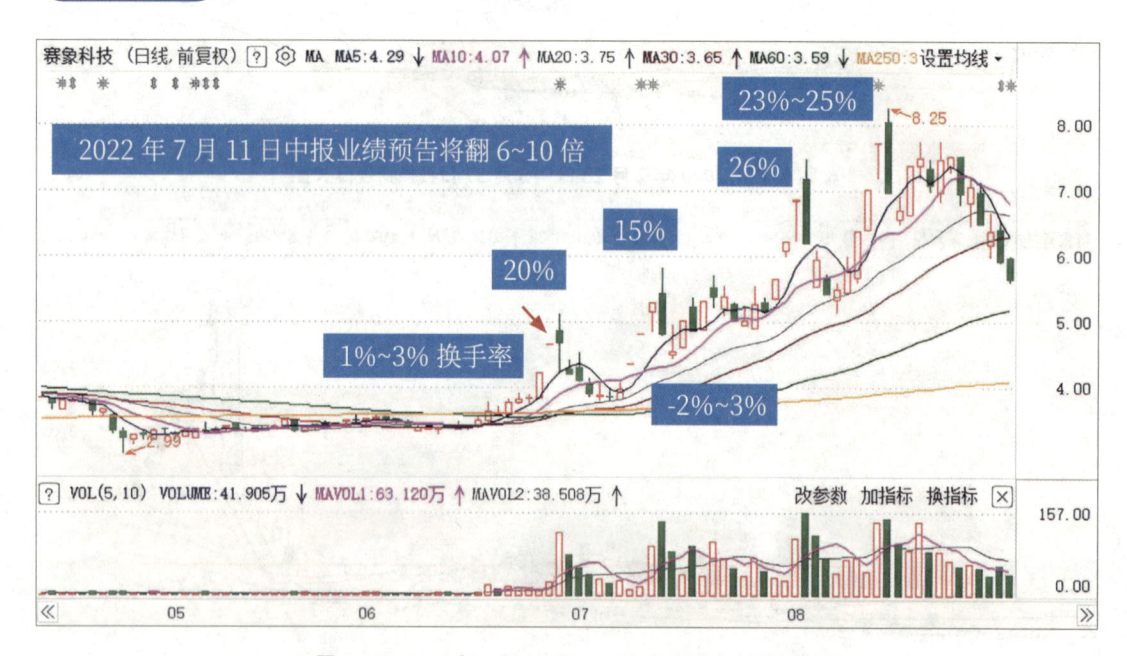

▲ 图5-16　2022年4月14日—8月31日赛象科技日K图

名次	股东名称	股份类型	持股数（股）	占总股本持股比例	增减（股）	变动比例
1	天津赛象创业投资有限责任公司	流通A股	189,230,000	32.15%	不变	—
2	张建浩	流通A股	27,550,000	4.68%	不变	—
3	程洁	流通A股	2,933,000	0.50%	新进	—
4	中信银行股份有限公司-博时专精特新主题混合型证券投资基金	流通A股	1,936,100	0.33%	新进	—
5	UBS AG	流通A股	1,447,581	0.25%	-435,247	-23.12%
6	旅德坤	流通A股	1,000,000	0.17%	新进	—
7	李克明	流通A股	947,050	0.16%	不变	—
8	郑伟文	流通A股	822,600	0.14%	新进	—
9	华泰证券股份有限公司	流通A股	817,009	0.14%	新进	—
10	张虎	流通A股	801,800	0.14%	新进	—
	合计	—	227,484,940	38.65%	—	—

十大股东　实际控制人：张建浩（直接持股比例：5.00%）

▲ 图5-17　赛象科技2022年第一季度十大股东

在 2022 年 7 月 11 日利好消息放出来之前，主力在 6 月 30 日前已经预埋。**主力控盘程度不足 40%**。所以，必须急拉洗盘、高抛低吸，以震荡形式来获得低成本筹码。

○ 十大股东

实际控制人：张建浩（直接持股比例：5.00%）

名次	股东名称	股份类型	持股数(股)	占总股本持股比例	增减(股)	变动比例
1	天津赛象创业投资有限责任公司	流通A股	189,230,000	32.15%	不变	—
2	张建浩	流通A股	27,550,000	4.68%	不变	—
3	呼和浩特市成蹊私募基金管理中心(普通合伙)-成蹊东风三期私募证券投资基金	流通A股	1,655,500	0.28%	新进	—
4	王海波	流通A股	1,604,500	0.27%	新进	—
5	张正舟	流通A股	1,475,600	0.25%	新进	—
6	徐庆国	流通A股	1,213,800	0.21%	新进	—
7	李克明	流通A股	951,650	0.16%	4,600	0.49%
8	秦泽斌	流通A股	922,100	0.16%	新进	—
9	肖燕龙	流通A股	784,000	0.13%	新进	—
10	张祖龙	流通A股	770,000	0.13%	新进	—
	合计	—	226,157,150	38.42%	—	—

▲ 图 5-18　赛象科技 2022 年第二季度十大股东

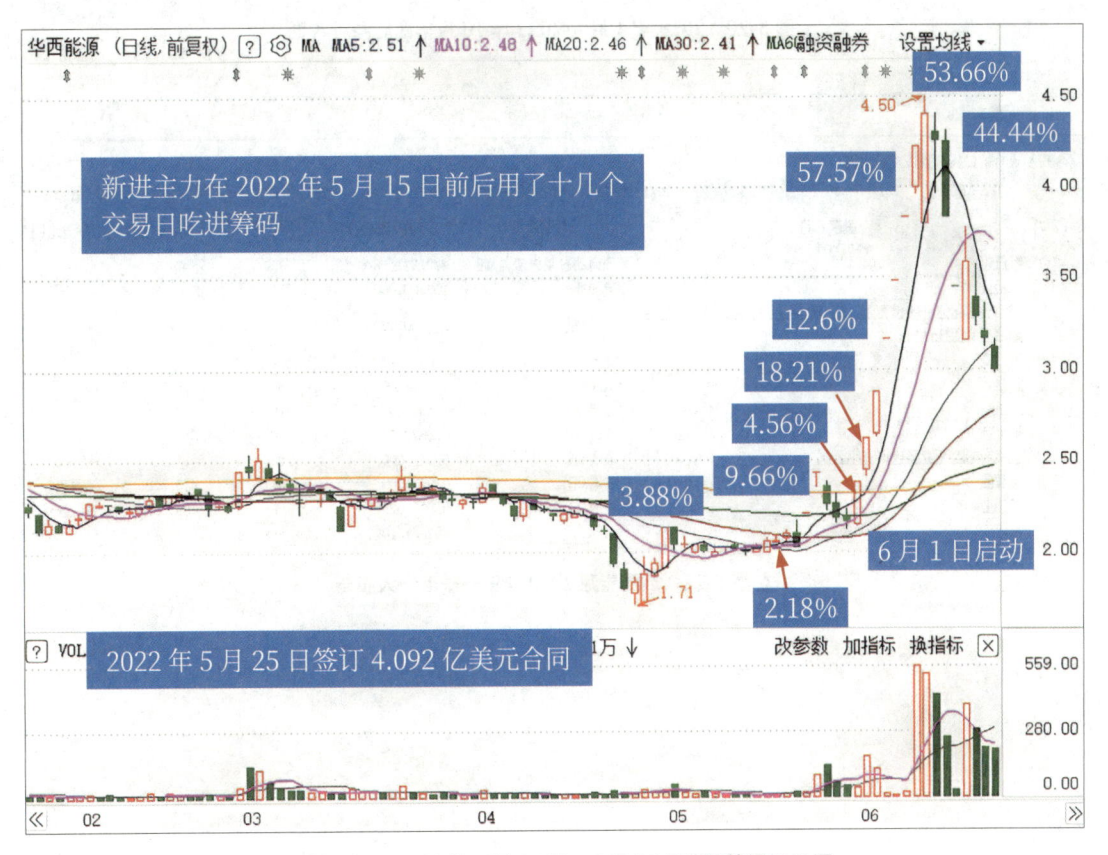

案例 5-6

▲ 图 5-19　2022 年 1 月 24 日—6 月 21 日华西能源日 K 图

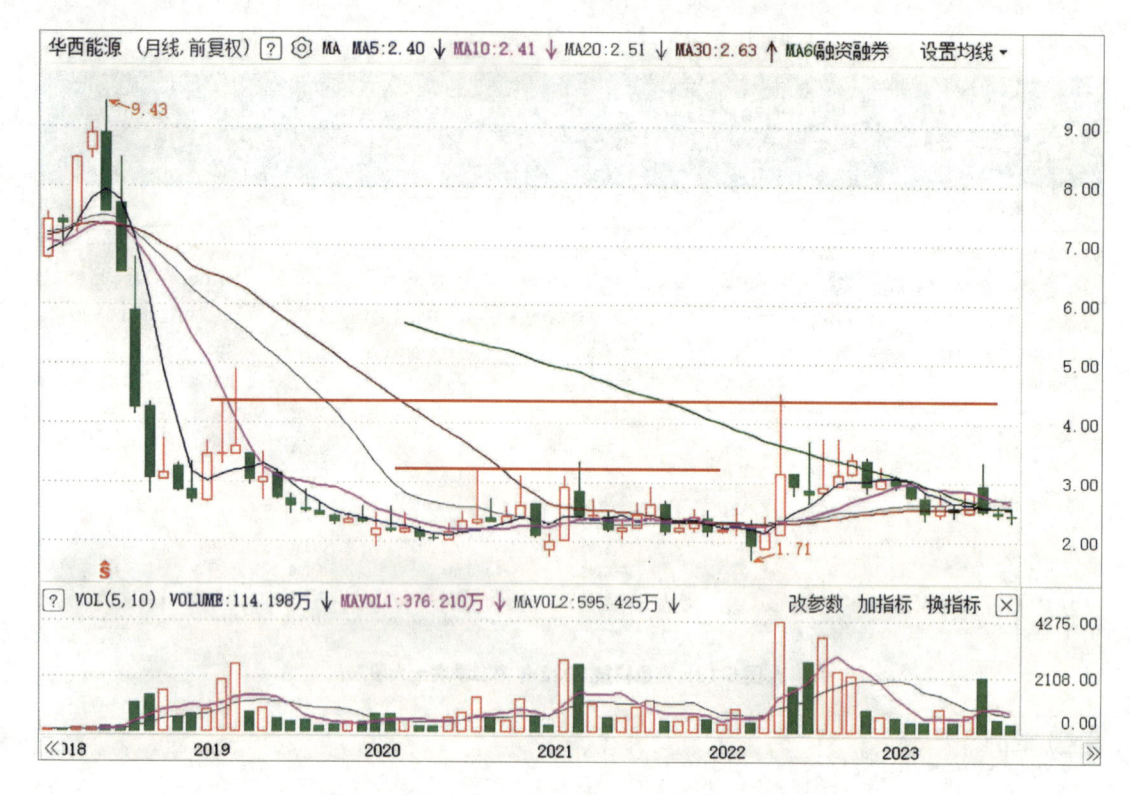

▲ 图 5-20　2018 年 1 月—2023 年 10 月华西能源月 K 图

十大股东

实际控制人：黎仁超（直接持股比例：13.07%）

名次	股东名称	股份类型	持股数(股)	占总股本持股比例	增减(股)	变动比例
1	黎仁超	流通A股,限售流通A股	272,211,184	23.05%	不变	—
2	张素芬	流通A股	16,100,000	1.36%	4,000,000	33.06%
3	陕西省国际信托股份有限公司-陕国投·持盈27号证券投资集合资金信托计划	流通A股	13,750,780	1.16%	不变	—
4	丁煜庸	流通A股	9,000,223	0.76%	103	0.00%
5	张秀	流通A股	7,808,200	0.66%	-2,818,200	-26.52%
6	王莹	流通A股	7,586,000	0.64%	新进	—
7	张士英	流通A股	6,687,200	0.57%	不变	—
8	上海瀚阳国际货运代理有限公司	流通A股	6,381,200	0.54%	新进	—
9	温辉昌	流通A股	6,047,200	0.51%	-416,500	-6.44%
10	曾训楷	流通A股	6,000,020	0.51%	-398,000	-6.22%
	合计	—	351,572,007	29.77%	—	—

▲ 图 5-21　华西能源 2022 年第一季度十大股东

买点方法一：打首板、抢首板

市面上有很多种打涨停板、抢涨停板的战法，大家都可以去借鉴。这里主要讲一下我们的方法。

一、原则

一般来说，我们只做上午，10:30 以前更强势，尽量不做或者少做下午。

二、定义

不同的人对"打首板、抢首板"的理解会不一样，我对打首板、抢首板定义如下。

❶ 打涨停板。

股价封涨停后，以涨停价格挂单，等待排队成交，或者等待中途空方砸破涨停价位成交。

❷ 抢涨停板。

(1) 股价刚来到涨停位置时，原先的卖单逐渐被多方吃掉，直至被吃掉一半左右时，我们抢单。

(2) 早盘开盘后，股价急速上拉，或者阶梯逐级上攻，在各种有利的判断前提下，我们在接近涨停位置（8%~9.9%）买入。

(3) 股价在早盘封涨停后，中途突然打开，下杀企稳后，在各种有利的判断前提下，在未成交的大单前，或者分时支撑位上方抢筹码，静等再次封涨停；或者再抢涨停前和涨停位置的筹码。

以上方法还可用于抢二板。

三、注意事项

涨停后不开板，散户就算以涨停价排队买入，也几乎买不到筹码！它的二板又是一字板，也很难买入；三板开板，属于投机的机会，不在我们的战法体系内。

在首板买不到筹码的情况很多，买不到不会产生亏损，不必过于执着。

打首板、抢二板实战案例如图 5-22 至图 5-27 所示。

案例 5-7

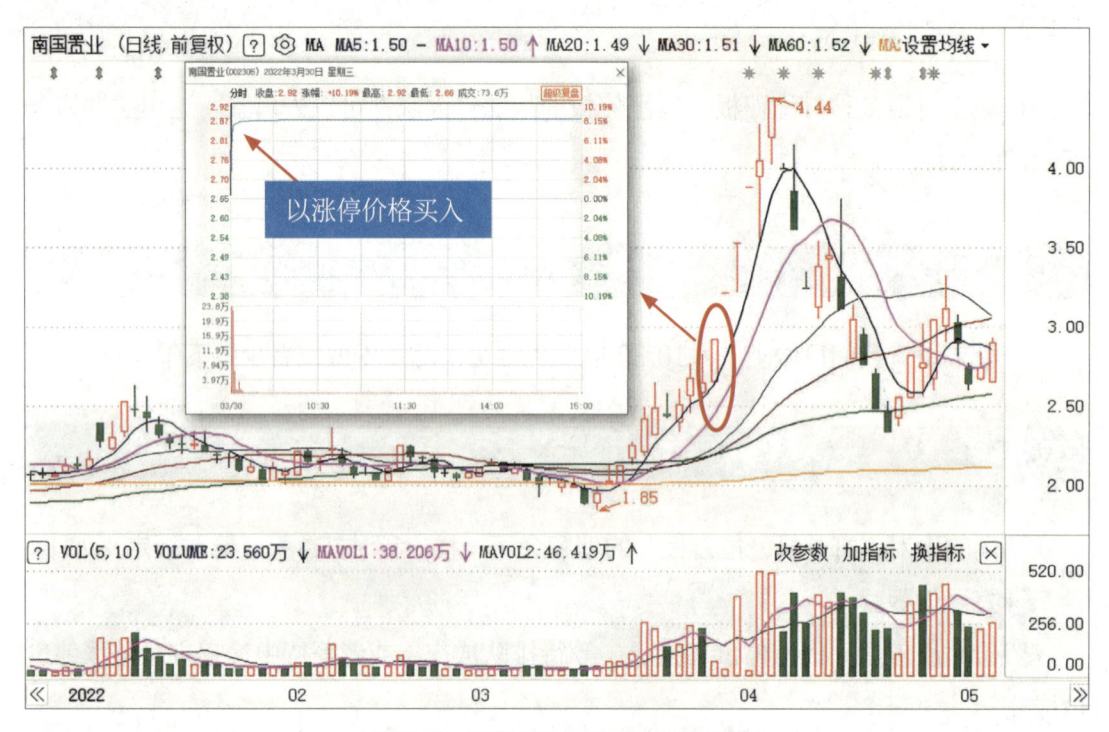

▲ 图 5-22　2022 年 3 月 30 日南国置业首板

案例 5-8

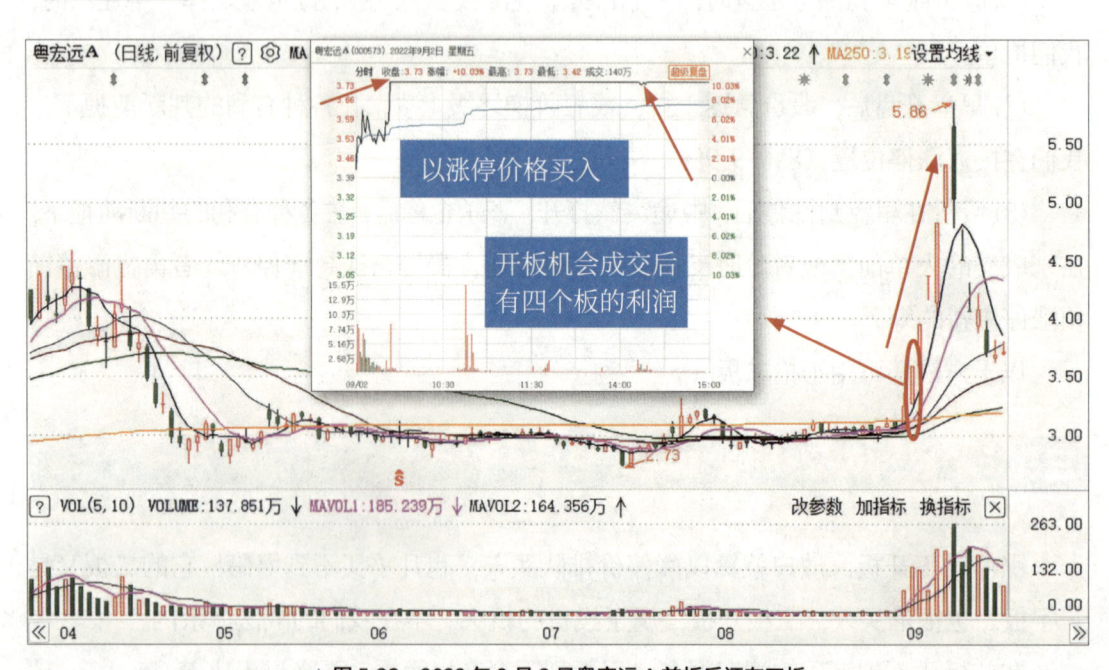

▲ 图 5-23　2022 年 9 月 2 日粤宏远 A 首板后还有四板

案例 5-9

早盘开盘后，股价急速上拉，或者阶梯逐级上攻，在各种有利的判断前提下，我们在接近涨停位置（涨幅8%~9.9%）买入

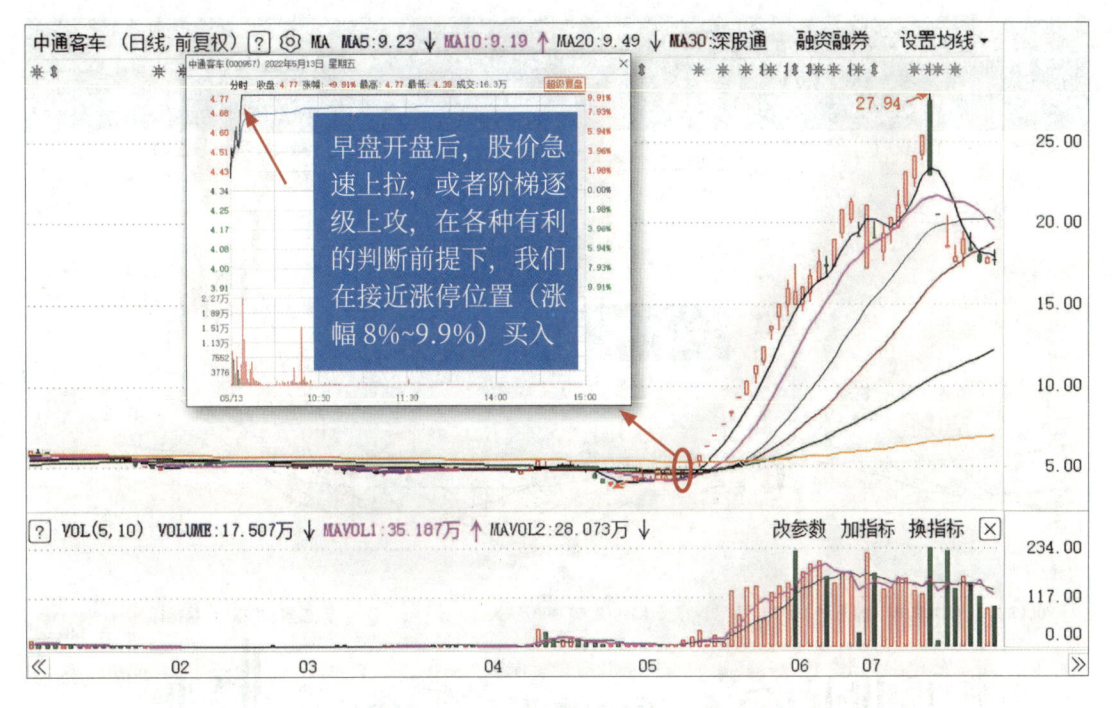

▲图 5-24　2022 年 5 月 13 日中通客车首板

案例 5-10

股价在早盘封涨停后，中途突然打开，下杀企稳后，在各种有利的判断前提下，在未成交的大单前，或者分时支撑位上方抢筹码，静等再次封涨停或者再抢涨停前和涨停位置的筹码

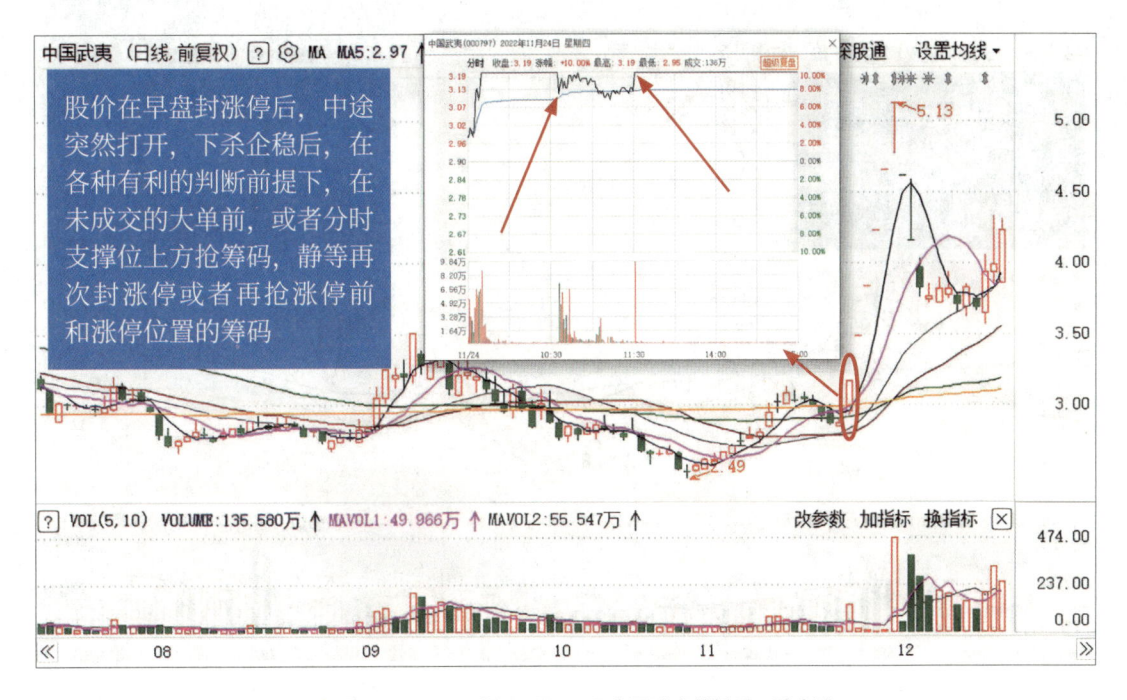

▲图 5-25　2022 年 11 月 24 日中国武夷首板后一路高涨

案例 5-11

股价在早盘封涨停后，中途突然打开，下杀企稳后，在各种有利的判断前提下，在未成交的大单前，或者分时支撑位上方抢筹码，静候再次封涨停；或者再抢涨停前和涨停位置的筹码

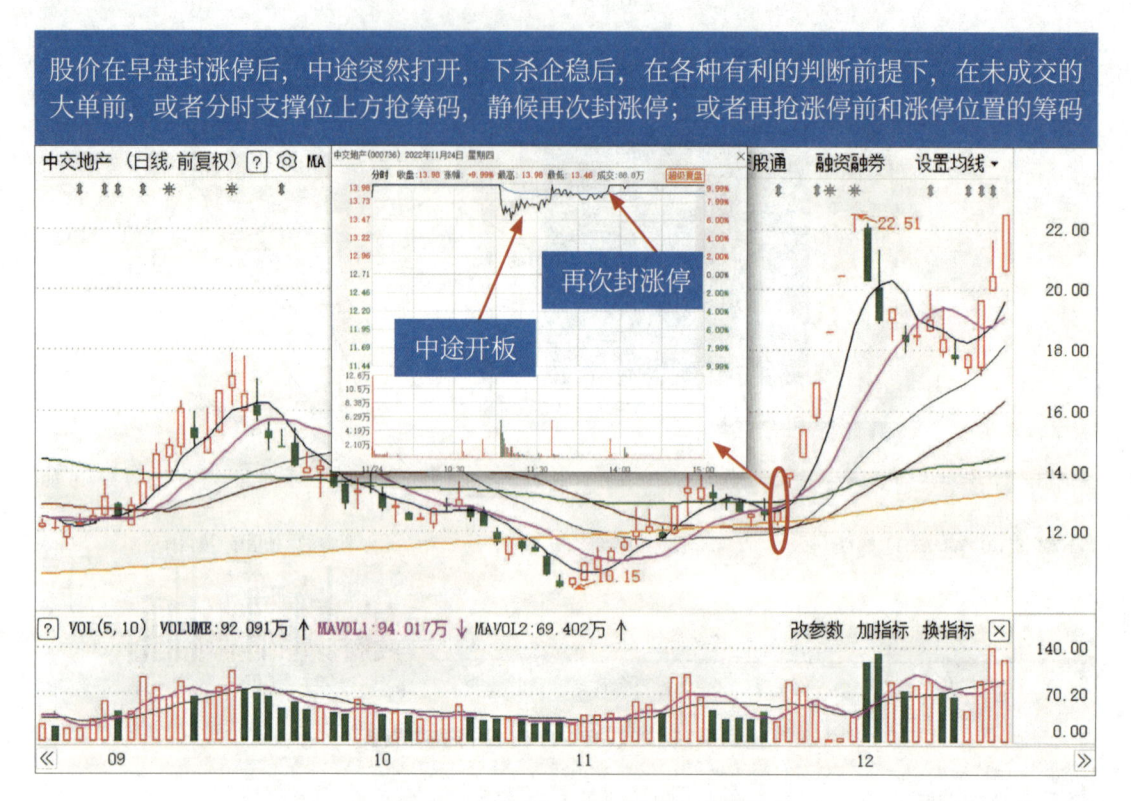

▲ 图 5-26　2022 年 11 月 24 日中交地产首板

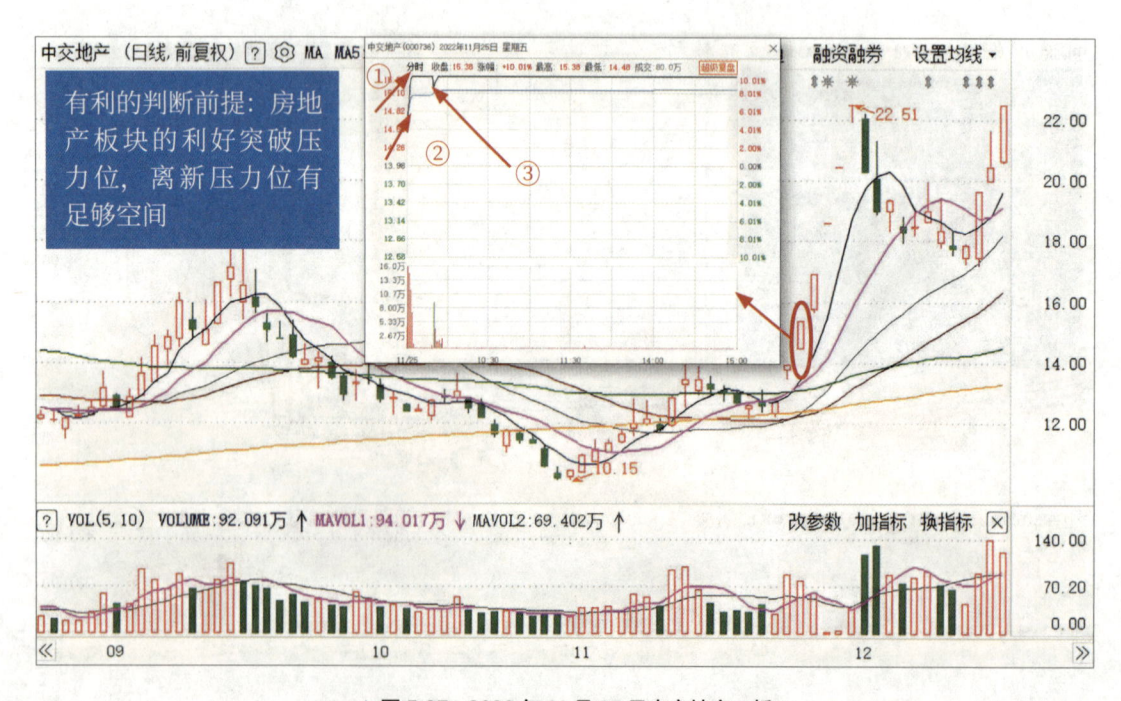

有利的判断前提：房地产板块的利好突破压力位，离新压力位有足够空间

▲ 图 5-27　2022 年 11 月 25 日中交地产二板

日 K 级别的支撑线止损保护

如果上升趋势成立，箱体上沿被突破，原来的压力线就会转变为支撑线。寻找日 K 支撑线，往往需要等几个交易日。中短线周期操作者可以选择此类型止损保护，支撑线上未做止损直至最后止盈；超短线操作者，可以选择分时支撑保护止损，换股再战，以提高效率。

案例 5-12

如图 5-28 东方智造案例中，其在 2022 年 11 月 14 日突破箱体上沿后等了 6 个交易日才继续上涨。

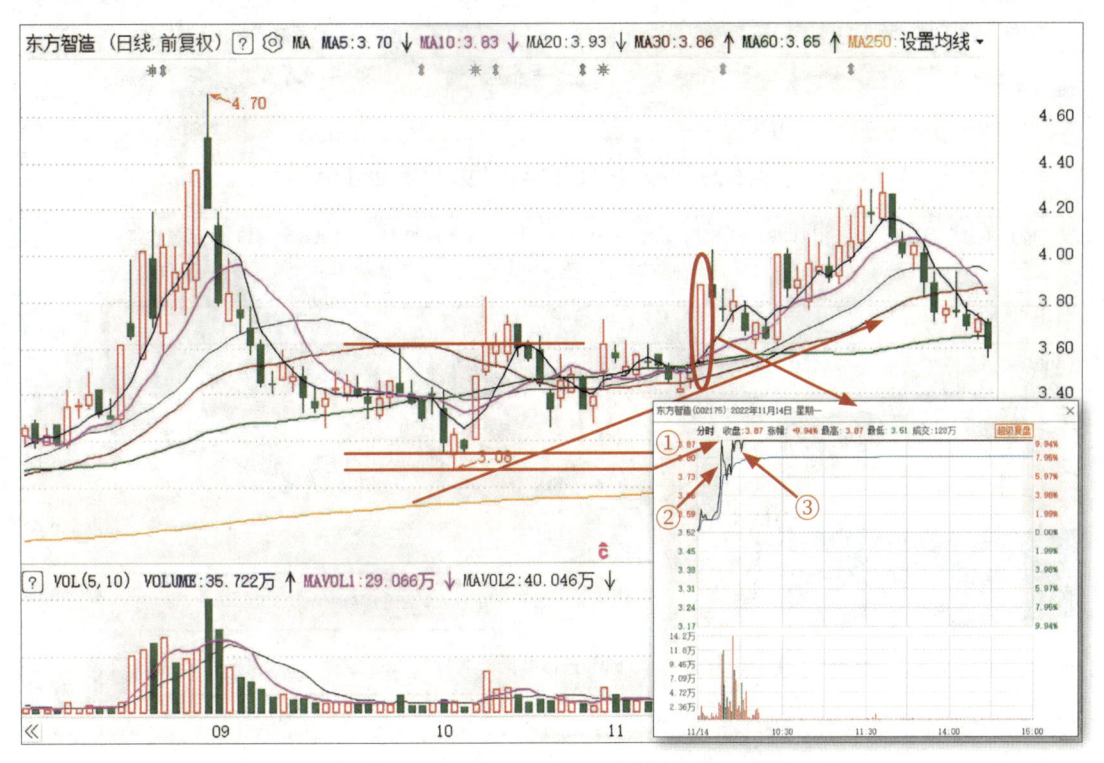

▲ 图 5-28　2022 年 11 月 14 日东方智造突破支撑线

案例 5-13

支撑线： 2022 年 11 月 24 日艾艾精工强势涨停，突破图 5-29 中的压力线①，上升趋势成立；突破前期最近高点的压力，原来的压力线会转变为支撑线。

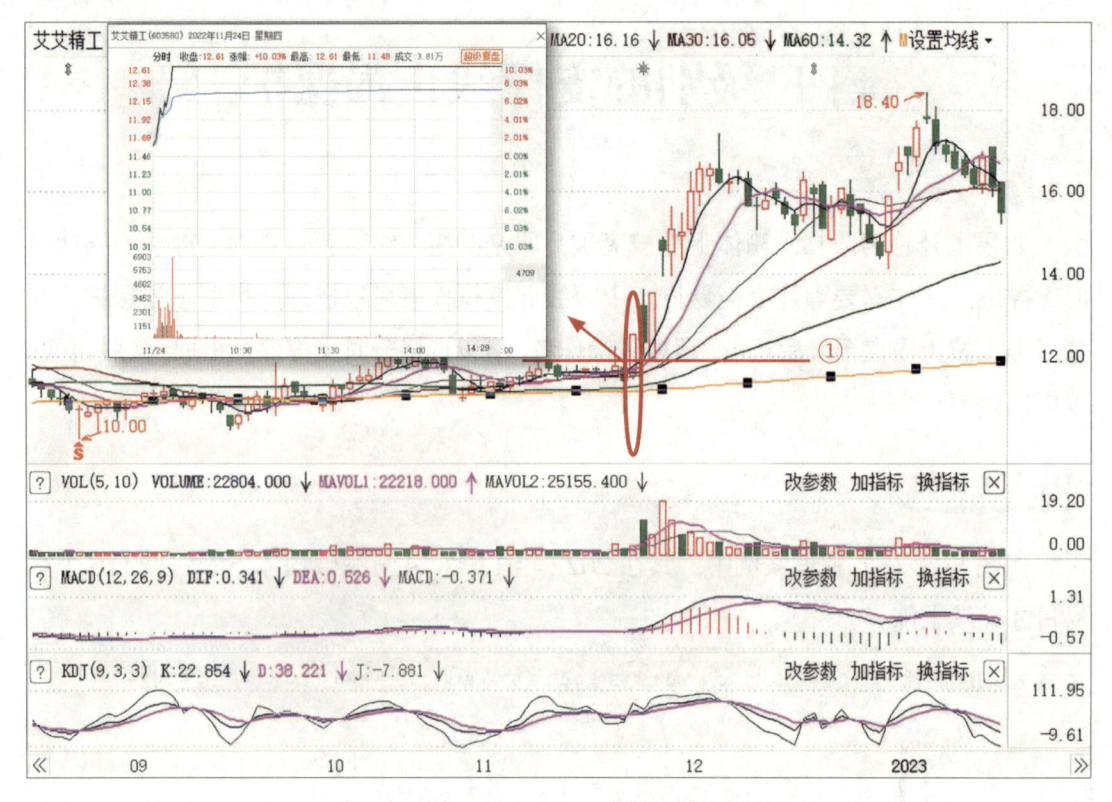

▲ 图5-29　2022年11月24日艾艾精工突破支撑线

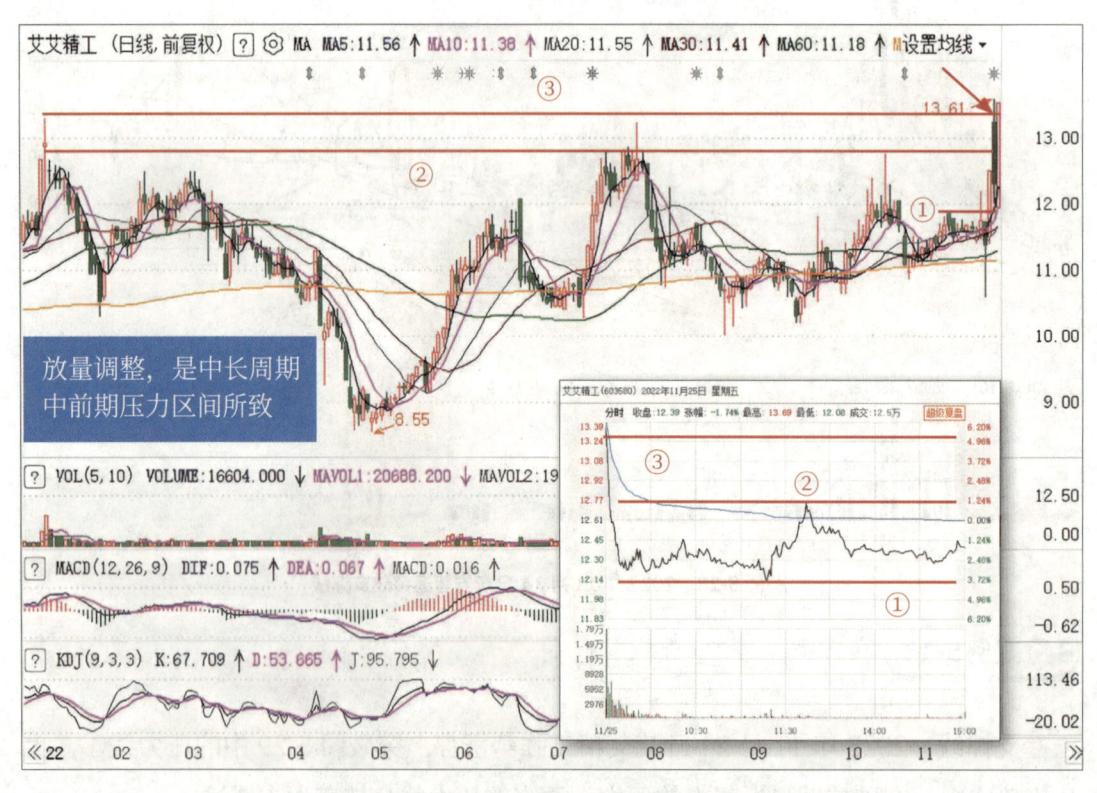

放量调整，是中长周期中前期压力区间所致

▲ 图5-30　2022年11月25日艾艾精工放量调整

2022年11月25日分时图（见图5-30）中，最低，没有跌破日K线级别的止损保护线，即图5-29中的支撑线①。于是在下一个交易日（11月28日）再次迎来涨停（见图5-31）。

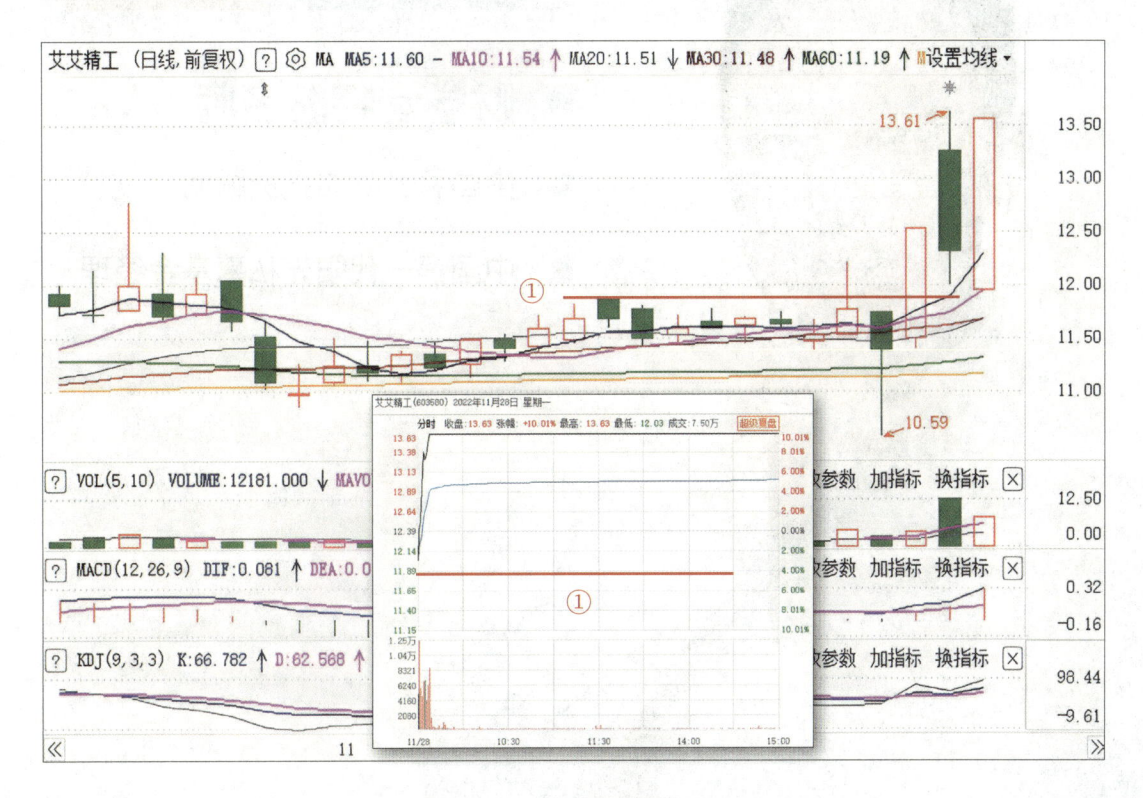

▲ 图5-31 2022年11月28日艾艾精工再次涨停

2022年11月25日受到支撑线①的强力支撑，未进行止损。在下个交易日（2022年11月28日）再次迎来涨停。

❻ 丁洋 专栏

- **财学堂特邀名师**
- 中国著名战略投资顾问
- 中国第一代阳光私募基金经理

素以见解独到、行动果敢而著称。深入产业趋势研究，常年开展上市公司实地调研，动态把握市场运行节奏，连续多年实现私募榜单排名前列的优秀业绩。

在近 30 年投资生涯中，创立了"基本面选股、消息面选时、技术面选点"的投资框架，科学打造出多套投资模型，形成了业内独树一帜的投资哲学和操盘智慧系统方法论。

大盘智慧——股市牛熊运动精解

一、机构研究方法图谱

研究方法图谱如 6-1 所示。

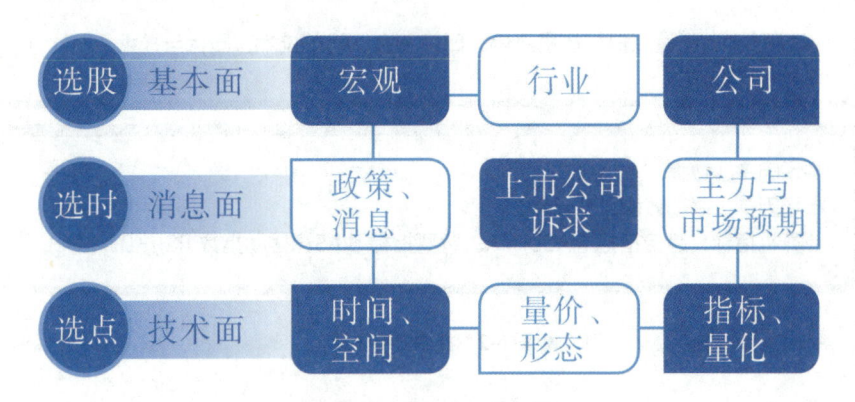

▲ 图 6-1 机构研究方法图谱

机构的投资也是从选股、选时、选点开始的。

❶ 选股。

选股是从上到下的流程，也就是对宏观（经济）、中观（行业）、微观（公司）的分析过程。宏观是指整个国家的基本面，包括财政政策、货币政策。行业就是每个行业的发展前景和趋势，按照新财富的分类，一共有 28 个一级行业。公司研究是指对上市公司财务数据、发展前景和估值的判断。选股体系实际上就是从上到下的研究过程。

❷ 选时。

选时，包括政策、消息对市场的影响，上市公司的诉求和主力与市场预期三个方面。比如，上市公司在定向增发的时候，它是有诉求的，有诉求的时候它就要放业绩，那这个时候的基本面和消息面就容易产生共振。同时，主力也会利用这样的情绪进行反向的波动操作。

❸ 选点。

选点，包括时空体系、量价体系、计算机指标量化体系。

二、技术分析研究框架

技术分析体系如图 6-2 所示。

时空体系	波浪理论、缠论、江恩理论（江恩四方形、角度线、江恩级数）、螺旋历法、四度空间、康波周期、形态学与黄金分割等
盘口体系	打板技术、无量涨停与放量涨停、凹口淘金、码单技术、压盘与托盘
量化体系	基本因子：数据 市场因子：联动效应、比价效应 计算机指标：趋势指标 MACD/MA、背离指标 BIAS、摆动指数 RSI/KDJ/BOLL

▲ 图 6-2　技术分析体系

三、基本面分析研究框架

基本面自上而下的逻辑是宏观分析、中观分析和微观分析，三者分别解决了长期投资、中期投资和短期投资的问题（见图 6-3）。

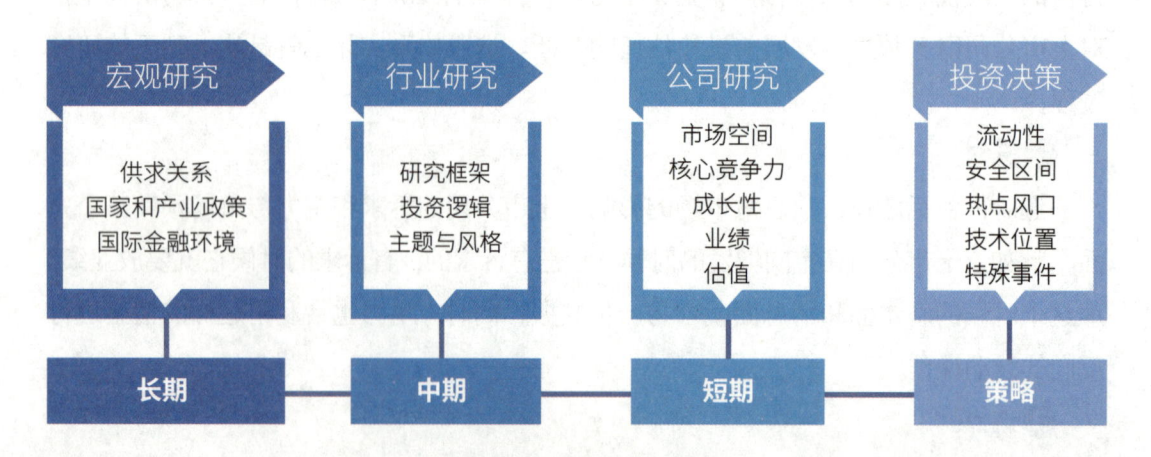

宏观研究	行业研究	公司研究	投资决策
供求关系 国家和产业政策 国际金融环境	研究框架 投资逻辑 主题与风格	市场空间 核心竞争力 成长性 业绩 估值	流动性 安全区间 热点风口 技术位置 特殊事件
长期	中期	短期	策略

▲ 图 6-3　基本面分析体系

四、行业框架

基本分析最重要的是选行业。图6-4从左到右，是宏观经济的传导过程，从供应方到需求方的商业模式。从上游资源到下游需求构成了逻辑框架，中间是加工制造，下面是服务支撑（包括科技、金融、交运等第三产业服务）。图6-4是行业研究方法的图谱，形成了研究框架的流程。

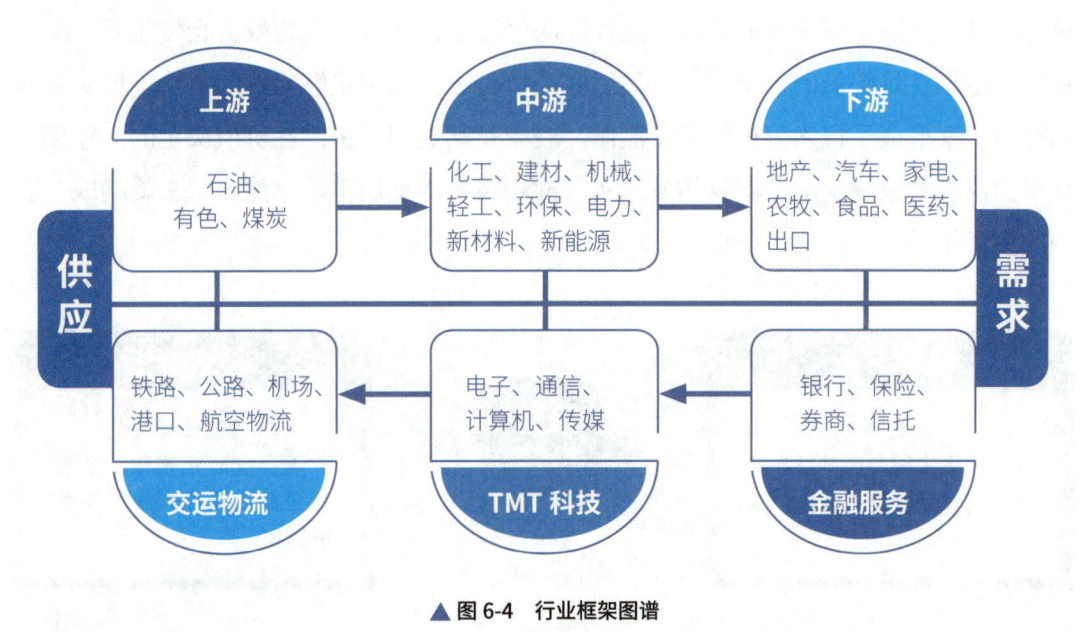

▲ 图6-4　行业框架图谱

五、公司框架

公司研究四大项，商业模式解决公司质地的好坏，业绩指标解决成长性的好坏，估值决定的是公司的空间要素以及市场预期。有人买，前面买的人就能赚后面的预期差，这就是市场的博弈行为（见图6-5）。

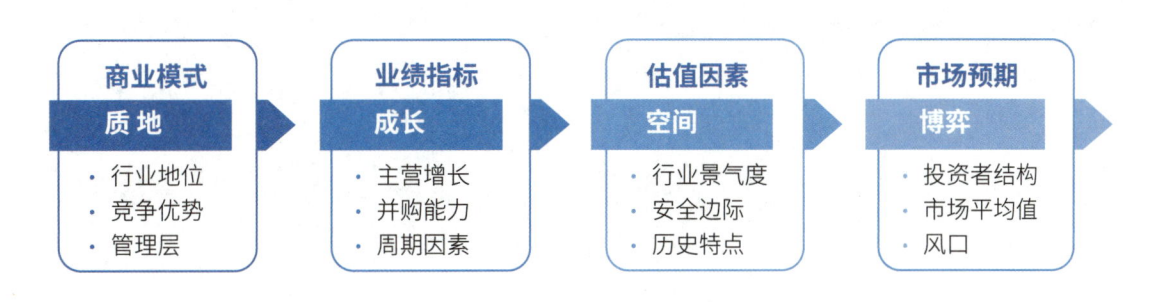

▲ 图6-5　公司框架图谱

六、结合运用

从主力的角度来看，其对上市公司的研究是综合的，并且是以上市公司的基本面为基础，然后改善预期并形成交易机会。因此，基本分析解决定性的研究就是侧重于个股挖掘，它解决了好公司的问题，需要长期的研究修炼内功，形成自己的盘感。好公司不等于好股票。位置（股价）足够低才是好股票。所以需要技术面分析来解决定量的问题。好股票要在好的点位买上才能叫好股票，所以大盘也好、仓位也好、个股也好，就是在足够低的价格买入，然后在高价卖出，赚到足够比例的差价。低买高卖的经验，就形成了技术分析的各个流派。股票长期走势是由内在价值决定的，短期走势是由供求关系决定的。这就构成了基本面和技术面使用范畴，综合起来就构成了我们的投资体系，核心就是选股、选时和选点。（见图6-6）。

▲ 图6-6 策略投资图谱

通过研究方法总论，选股可以用基本面来解决，选时通过消息面进行判断，最后的选点是通过技术面进行优化，选股、选时和选点构成了投资研究的基础体系。基本面解决股票的好坏，技术面解决个股价格的高低，消息面是通过时间判断解决个股涨跌的力度。希望各位投资者站在机构的肩膀上，审视机构的投资方法，与我们的主力机构一起在市场上翱翔！

大盘涨跌规律

一、宏观经济决定大势方向

时势造英雄，看大势者赚大钱。

研究因素： 政策面、资金面（国家队）。

经济周期： 正向周期、反向周期、维稳宏观经济体系架构。

二、经济循环

经济是有周期的，是要循环的（见图6-7）。

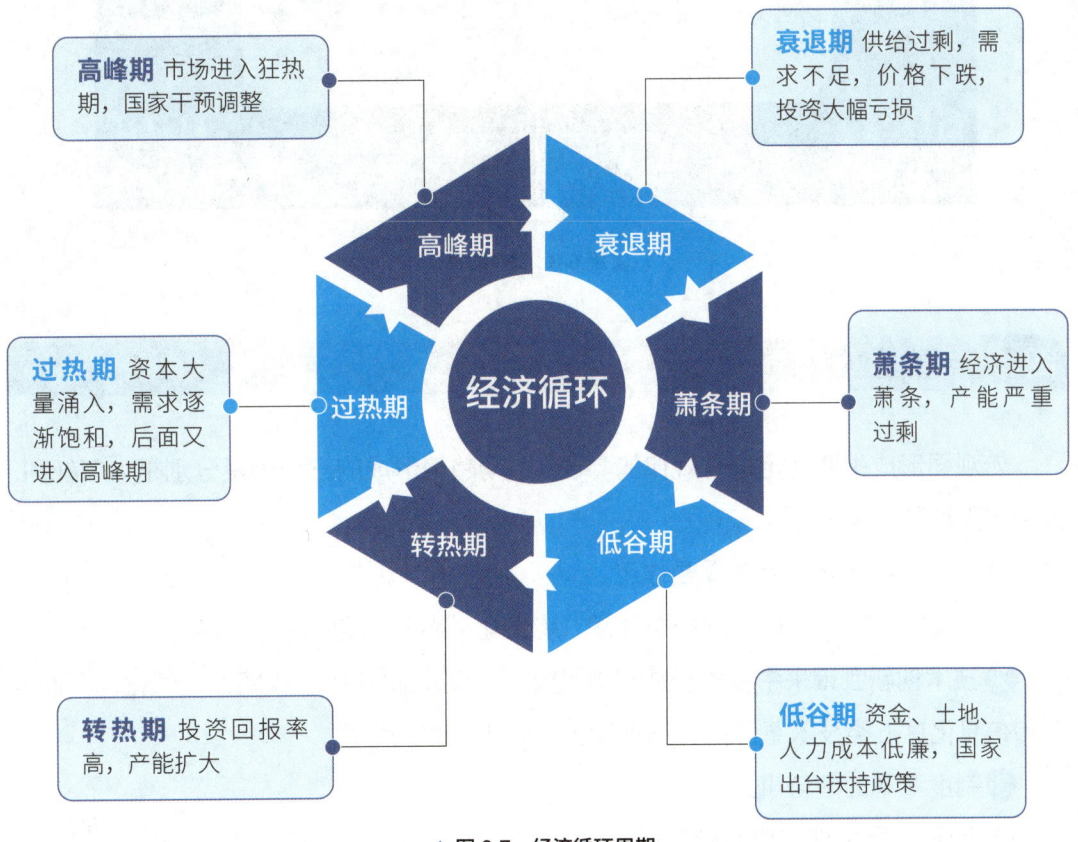

高峰期 市场进入狂热期，国家干预调整

衰退期 供给过剩，需求不足，价格下跌，投资大幅亏损

过热期 资本大量涌入，需求逐渐饱和，后面又进入高峰期

萧条期 经济进入萧条，产能严重过剩

转热期 投资回报率高，产能扩大

低谷期 资金、土地、人力成本低廉，国家出台扶持政策

▲图6-7 经济循环周期

三、美林时钟

华尔街有一个著名的经济循环理论,叫"美林时钟"。美林时钟把经济的复苏、过热、滞胀、衰退分成了四个象限,并对每个象限对应阶段投资什么品种作了排序。比如,在复苏阶段,股票最好;在过热阶段,商品最好;在滞胀阶段,现金为王;在衰退阶段,持有债券。

美林时钟里,可以根据 GDP 和 CPI 的涨跌关系,在每一个周期中找到最佳的投资方向,也就是财富管理,大类资产配置理论。(见图 6-8)。

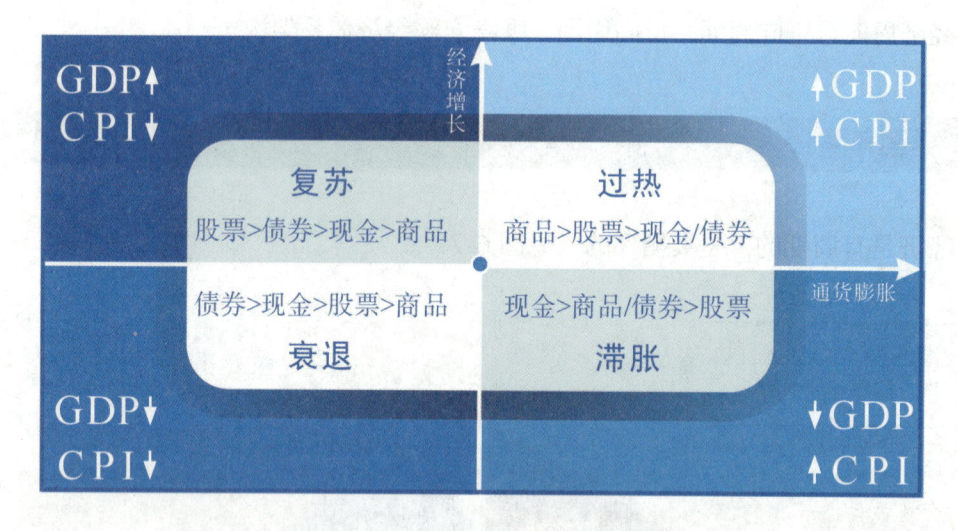

▲ 图 6-8　美林时钟

四、宏观面对股市的影响

宏观面形成牛熊肯定是有规律的。导致市场趋势形成的三个因素分别是人口红利、技术进步和制度变革。

❶ **人口对经济增长起到重要作用。**

人口要素的四个指标分别是婴儿潮、老龄化、劳动力和刘易斯拐点。

❷ **技术创新会带来牛市的形成。** 历史上,全球的机械化、铁路、电气化、石油汽车和信息化这五类技术革命,分别推动了五轮大牛市的形成。

❸ **制度变革的危与机。**

(1) 变革的破坏性改变激励目标。

(2) 危机下的政策只能应急。

(3) 资本市场的变革催生大行情。

五、政策面对市场的传导渠道与路径

政策面对资本市场的影响，通过情绪面、基本面和资金面进行传导（见图6-9）。

为稳定情绪面，最开始往往是在维稳阶段出台一些鼓励性政策，这个时候是通过信心支撑的，所以我们看到的表现就是雷声大、雨点小。

基本面的因素，比如五年规划的出台以及中央的1号、2号、3号文件对市场的影响。

资金面往往是国家对股市的直接干预，比如1999年的"5·19"行情、2008年的"4万亿元"大基建投资。

新股发行政策，比如新股的暂停等，对股市涨跌也有缓冲作用。政策传导有一个过程和路径。

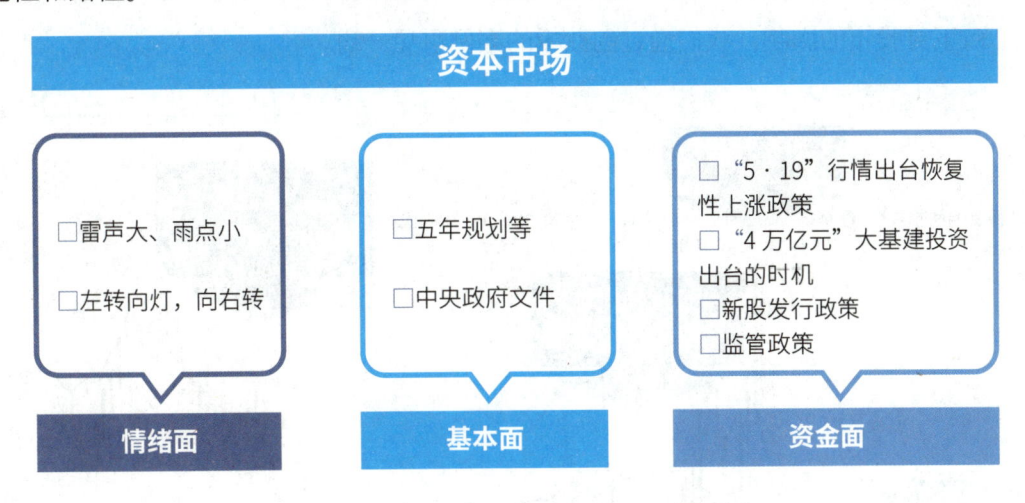

资本市场

情绪面
- 雷声大、雨点小
- 左转向灯，向右转

基本面
- 五年规划等
- 中央政府文件

资金面
- "5·19"行情出台恢复性上涨政策
- "4万亿元"大基建投资出台的时机
- 新股发行政策
- 监管政策

▲ 图6-9 政策面对资本市场影响的传导路径

六、政策研究方向

政府制定的各种政策对宏观经济和中观行业都有巨大影响。具体可以从以下几个方面进行研究。

财政政策：通过税收调节市场。

货币政策：通过货币投放调节市场。

产业政策： 新能源、房地产、"双碳"、农业。
区域政策： 雄安新区、海南自贸区。
其他政策： 疫情防控、供给侧结构性改革、共同富裕、统一大市场、乡村振兴……
这些因素会对股市产生综合影响，大则影响大盘，小则影响行业和产业热点。

七、政策面对创业板影响

在 2013 年国家开始鼓励全民创业、万众创新，小公司受到的政策红利最大。创业板表现明显超过主板。创业板指数成为股市中最先创出历史新高的指数。

全民创业，是创业板走牛的核心要素，直到出现市场狂热。此时实行注册制，新股大面积上市（包括北交所），供求关系改变，股市就开始调整。

2017 年后，政府开始启动供给侧结构性改革，（供给侧结构性改革可以理解为，政府认为企业过剩，要压缩规模）。这表明"剩者为王"，基本面支持主板龙头公司，股市走出"漂亮50"行情，创业板指数下跌，"茅指数""宁组合"受到市场欢迎。

政策对股市的影响，我们通过创业板的案例可见一斑。

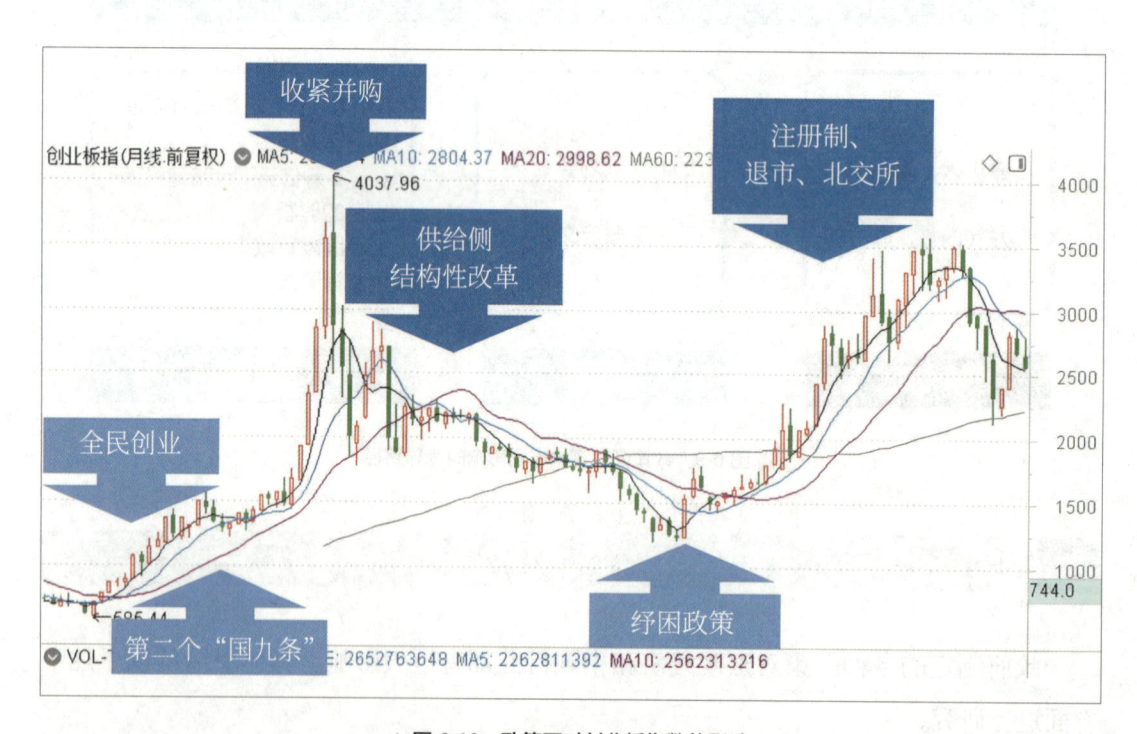

▲ 图6-10　政策面对创业板指数的影响

7 刘煦然 专栏

- **财学堂特邀名师**
- 被圈内誉为"中国盲盘交易大师"
- 央视财经频道特约评论员
- 央广经济之声特约评论员
- 北京电视台财经频道特约评论员
- 中国人民大学金融学硕士

近 20 年金融从业经验，曾就职于大型公募基金、私募基金、期货资管、上市公司；具备全球视野的全局思维，能洞悉经济动态与趋势，在投资决策中综合多种关键因素，准确把握更广阔的投资机会。

在私募基金任职期间，参与了 20 多家上市公司的股改。

在华商基金任职期间，领跑并见证了华商基金战胜王亚伟登顶。

在招商期货任投资策略总监时，示范账户收益 达 80%。

在中国国际期货资产管理中心任副总裁期间，设计并主导了中国第一只刚性保本的期货量化资产管理计划。

为多家银行和金融机构主讲近百场报告会，其财经授课内容被黑龙江图书馆馆藏。

深入研究经济走势、宏观政策、财务数据，精通资本市场博弈与中国股市交易特征，深入研究经济走势、宏观政策、财务数据，结合系列趋势投资方法和独家预判技术，实现精准判断市场趋势与机会。
从心理本源出发，打破传统投资思维桎梏，帮助投资者克服干扰、重塑认知，严格执行交易系统规则，晋升投资赢家。

传承华尔街经典趋势交易模型，取其精华，结合中国资本市场特色，独创中国"盲盘交易体系"，秉承以战代练的理念，实现交易决策与操作知行合一，被圈内誉为"中国盲盘交易大师"。

普通人寻找身边的预期差

一、ETC 的疯狂

❶ ETC 取代人工收费。

2010 年，交通运输部开始大力推广 ETC。由于 ETC 相比于人工收费有节能减排、提高收费站通行效率的优势，交通运输部发布了多项政策大力规范并普及 ETC 系统。其中，对 ETC 设备市场影响较大的政策主要有 2015 年 ETC 收费站全国联网，以及 2019 年 3 月《政府工作报告》中提出的两年内基本取消全国高速公路省界收费站，实现不停车快捷收费（见图 7-1）。

时间	相关文件	内容
2010 年 12 月	《关于促进高速公路应用联网电子不停车收费技术的若干意见》	加速推广应用高速 ETC
2011 年 3 月	《收费公路联网电子不停车收费技术要求》	规范 ETC 技术标准和运营管理
2014 年 4 月	《交通运输部关于开展全国高速公路电子不停车收费联网工作的通知》	提出 ETC 联网四步走的计划，2015 年年底基本实现全国 ETC 联网
2014 年 7 月	《公路电子不停车收费联网运营和服务规范》	规范 ETC 联网的技术准和运营管理
2016 年 4 月	《交通运输信息化"十三五"发展规划》	加快推进高速公路 ETC 系统建设和联网，提高 ETC 车道覆盖率
2017 年 3 月	《公路电子不停车收费技术标准》	开始征求意见
2017 年 9 月	《智慧交通让出行更便捷行动方案（2017—2020 年）》	如快速推进 ETC 拓展应用，制定发布《关于促进高速公路公路电子不停车收费（ETC）系统应用健康发展的指导意见》，不断提升 ETC 安装使用便利性，看重提升 ETC 客车使用率
2018 年 5 月		国家相关部门提出推动取消高速公路省界收费站
2018 年 9 月	《关于开展取消高速公路省界收费站试点工作的通知》	正式将山东、江苏作为全国取消高速公路省界收费站工作的试点省份，明确要求在当年年底前取消鲁苏省份之间所有高速公路省界收费站
2018 年 12 月		江苏、山东、重庆和四川作为第一批试点省份，率先在全国取消了 15 个高速公路省界收费站
2019 年 3 月	《政府工作报告》	两年内基本取消全国高速公路省界收费站，实现不停车快捷收费，减少拥堵、便利群众
2019 年 5 月	《深化收费公路制度改革取消高速公路省界收费站实施方案》	要求 2019 年年底前各省（区、市）高速公路入口车辆使用 ETC 比例达到 90% 以上

▲ 图 7-1 有关 ETC 收费的文件

当然，省界收费站取消了，并不意味着高速公路不再收费，而是由过去的人工停车收费变成了依托技术手段的不停车收费。

2015 年，全国 ETC 联网对 ETC 用户数量提出了具体要求（年底达 2000 万人），直接拉动每月新增用户数量突破 100 万人，也带动 ETC 设备市场向好，但自联网之后政策上没有较大的动作，因此大众对 ETC 的热情有所回落（见图 7-2）。

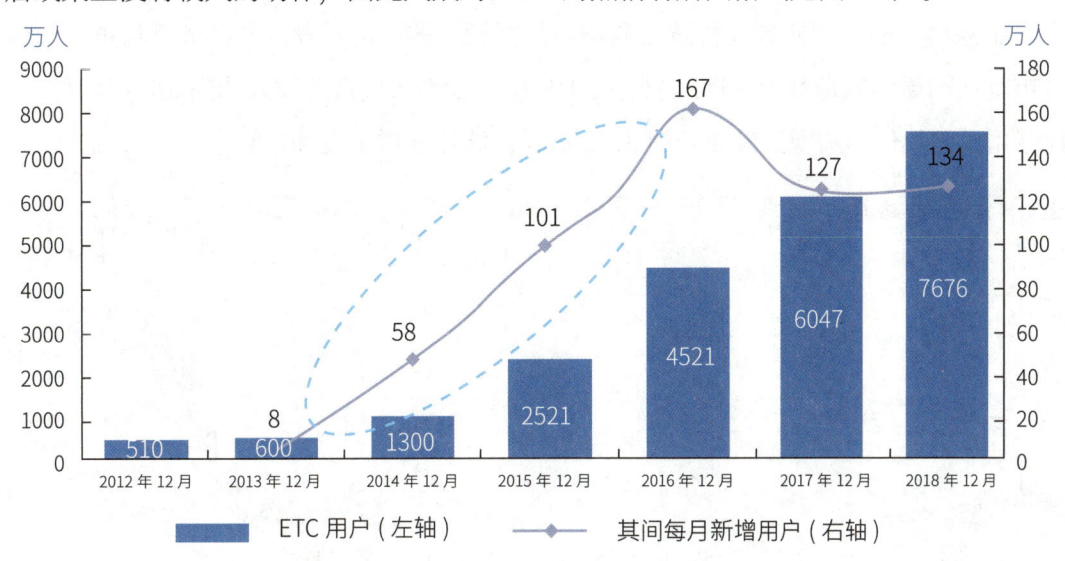

▲ 图 7-2　2012—2018 年 ETC 用户量及增长情况

❷ **取消省界收费政策促使相关企业业绩大涨。**

2019 年 12 月 31 日晚，取消高速公路省界收费站工程并网切换圆满成功。这意味着，从 2020 年 1 月 1 日零时起，全国 29 个联网省份的 487 个省界收费站全部取消，圆满完成了 2019 年《政府工作报告》提出的"两年内基本取消高速公路省界收费站"任务。

交通运输部统计，截至 2019 年 12 月 18 日，全国 ETC 客户累计达到 1.92 亿人，完成发行总目标的 100.72%，超额完成 ETC 推广发行任务；29 个联网收费省份的 2.46 万套 ETC 门架系统建设和 4.82 万条 ETC 车道建设改造已于 2019 年 10 月底前全部完工。以金溢科技等公司为代表的 ETC 产业链相关公司 2019 年的业绩迎来了超高速增长（见图 7-3、图 7-5）。

❸ **行业空间大增，ETC 龙头异军突起。**

据中国路网消息，2019 年 3 月底，全国高速公路 ETC 使用率仅接近 45%，而相关方案要求在 2019 年年底要使高速公路 ETC 使用率提升到 90%。据公安部消息，我国 2018 年汽车保有量为 2.4 亿辆，若计划顺利进行，我们保守预计 2019 年 ETC 用户渗透率可能达 63%（以 2018 年汽车保有量计），则 2019 年 ETC 用户增量为 2.4×0.63－0.76=0.752 亿个，即 2019 年 OBU 出货约 7500 万个，同时，我们估计 2020 年 ETC 用户渗透率有望达 85%，假设 2020 年 ETC 前装开始推行，则当年新增汽车有望在出厂时选配 OBU，由此，我们保守估计 2020 年 OBU 出货约 9000 万个，此外，我们预计 2019 年 OBU 单价为 76 元，基于此，我们预计 2019 年 OBU 市场空间为 57 亿元（OBU 出货量市场占有率如图 7-4 所示）。

金溢科技的主营业务为智慧交通和物联网领域的应用开发、产品创新与推广，但被市场认知更多的是其为 ETC 龙头。2019 年，金溢科技营业收入达到 28.6 亿元，同比暴增了 3.7 倍；实现归母净利润 8.75 亿元，同比暴增了近 40 倍。

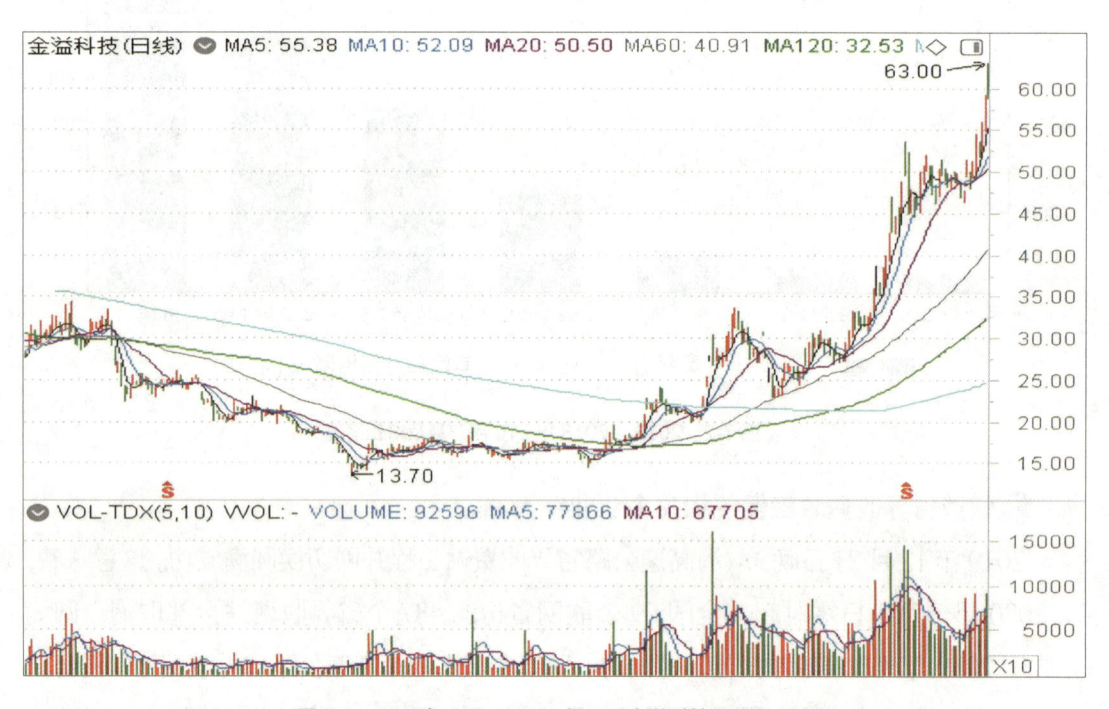

▲ 图 7-3　2018 年 5 月—2019 年 8 月金溢科技股价日 K 走势

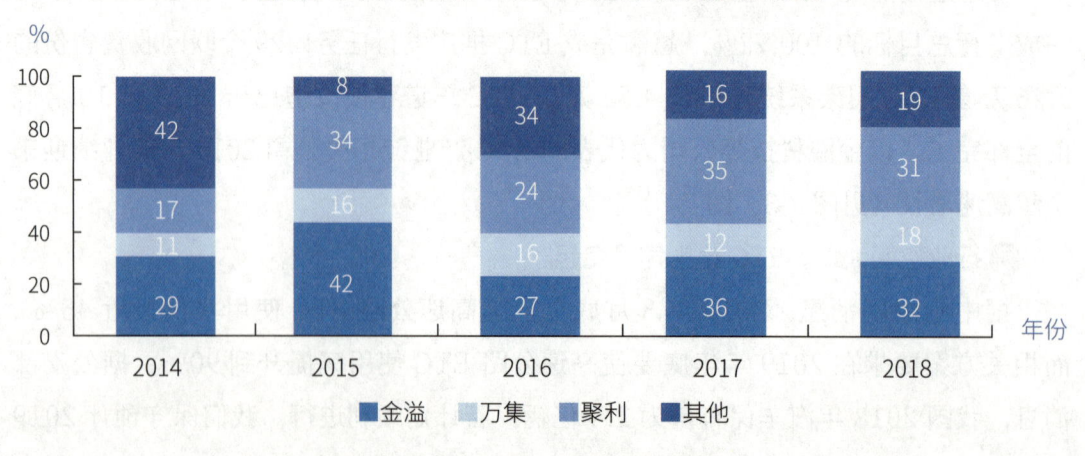

▲ 图 7-4　OBU 出货量市场占有率

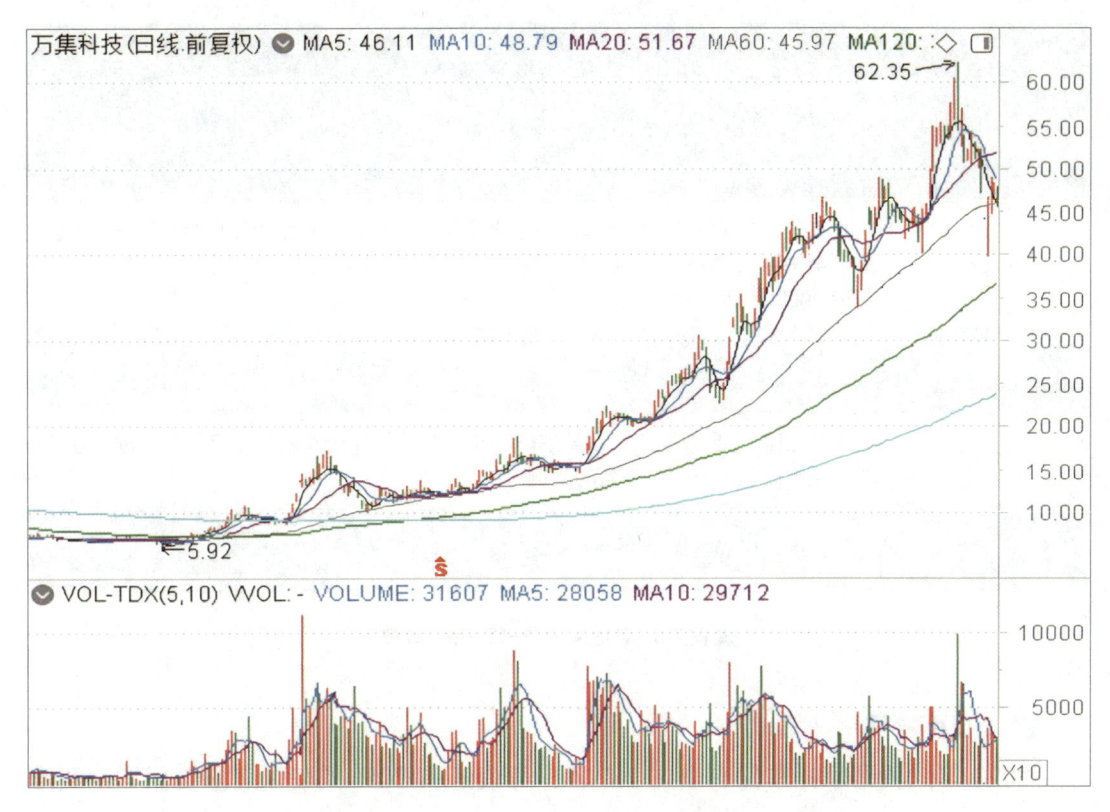

▲ 图 7-5　2018 年 12 月—2020 年 2 月万集科技股价日 K 线走势

二、"一盔一带"

❶ "一盔一带"政策落地。

2020 年 4 月 21 日，公安部交管局部署"一盔一带"安全守护行动，旨在进一步提高摩托车、电动自行车骑乘人员和汽车驾乘人员的安全防护水平，其中"一盔"是指头盔，"一带"是指安全带。本次公安部交管局要求，各地公安部门要加强宣传引导，增强群众佩戴安全头盔和安全带的意识。

2020 年 5 月以来，各地政府纷纷响应号召，采取宣传督导行动。河南省从 2020 年 6 月 1 日起，将与全国同步开展"一盔一带"劝导查纠活动，对电动自行车骑乘人员不戴头盔的以纠正、教育为主。2020 年 7 月 1 日起《浙江省电动自行车管理条例》实施，不仅对电动自行车和摩托车戴头盔进行了规定，还对互联网电动自行车租赁企业做出规定，要求租赁车辆随车提供安全头盔，否则将面临 2000 元以上 2 万元以下罚款。同样，江苏省、深圳市等地区也分别通过条例，辅助以罚款为纠正手段，来落实公安部交管局"一盔一带"安全守护行动。各地关于"一盔一带"政策如图 7-6 所示。

省份	政策
河南省	6月1日起，河南省将与全国同步开展"一盔一带"劝导查纠活动，整治重点为：对摩托车骑乘人员未按照规定带安全头盔的，坚持劝导提示与执法查纠相结合，坚持教育与处罚相结合
浙江省	7月1日《浙江省电动自行车安全管理条例》将施行，规定电动自行车驾驶人未佩戴安全头盔的罚款20到50元，互联网电动自行车租赁企业未随车提供安全头盔的，罚款2000到20000元
江苏省	5月15日通过《江苏省电动自行车管理条例》，条例将于7月1日施行，电动自行车驾驶人和乘坐人需佩戴头盔，否则将被警告或处以最高罚款50元
深圳市	5月10日起在全市推广"珍爱生命，从头做起"安全驾驶电动自行车活动，重点查处骑电动自行车不带头盔的问题
北京市	5月14日起在市内部分重点路段开展"一盔一带"行动，没佩戴头盔的人员将进行个人信息登记，并被通报给所在企业，进行教育、处罚

▲ 图7-6 各地关于"一盔一带"政策

❷ **潜在市场需求评估。**

2020年，我国摩托车保有量在1亿辆，假设还有30%的使用者需要新增购买摩托车头盔，需求缺口约3000万个。按照2020年3亿辆的电动自行车保有量，假设还有50%的使用者需要新增购买电动自行车头盔，需求仍有缺口约1.5亿个，再考虑到每年电动自行车销量超过3000万辆，我们预计摩托车和电动自行车合计新增头盔需求超过2亿个，按照一个头盔50元的保守估计，新增市场达百亿元。当前国内头盔产能远远不足，头盔产业作为劳动密集型行业，单个头盔生产时间长，头盔模具的制作短期内也难以完成。

头盔是本次"一盔一带"行动直接受益的产品。与之前的相关规定相比，本次行动也对电动自行车作了要求，各地政府积极响应，覆盖范围更广，督导措施更加严厉，行动持续时间更长，民众的重视程度得到显著提高。对比国外成熟的法律规定，此次安全行动在一定程度上表明我国头盔佩戴方面的法规需要逐步完善，综合来看，对头盔的督查工作具有长远持续性。

原材料供应充分，改性塑料环节最受益。头盔主要由壳体、缓冲层、舒适衬垫、佩戴装置和护目镜等部分组成，壳体的原材料以改性后的ABS和PC树脂为主，缓冲层原材料主要为EPS(聚苯乙烯泡沫)或者EPP(发泡聚丙烯)材料，还有护目镜用的塑料、外壳环保涂料固定装置用的聚酯或POM等。在这些材料所需的化工原材料中，苯乙烯的占比最大，但是从用量推算，新增头盔需求对应的苯乙烯原材料占比不到全国苯乙烯产能的 0.7%,难以对其供需格局产生长期影响。我们认为,对于头盔需求的集中爆发,化工产业链上最为利好的还是改性塑料环节。

❸ **受益公司**。

金发科技是亚太地区的改性塑料龙头企业。公司传统业务是改性塑料生产,从刚上市时年 2 万吨左右的产能迅速发展至当前接近 200 万吨的改性塑料产能,成为国内化工行业上市公司中难得的优秀成长白马企业。2019 年实现营收 292.86 亿元,同比增长 15.68%;归母净利润 12.45 亿元,同比增长 99.43%(见图 7-7)。

2020 年 5 月 16 日,金发科技与美国某公司签订口罩大单,金额达到 97500 万美元,预计产生净利润超过上年净利润的 50%。同时,金发科技公司子公司宁波金发引入工商资管,推动 120 万吨 / 年聚丙烯热塑性弹性体和改性新材料一体化项目的建设,建成后公司将完善产业链,进一步扩大行业领先优势。

金发科技的头盔专用料具有显著优势,目前已经过第三方质量测试,并且满足 GB/T2812—2006、CEEN1077、CEEN1078 以及 CPSC 等国家和行业标准,可以保障使用的安全性。另外,金发科技因其优异的改性塑料技术,生产的头盔专用料在性能上优于部分市售材料,比如,在通用型上金发科技的专用料具有超高韧性和高流动性特点,在免喷涂型用料上可以替代市面上的喷涂头盔。

▲ 图 7-7 2020 年 9 月—2021 年 2 月金发科技股价日 K 线走势

三、悄然改变的银行卡

❶ 芯片卡悄悄地来了。

2013 年，金融 IC 卡的推广力度明显加大。央行在召开相关通气会时要求金融机构 2013 年新增金融 IC 卡占所有新增发卡量比重要达到 30%，这一占比要求正好是 2012 年的两倍。近年来，在央行的大力推动下，银行卡介质由磁条向芯片的转型步伐不断加快，截至 2012 年年底，全国金融 IC 卡累计发卡量达 1.26 亿张，其中 IC 信用卡 2155 万张。2016 年开始，金融服务必须以 IC 卡、芯片卡的交易为主。这意味着，我国磁条卡将在 2015 年被大幅度地替换。金融 IC 卡的发放以及存量磁条卡的更换将带来相关产业的发展机遇。

2014 年 11 月 3 日，中国人民银行印发了《关于进一步做好金融 IC 卡应用工作的通知》。该通知明确了提高金融 IC 卡安全可控能力、实现金融 IC 卡"一卡多应用无障碍"、提升非现金结算覆盖率的工作目标。自 2015 年 4 月 1 日起，各发卡银行新发行的金融 IC 卡应符合 PBOC3.0 规范。2015 年年底，110 个金融 IC 卡公共服务领域应用城市 POS 终端非接受理比例同比至少增加 20 个百分点；自 2016 年 1 月 1 日起，发卡银行、银行卡清算机构等开展的移动金融服务应以金融 IC 卡芯片的有卡交易方式为主（见图 7-8）。

	2009 年	2010 年	2011 年	2012 年	2013 年	2014 年	2015 年	2016 年
银行卡累计（亿张）	20.66	24.15	29.49	35.34	41.76	48.02	54.75	61.32
同比增长率（%）	14.80	16.90	22.10	20.00	18.00	15.00	14.00	12.00
银行卡年增量（亿张）		3.49	5.34	5.85	6.37	6.26	6.72	6.57
金融 IC 卡与银行卡增量卡占比（%）			0.24	15	30	50	70	85
金融 IC 卡累计（亿张）				1.1	3.01	6.14	10.85	16.43
同比增长率（%）				358	174	104	77	51
国产芯片市场占有率(%)				0%	40%	70%	90%	100%
国产芯片数量（亿张）				0.00	0.76	2.19	4.23	5.58
芯片价格（元）				6.0	6.0	5.0	4.0	3.5
市场规模（亿张）				0	4.59	10.96	16.93	19.55

▲ 图 7-8　2009 年 9 月—2016 年年底金融 IC 卡市场情况

❷ 金融 IC 卡。

(1) 芯片卡取代磁条卡成为银行卡发行主流。根据相关要求，自 2015 年 4 月 1 日起，金融 IC 卡的发放必须符合 PBOC3.0 的规范。与此同时，自 2016 年开始，金融服务必须以 IC 卡、芯片卡的交易为主。这意味着我国的磁条卡将在 2015 年被大幅度地替换。从最新的操作情况来看，我国芯片银行卡根据央行的公告已经自 2014 年 11 月关闭降级交易，即当一张卡片同时具有芯片和磁条功能时，仅允许使用插芯片卡进行交易。金融 IC 卡的发放以及存量磁条卡的更换将增加相关产业的发展机遇。

(2) 金融 IC 卡产业受益。中国银联 2014 年 10 月发布的数据显示，我国金融 IC 卡发卡量已突破 10 亿张，占新增银行卡发行总量的八成以上，芯片卡推进力度明显。金融 IC 卡全产业链，包括 IC 卡设计、卡商以及终端设备相关公司在内都将有所受益。

(3) 借力"国产化"国产芯片卡产业迎来发展机遇。我国自"十二五"规划开始推进金融 IC 卡的应用，并且基于国家安全考虑，于 2014 年 10 月设立国家集成电路产业投资基金，推动包括金融 IC 卡在内的集成电路产业的设计、测试、制造等环节的快速发展。管理层对于信息安全的可控性和信息产业的自主性关注度上升到了新的高度，国产芯片产业迎来了新的发展机遇（见图 7-9、图 7-10、图 7-11）。

❸ 三年十倍。

股票名称	股票代码	申万二级行业
恒宝股份	002104	通信设备
东信和平	002017	通信设备
天喻信息	300205	通信设备
同方国芯	002049	半导体
国民技术	300077	半导体
中兴通讯	000063	通信设备
大唐电信	600198	通信设备

▲ 图 7-9　芯片卡相关上市公司名录

▲ 图 7-10　2013 年 2 月—2015 年 5 月同方国芯（后改名为"紫光国微"）股价日 K 线走势

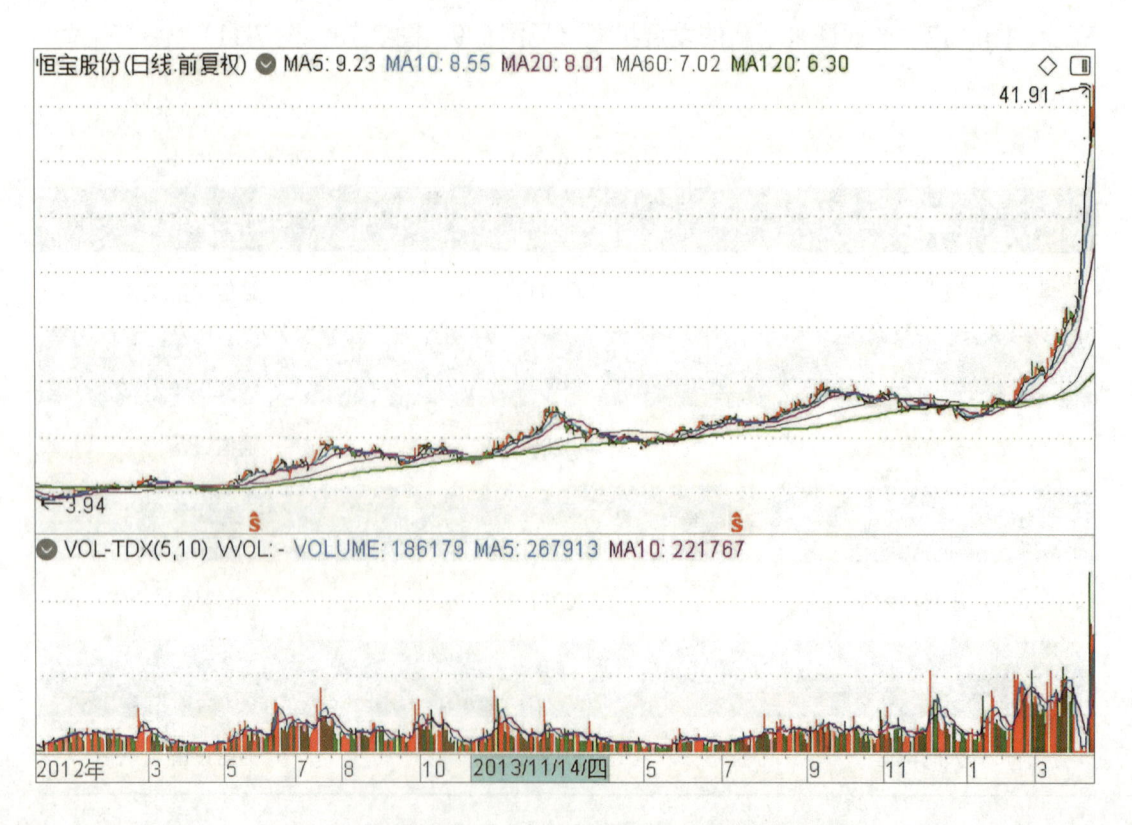

▲ 图 7-11　2012 年 12 月—2015 年 5 月恒宝股份股价日 K 线走势

四、国产操作系统

我国政府已经意识到政府数据安全的重要性，也加强了政府数据安全方面的工作，有报道称，思科、IBM、谷歌、高通、英特尔、苹果、甲骨文、微软并称美国的"八大金刚"，它们一方面与美国政府、军队保持着紧密联系，另一方面在中国长驱直入，占据众多关键领域，导致美国情报部门通过这些设备、软件、网络获取信息，给中国的信息安全带来巨大威胁。媒体曾经透露我国正加大政府信息工程的"去 IOE"工作力度。

寻找戴维斯双击

一、戴维斯双击理论定义

戴维斯双击是指在低市盈率买入具有成长潜力的股票，等到这个公司成长潜力显现后，再以高市盈率卖出，同时享受公司业绩高成长带来的收益和低估值涨到高估值带来的收益，尽享业绩和估值同时增长的倍乘效应，即戴维斯双击，反之，即戴维斯双杀。

二、戴维斯双击的公式推导

根据基础定价公式"股价 P = 市盈率（PE） × 每股收益（EPS）"，股价变动由市盈率 PE 和每股收益 EPS 决定，戴维斯将 PE 和 EPS 同步正向变动比喻为双击。其逻辑是，当市场低迷时，PE 和 EPS 都处于低位；当市场好转后，PE 和 EPS 都在增长，其乘积就使股价出现了急剧的变动。

现在市场上的赛道股大部分走的是戴维斯双击，如果未来业绩下滑会出现戴维斯双杀。

其实最暴力的获利模型就是在企业进入成长初期加上熊市末期时买入，一直持有到企业成熟期加上市场处于牛市顶峰期，也就是从双低到双高。

由：

$$股票价格\ P = 每股收益\ EPS \times 市盈率\ PE$$

等号两侧再同乘以股票数量可得：

$$股票价格\ P \times 股票数量 = (每股收益\ EPS \times 股票数量) \times 市盈率\ PE$$

合并可得：

$$市值 = 净利润 \times 市盈率$$

这就是著名的"戴维斯双击公式"。在这个公式中,戴维斯把影响公司市值的因素分解为净利润和市盈率两个方面。净利润体现的是股票的业绩面,市盈率体现的是股票的估值面,即影响公司市值的因素为业绩和估值两个因素。

戴维斯双击的策略很简单,即以低市盈率买入成长潜力股,待成长潜力显现后,享受业绩和估值同步提升带来的市值提升的乘数效应。这种策略的内在逻辑是,企业经营是有周期性的,周期性的驱动原因可能是内部因素,也可能是外部因素。当经营走下坡路时,企业的业绩往往在下滑,而估值受人心的影响,往往也同步下滑,在这样的双重影响下,乘数效应会引起股价的加剧下滑。在低迷的底部买入此类股票的筹码,等到市场转暖,业绩和估值开始同步提升时,就可以享受到股价"双击"的收益。

案例 7-1

2022 年 10 月 17 日,九安医疗前三季度归属净利润预增超 300 倍的重磅利好,将九安医疗送上了涨停板。消息面上,九安医疗预计前三季度净利 160 亿~163 亿元,同比增长 31818.29%~32416.76%。iHealth 试剂盒正是九安医疗业绩高涨的主要因素(见图 7-12)。

疫情前的九安医疗连续七年扣非净利为负值。疫情暴发后,九安医疗开发了新冠抗原检测试剂产品并接连拿下海外订单,公司此前布局的海外渠道也为其带来助力。

▲ 图 7-12 2021 年 5 月 — 2022 年 5 月九安医疗股价日 K 线走势

案例 7-2

老戴维斯于 1950 年买入保险股时 PE 只有 4 倍，10 年后保险股的 PE 已达到 15 倍至 20 倍。也就是说，当每股收益为 1 美元时，戴维斯以 4 美元的价格买入，当每股收益为 8 美元时，一大批追随者猛扑过来，用 "8 ×18 美元" 的价格买入。由此，戴维斯不仅本金增长了 36 倍，而且在 10 年等待过程中获得了可观的股息收入。

案例 7-3

巴菲特于 1988 年买入可口可乐股票的时候，当时的市盈率是 15 倍，而到 1998 年，可口可乐的市盈率达到了 45 倍，翻了 3 倍；同期可口可乐净利润的提升为 1988 年的 3.94 倍，这笔投资让巴菲特赚了 3×3.94 =11.82 倍。

三、戴维斯双击的应用

戴维斯坚持的操作很简单，以 10 倍 PE 买入每年增长 10%~15% 的公司，五年后市场会给该公司更高的预期，很多人便会以 13 倍甚至 15 倍 PE 买入，此时戴维斯卖出，其获利率是相当确定的。

相反，很多人以 30 倍 PE 买入期望每年增长 30% 以上的所谓成长股，六年后的获利率只有前者的一半不到。因为在成熟的经济体，期望一个公司每年保持 30% 以上的净利润增长率，以摊薄其水平的难度是很大的。

⑧ 黄平 专栏

- 财学堂特邀名师
- 被圈内尊为"天人合一策略大师"
- 2013年、2014年冠军私募创势翔投资创始人
- 连续两届公开市场排名私募冠军

凭借敏锐的市场洞察力和独特的投资策略，连续获得2013年度和2014年度全国阳光私募冠军，打破了中国阳光私募界诞生十年来无连续夺冠的历史纪录，此记录十年以来还无人可破。

擅长趋势研判，洞察先机和事件驱动主题机会投资，在市场和政策深度分析方面视角独特，形成了其成熟的投资理论，准确把握市场节奏和投资主题点机会；

在投资者心理和行为特征研究上有着深厚造诣，以天时地利人和对市场趋势和博弈进行全方位剖析，善于把握交易性投资机会，凭着敏说、稳健的操盘风格，曾连续多年实现卓越的投资成绩。

通过成熟独立的投资理论、持续的安全系数与风险系数评估，深入研究市场规律，培养敏锐的洞察力，在平衡机会与把握机会中创立了独有的"天人合一交易操作守则"。

识别传统分析方法的优劣

主流投资分析方法的优缺点（见表 8-1）

表 8-1 主流投资分析方法的优缺点

方法	优点	缺点	胜率
技术分析	易上手	因推果	50%
基本面分析	成长强势股	资料难获取	50%
跟庄理论	坐轿子	闪崩、非法	0%
打板理论	小资金逆袭	交易技巧极高	50%

案例 8-1　通威股份（600438）

财务指标	2024-03-31	2023-12-31	2022-12-31	2021-12-31	2020-12-31	2019-12-31
审计意见	未经审计	标准无保留意见	标准无保留意见	标准无保留意见	标准无保留意见	标准无保留意见
净利润(元)	-7.8674亿	135.739亿	257.3378亿	81.0913亿	36.0792亿	26.3457亿
净利润增长率(%)	-109.1466	-47.2526	217.3434	124.7588	36.9455	30.5052
扣非净利润(元)	-7.9018亿	136.1331亿	265.547亿	83.8769亿	24.0855亿	23.1448亿
营业总收入(元)	195.7042亿	1391.0406亿	1424.2252亿	648.3亿	442.0027亿	375.5512亿
营业总收入增长率(%)	-41.132	-2.33	119.6861	46.6733	17.6944	36.3896
加权净资产收益率(%)	-1.29	22.59	52.38	24.14	16.13	16.14
资产负债比率(%)	59.2728	55.0816	49.6881	53.0102	50.9059	61.3673
净利润现金含量(%)	177.1756	226.0169	170.2739	92.1726	83.8412	89.482
基本每股收益(元)	-0.1748	3.0151	5.7166	1.8014	0.8581	0.6786
每股收益-扣除(元)	-	3.0239	5.8973	1.8852	0.5729	0.5961
稀释每股收益(元)	-0.1626	2.8737	5.4905	1.8014	0.8466	0.6558
每股资本公积金(元)	3.5842	3.5842	3.5861	3.5783	3.5778	1.461
每股未分配利润(元)	7.5242	7.6989	7.9631	3.3822	2.0141	1.7043
每股净资产(元)	13.0612	13.2306	13.0673	8.2601	6.7846	4.3071
每股经营现金流量(元)	-0.3096	6.8146	9.7331	1.6604	0.672	0.6072
经营活动现金净流量增长率(%)	-162.0762	-29.9846	486.2403	147.0933	28.3127	-23.9434

▲ 图 8-1　2019—2024 年通威股份财务状况

▲ 图 8-2 2022 年 2 月 28 日—2023 年 7 月 22 日通威股份日 K 线走势

从图 8-1、图 8-2 中可以看出，2022—2023 年通威股份业绩在持续增长，2018—2022 年阶段业绩增长，股价上涨；从 2022 年 7 月开始，虽然业绩还在继续增长但是股价下跌。如果依靠基本面分析方法来判断股价走势，则会出现案例 8-1 中的情况，基本面走势和股价走势不一致，即使获得了真实的业绩，也不意味着业绩增长股价就会上涨。炒股是炒预期、未来，过去的东西不管是用基本面分析还是技术分析，来源和基础都是过去的。

案例 8-2 仁东控股（002647）

▲ 图 8-3 2020 年 9 月 7 日—2021 年 3 月 22 日仁东控股日 K 线走势

由图 8-3 所见，大盘在调整时，仁东控股在一路上涨，但一旦出现被监管或者庄家出货，就出现了闪崩，一共出现了 14 个跌停板。

由此得出一个理论：投资者跟庄理论，可能会跟对一两次，十次跟对九次也有可能，但是一次失误就会灭顶，所以不太建议跟庄。

案例 8-3　龙洲股份（002682）

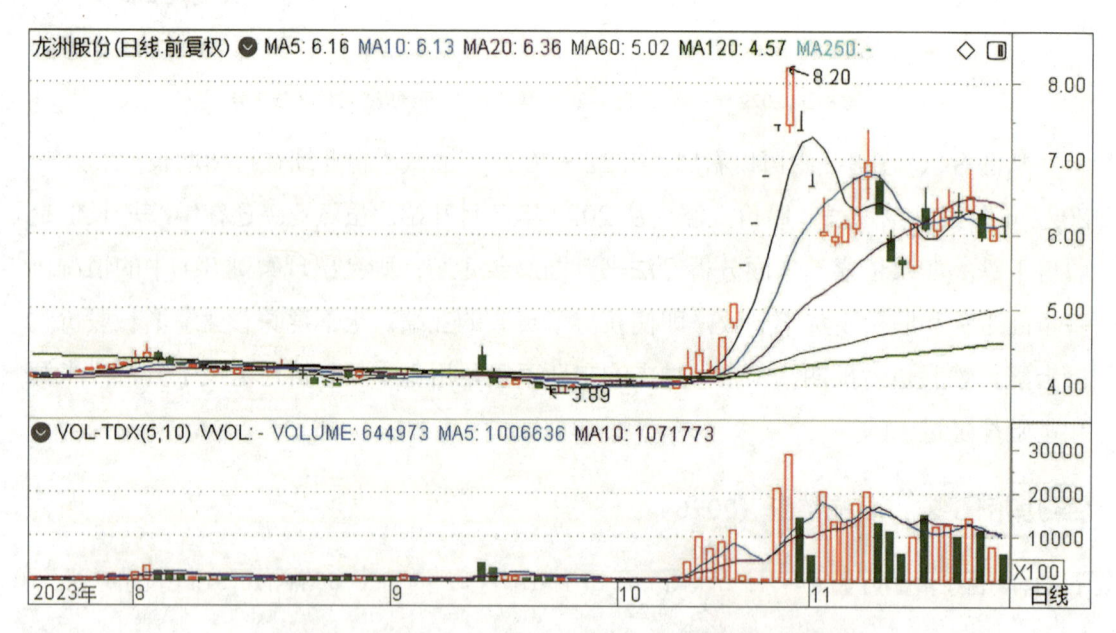

▲图 8-4　2023 年 9 月 8 日—11 月 29 日龙洲股份日 K 线走势

炒"龙"字辈时，龙洲股份在此期间拉了 7 个涨停板，事后来看 7 个涨停板就翻倍了，但在实际操作中，在一、二板时辨识度较低，存在幸存者偏差，在二板定出了地位之后，三板想买入时却买不进去，到了七板的时候可以买入，情绪褪去接连就是 3 个跌停。所以事后来看确实很好，但往往在实际案例中存在幸存者偏差（见图 8-4）。

由此我们可以得出一个理论：低维度的方法主要是利用惯性理论，达到的胜率拉长周期来看约是 50%。

学习地利 发现机会

地利线和四季线

地利线： 星星在地球上的影子。

四季线： 地球绕太阳公转形成春夏秋冬，即太阳在地上的影子。

案例 8-4 2022 年春分地利线

2022 年春分，相关星体在地球上的影子在地图上形成了两条地利线，具体到地图中的聊城，可以发现中通客车的办公地址和注册地址都在山东聊城，由此可以知道中通客车占据的地利分就很高，是地利线起了辅助作用（见图 8-5、图 8-6）。

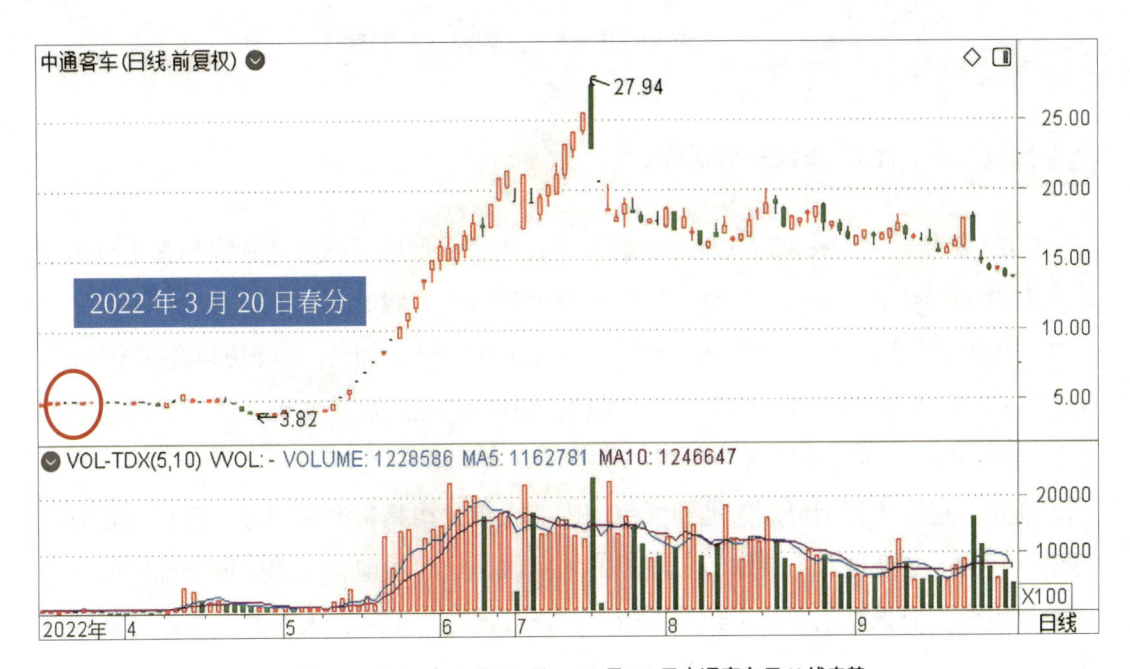

▲ 图 8-5 2022 年 3 月 20 日—10 月 17 日中通客车日 K 线走势

小牛特训营学习精要

▲ 图 8-6　中通客车（000957）基本资料

案例 8-5　2023 年秋分地利线

2023 年秋分，相关星体在地球上的影子在地图上形成了两条地利线相交于东海。虽然东海上没有上市公司，但是其附近有两个离得近的城市，一个是上海，另一个是宁波，宁波的距离比上海更近，因此地利在宁波的会有一定加分。翻阅资料选择个股时，可选择和宁波相关的个股，因为这些个股有地利的加持。后来发现上海圣龙股份和天龙股份的注册地与办公地址都在宁波（见图 8-7 至图 8-9）。

通过上述两个案例可知，地利线范围内的上市公司具备地利加分，特别是春分、夏至、秋分、冬至这四个特殊节气画出的地利线，这时候地利线就能很好地辅助去定标龙头股份。但光靠地利一个也是不行的，需要天时、地利、人和同时满足才能提高胜率。

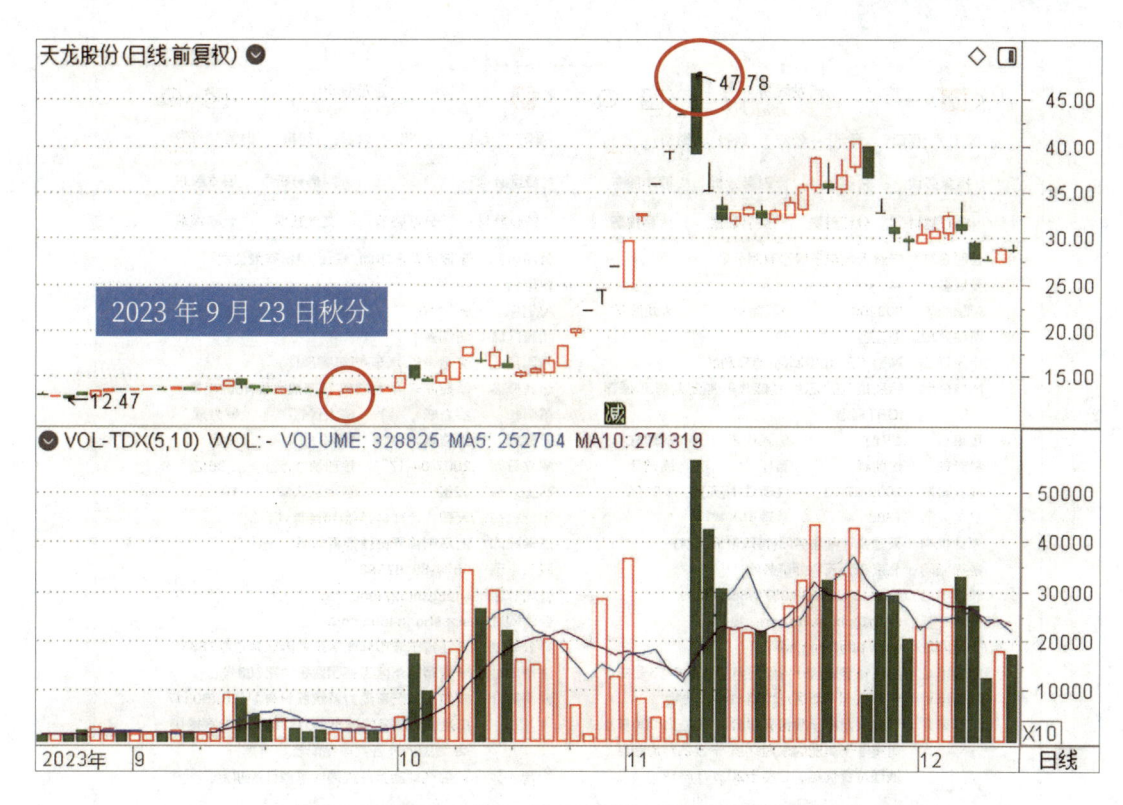

▲ 图 8-7　2023 年 8 月 23 日—12 月 12 日天龙股份日 K 线走势

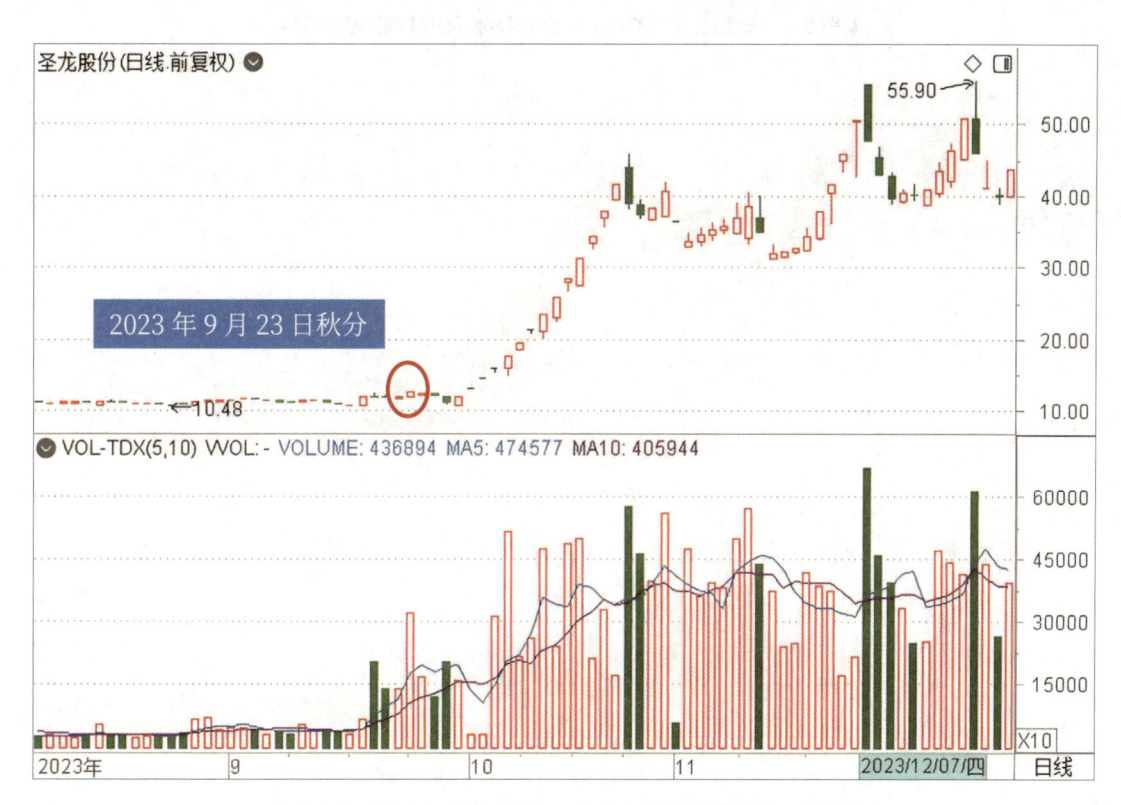

▲ 图 8-8　2023 年 8 月 10 日—12 月 11 日圣龙股份日 K 线走势

天龙股份 31.55 2.24%		圣龙股份 49.00 5.95%	
股吧　盘口　资讯　公告　研报　财务　**资料**		股吧　盘口　资讯　公告　研报　财务　**资料**	
操盘必读　**公司概况**　财务分析　股本股东		操盘必读　**公司概况**　财务分析　股本股东	
核心题材　分红融资　交易数据　大事提醒		核心题材　分红融资　交易数据　大事提醒	
公司名称	宁波天龙电子股份有限公司	公司名称	宁波圣龙汽车动力系统股份有限公司
曾用名	--	曾用名	--
A股代码	603266　　A股简称　　天龙股份	A股代码	603178　　A股简称　　圣龙股份
所属区域	浙江省	所属区域	浙江省
所属行业	基础化工-化学制品-塑料制品	所属行业	交运设备-汽车-汽车零部件
所属概念	特斯拉,国产芯片,新能源车,胎压监测,传感器,IGBT概念	所属概念	新能源车,华为汽车,汽车热管理,轮毂电机
董事长	胡建立　　法人代表　　胡建立	董事长	罗力成　　法人代表　　罗力成
总经理	沈朝晖　　董秘　　　　虞建锋	总经理	张文昌　　董秘　　　　张勇
成立日期	2000-07-03　注册资本(元)　1.99亿	成立日期	2007-04-17　注册资本(元)　2.36亿
员工人数	1380　　　管理层人数　　13	员工人数	1282　　　管理层人数　　19
审计机构	天健会计师事务所(特殊普通合伙)	审计机构	天健会计师事务所(特殊普通合伙)
法律顾问	北京市天元律师事务所	法律顾问	上海市锦天城律师事务所
联系电话	0574-58999888,0574-58999899	联系电话	0574-88167898
公司邮箱	tlinfo@ptianlong.com	公司邮箱	slpt@sheng-long.com
公司网址	www.ptianlong.com	公司网址	slpt.sheng-long.com
办公地址	浙江省宁波杭州湾新区八塘路116号3号楼	办公地址	浙江省宁波市鄞州区工业园区金达路788号
注册地址	宁波杭州湾新区八塘路116号3号楼	注册地址	宁波市鄞州区工业园区金达路788号
公司简介	宁波天龙电子股份有限公司成立于2000年,公司座落于美丽的东海之滨-宁波杭州湾新区,地理位置优越。公司于20... 展开	公司简介	宁波圣龙汽车动力系统股份有限公司(603178)是国际知名的汽车动力系统解决方案提供商,为国内外各类车企配套... 展开
		主营业务	从事汽车动力总成领域零部件的研发、生产

▲ 图 8-9　天龙股份（03266）、圣龙股份（603178）基本资料

社会财经现象与股市的关系

一、什么是社会财经现象

社会财经现象也就是通常大家都知道的新闻事件。

二、社会财经现象与股市的关系

不同社会财经现象对应不同的股市效应。社会财经现象可分为国内级和世界级。利用克"煞"可以预测股市涨跌幅。

这套方法已经进化到年级别，股神巴菲特的操盘是年线级别。从月到年，跨度很大，真正的股神是从年开始计算的。

通过穷举得出：

| 日 | 30% | 周 | 70% | 月 | 200% |
| 季 | 400% | 年 | 1000% | | |

案例 8-6 贵州燃气（600903）

▲图 8-10　2017 年 11 月—2018 年 1 月贵州燃气日 K 走势

> **发改委《关于做好2017年天然气迎峰度冬工作的通知》（附全文）**
>
> 来源：中商产业研究院　　发布日期：2017-10-19 09:55　　🔖 天然气　能源　　　　分享：⭐ 🅆 💬
>
> 　　中商情报网讯：日前，发改委印发了关于做好2017年天然气迎峰度冬工作的通知。据通知显示，中石油、中石化、中海油等企业要优化开采方案，在确保安全的情况下放压增产，力争迎峰度冬期间国内天然气产量比去年同期只增不减。加快安岳气田、青海东坪气田和塔里木克深气田等重点气田建设，保障新建产能及时投产，努力增加新的资源供应。尽可能增加煤层气、页岩气、煤制气等非常规资源的生产供应。以下为具体内容：
>
> **国家发展改革委关于做好2017年天然气迎峰度冬工作的通知**
>
> 发改运行〔2017〕1813号
>
> 各省、自治区、直辖市发展改革委（经信委）、能源局，中国石油天然气集团公司、中国石油化工集团公司、中国海洋石油总公司：
>
> 　　为学习好贯彻好落实好党的十九大精神，切实做好今年迎峰度冬期间天然气供应保障工作，促进实施清洁取暖工程，确保居民生活、供热采暖等用气需求，现就有关事项通知如下。

▲ 图 8-11　2017年冬天天然气采暖保障相关文件

📈 案例 8-7　万丰奥威（002085）

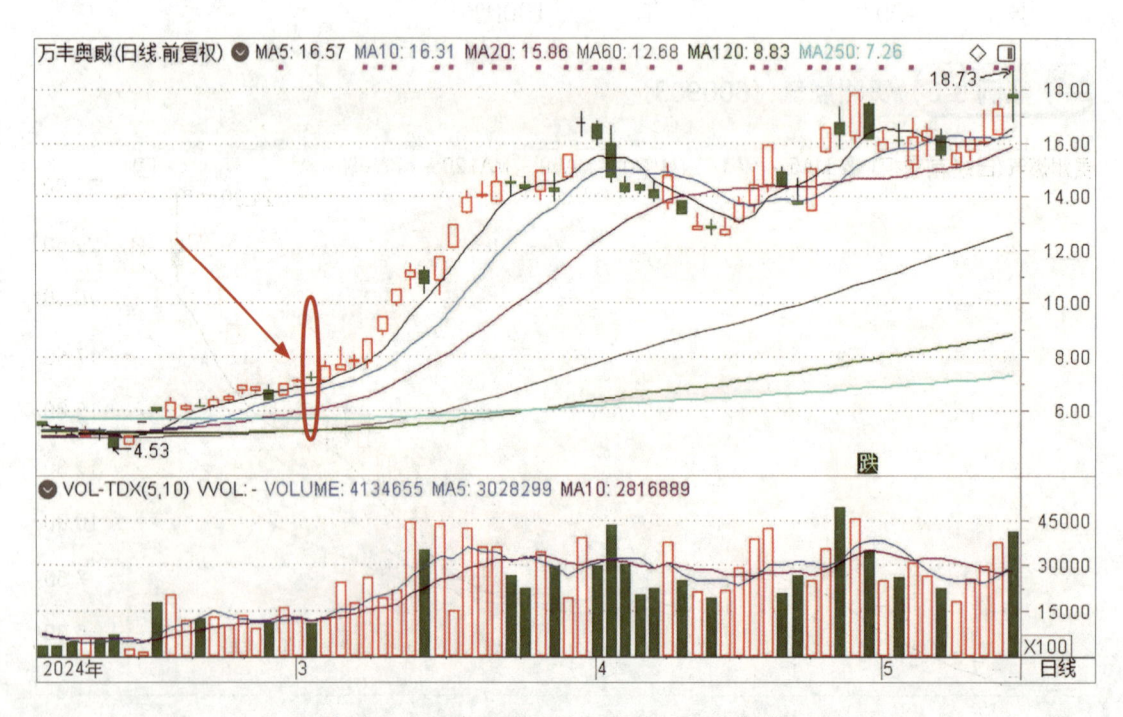

▲ 图 8-12　2024年1月29日—5月17日万丰奥威日K图

8 黄平专栏

> **低空经济迎来新蓝海，2035年市场规模或将超3.5万亿！**
>
> 🎧 播报文章
>
> 金融界 关注
> 2024-03-19 18:59 · 来自北京
>
> 随着科技的不断发展和人们对出行方式的新需求，低空经济正迎来一个前所未有的发展机遇。预计到2025年，中国低空经济的市场规模将达到1.5万亿元，到2035年更是有望达到3.5万亿元。低空经济产业是以低空飞行活动为牵引，辐射带动相关领域融合发展的综合性产业形态，包括低空基础设施建设、低空飞行器制造、低空运营服务、低空飞行保障等环节。
>
> **低空经济四大板块，各有千秋**
>
> 低空经济主要分为"低空基础设施——低空飞行器制造——低空运营服务——低空飞行保障"四个板块。其中，低空基础设施建设是低空经济的重要组成部分，主要包括飞行器起降点以及配套空管设施的建设。空管系统作为重要组成部分，由空中交通管理系统（ATM）以及外围设施通信、导航、监视（CNS）设备组成，在低空空域管理中起到核心作用。2030年前，我国以空管系统为代表的低空经济基础设施相关领域市场规模有望超400亿元。

▲ 图 8-13　2024 年关于低空经济板块的新闻

从社会财经现象中首先归纳总结出社会情绪周期，社会情绪周期就是理的化身；其次结合到股市中数的高标，也就是社会财经导致的情绪波动；最后外溢到股市中的股票。而股市中的股票如果是高标，正好承载这个周期，那么只要知道社会财经现象的热度，就可以反推这只股票的热度和它的未来（见图 8-10 至图 8-13）。

❾ 财星专栏

- 交易规则研究
- 交易技巧解读
- 技术形态研究
- 止盈止损管理
- 经典案例分享

通过熟悉交易规则，观摩历史案例，综合运用技术指标和形态，设定交易规则，遵守交易纪律来提高交易成功率和收益率，防止资金大幅损失和连续损失。

通过各种战法了解操作手法，掌握资金动向和各股民的整体意向，洞察趋势，把握机会，实现盈利。

一线游资操作手法

一、战法要素（成功率：97%）

❶ **看咖位**。优先选择一线游资，如果多个一线游资同时买入，则后市空间更大。

❷ **看资金流向**。一线游资最好是纯买入、零卖出，说明资金刚刚进场。

❸ **看位置**。股价处于低位，均线系统黏合在一起未明显发散。

❹ **看热点题材**。因为题材能够聚集人气、吸引资金，大题材催生大机会，小题材催生小机会。

二、一线游资及证券营业部明细

一线游资及证券营业部明细见表 9-1。

表 9-1　一线游资及证券营业部明细列表

一线游资	证券营业部	
章盟主	东吴杭州文晖路 国泰君安上海江苏	中信杭州四季路 中信证券杭州延安路
方新侠	兴业证券陕西分公司 安信证券西安曲江池证券营业部	中信证券西安朱雀大街营业部
作手新一	国泰君安南京太平南路	
赵老哥	中国银河证券绍兴营业部 华泰证券浙江分公司 浙商证券绍兴解放北路	东方证券杭州龙井路 湘财证券上海陆家嘴
量化交易	华鑫证券上海分公司	
小鳄鱼	南京证券南京大钟亭	中投证券南京太平南路
炒股养家	华鑫证券上海宛平南路 华鑫证券上海淞江路 华鑫证券上海宁波沧海路	华鑫证券上海淞滨路 华鑫证券上海茅台路
溧阳路孙哥	中信证券上海溧阳路 中信证券上海分公司	中信证券上海淮海中路
桑田路	国盛证券宁波桑田路	
金田路	光大证券深圳金田路	申万宏源深圳金田路
上塘路	财通证券杭州上塘路	
成都圈	国泰君安成都北一环	华泰证券成都南一环
重庆圈	方正证券重庆金开大道	
小马哥	光大证券宁波解放南路	
佛山无影脚	光大证券佛山绿景路	光大证券佛山季华六路
陈小群	中国银河证券大连黄河路营业部	

三、章盟主

❶ 操作手法。

章盟主喜欢做大盘绩优叠加利好的趋势牛股，纵观他的历次战役，基本都是此类型股票。案例有中国铝业、北辰实业、招商轮船等。

现在章盟主也会像其他游资一样，做主流板块强势龙头股，然后视情况盘中主封、点火、砸盘，基本就是引导散户追涨杀跌。

❷ 买入手法（成功率：96%）。

画区间，区间中部区域低吸。低吸富三代，追高毁一生。

成本区间锁定：以收盘价所在位置画一条水平线，以开盘价所在位置画一条水平线，两条水平线之间的区域就是当天章盟主的建仓成本。在章盟主成本价附近低吸。此时股价没有多大的下跌空间，因为章盟主没怎么赚钱，反而具有拉升的动力。

❸ 卖出手法。

(1) 大盘环境不好，要注意获利了结卖出，锁定利润。"留得青山在，不怕没柴烧"。

(2) 股价连续上涨后，如果频繁出现带有上影线的 K 线，说明上涨乏力，应及时卖出。

(3) 股价连续上涨后，出现阴包阳，且阴线的成交量是阳线的 1.5 倍，说明主力大举出货，应尽快卖出。

❹ 章盟主追随者快速选股方法。

(1) 电脑快速选股。

①去同花顺官方网站，下载同花顺免费版软件，注意不要选同花顺远航版。

②打开其龙虎榜，点击章盟主专用席位，找到章盟主以往做过的股票。

③同花顺数据中心会自动将章盟主当天买卖的股票展现出来。

(2) 手机快速选股。

①手机免费下载同花顺 App。

②在同花顺 App 顶端搜索栏里输入"龙虎榜"。

③在龙虎榜界面，点击"游资榜"。

④章盟主、方新侠、炒股养家等一线游资当天买卖的股票会自动展现。

四、赵老哥

一板算个毛,二板定龙头。

一板涨停我们要结合题材分析。从资金面来讲,没有新题材,老题材就继续。短期交易,不讲价值,不讲技术,只讲题材。

有题材,有大量资金活跃的股票,就可以进,吃完撤退,慢的买单。

人生难得几回搏,热点来了全力以赴,热点退潮果断卖出。

五、方新侠

❶ 操作风格。

方新侠在人气股、龙头股、强势股上反复操作,敢于高位抬轿,节奏鲜明。

有超强的理解力和提前预判的能力。方新侠往往在板块启动的混沌期,敢于重仓出击。而大多时候方新侠重仓出击的板块也能走出巨大行情,他的预判能力是极强的。

❷ 买入手法(成功率: 95%)。

(1) 首先,要确定方新侠当天买的股票是否属于热点板块中的人气股、强势股,这需要依据自身经验综合判断。

(2) 其次,方新侠必须是重仓买入,大几千万,不是轻仓。重仓说明高度看好。

(3) 最后,低吸 + 追涨。第二天开盘结合分时图,低吸或者追涨、打板。

❸ 卖出手法(参照章盟主卖出手法)。

六、作手新一

❶ 操作手法。

作手新一喜欢做妖股,尤其喜欢板上接力。

善于挖掘低位活跃龙头潜力股,操作大开大合,一旦确定目标,往往大手笔买入,最经典的一次操作是 2021 年盐湖股份复牌之时的买入。2021 年 8 月 10 日,盐湖股份复牌,当天不设涨跌幅,作手新一大手笔买入 4.48 亿元,当天亏损。第二天大跌 8.41 个点,作手新一继续加仓 1.74 亿元。第三天反包涨停机构小鳄鱼等纷纷买进,而作手新一进行了锁仓,最后股价创出新高,获利出局,其选股之准、拿股之稳,实属顶级!

❷ 经典语录。

围着主线做，多研究龙头，研究涨停，不断积累、总结、反思，等待进阶机会的到来。

炒股前期不要投入太大，没有稳定盈利时尽量少投入资金，多投入精力。刚入市不要想着赚钱，要悟道！

对悟道的理解因人而异，对于初入市的小散来说，要对市场有很好的认知和理解，能持续从市场赚钱，虽有反复，但始终能及时控制（这就算悟道了）。

七、小鳄鱼

小鳄鱼善用连板战法，类似于上海溧阳路。

小鳄鱼善用龙头反包战法，无论强龙头股还是一般股，其对反包战法的运用都达到了炉火纯青的状态。

擅长板块：热点板块，有利好消息叠加的补涨龙首板、新股一字板开板接力。

八、炒股养家

❶ 操作手法。

炒股养家喜欢通过对市场情绪的揣摩比较风险和收益，指导实际操作，进而锁定热点板块龙头；喜欢利用通道优势打板次新股、一字板龙头股首板，随即视情况决定是锁仓还是逐步离场。

炒股养家擅长强势股低吸，也就是龙头股首阴反包战法，属于标准的大游资战法；擅长随大盘指数调整策略，牛熊市操作手法有很大区别，尤其擅长顶部震荡出货和底部震荡吸筹。

❷ 买入手法（成功率：96%）。

首先，要确定炒股养家当天买的股票是否属于热点板块中的龙头股，需要依据自身经验综合判断。

其次，炒股养家必须是重仓买入，大几千万，买入金额过亿更好，不是轻仓。重仓说明高度看好。

❸ 卖出手法（参照章盟主卖出手法）。

九、佛山无影脚（廖国沛）

佛山无影脚（廖国沛）喜欢打首板，然后第二天高开出货，交易时间一般在 2~3 天；最喜欢使用快速拉板独食模式和 N 字板。

十、陈小群

❶ 操作手法。

陈小群，大连人，1995 年出生，其席位是中国银河证券大连金马路证券营业部，属于新生代游资的力量，擅于抓主升浪，操作大开大合，该席位在浙江建投、中交地产、特立 A、剑桥科技上面的操作更是令人拍案叫绝！低买高卖、波段操作、翘跌停板，每笔交易都能精准把握高低点。

❷ 经典语录。

需要研究市场合力，散户最大的思想误区在于，（散户觉得）游资抱团，有钱就为所欲为（其实并不是这样），就是你们（散户）永远不懂合力的重要性，也就是你们（散户）没法进步的主要原因，没有资金合力，自己硬做只会亏得更多。

纪律的重要性。股市里能做大的散户，都是纪律性极强的人。

钻研的重要性。当股票涨跌、市场走势和自己的想法不一样时，题材或个股判断错误时，不在自己判断范围之内时，要深入研究、思考原因。有时因为一个问题，我会在家想一整天，直至想清楚、弄明白，弄懂为止。

集合竞价的规则

一、集合竞价时间

两市的开盘集合竞价时间是 9:15—9:25，分为两个阶段。

❶ 9:15—9:20 是自由买卖阶段，可以下单，也可以撤单。
❷ 9:20—9:25 可以下单，不可以撤单。

二、区分撤单、匹配、隐藏

❶ **撤单：**要满足时间条件；对价格不产生影响。
❷ **匹配：**上下红绿柱是此消彼长的关系。
❸ **隐藏：**价格必须出现变化才能被隐藏，因为集合竞价只能看到一档价格。

三、集合竞价的红绿量柱

红柱：红柱在上，代表主动买的未能匹配的买单；在此价位上排队形成承接。红柱在下，代表主动买的已经匹配的买单。

绿柱：绿柱在上，代表主动卖的未匹配的卖单；在此价位上排队形成抛压。绿柱在下，代表已经匹配的卖单。

下方量柱不看颜色看高低，买卖同源，可通过高度变化从侧面分析抛压和承接。

四、成交规则

在 9:15—9:24:59 连续竞价的过程中，不能成交，只能暂时匹配，9:25 系统集合所有的委托单撮合出开盘价。挂出的买入的价格高于此价格则一定能成交，同理，想卖出则须挂单低于此价格，如果价格相等则根据大单优先原则成交。注意：不管你挂的什么价格，只要能成交均以开盘价成交。因此，想要快速出逃，可挂跌停价，快速抢筹，则挂涨停价，集合竞价期间不受价格笼子限制。

五、开盘价撮合定价规则

9:25 时交易系统就会集合所有委托单，筛选出能够满足最大量的可成交价格，确定为正式的开盘价。

六、集合竞价买卖技巧

若看好一只股，想买一只股票，就挂涨停价去买，同理想卖则挂跌停价去卖，最终的成交价格均按照 9:25 资金到账，不影响 9:30 开盘后的交易。

七、集合竞价适用的个股类型

❶ **题材个股**：市值小、股性活跃。
❷ **主力明显运作**：经常涨停的。
❸ **低位股**。

八、预期法

❶ **竞价杀跌幅度**。

弱转强换手，涨停板竞价杀跌幅度大于 4%（不是固定值，以逻辑为主）。

❷ **介入时机**。

9:30 开盘走强，一个时间节点 (10 秒 ~ 1 分钟)。

注意：十天内无涨停不看，流通市值大的不看（100 亿元以下可参考），开盘分时往下再拉回上冲的不看。

9:15—9:20 抛压大的情况需酌情考虑，轻仓尝试。

❸ **集合竞价展现抛压与承接**。

两种陷阱（出现之后大概率会下跌）

抛压大、承接弱—看空。

抛压的类型：试盘量抛压 + 情绪抛压。

看盘顺序——先看试盘量，再看情绪抛压（见图 9-1）。

❹ **试盘量。**

无论一进二还是二进三，一般的主力都会选择在 9:15—9:20 做一个上拉的试盘，通常是打到涨停板，从而观察下方匹配量的大小，放量则分歧很大，随后极有可能会出现撤单。

❺ **情绪抛压。**

随着买单逐渐减少，未匹配量的卖单会越来越多，股价逐渐走弱出现情绪抛压。

注意：对于短线龙头来说，抛压并不是重要的指标，看的是接力情绪。

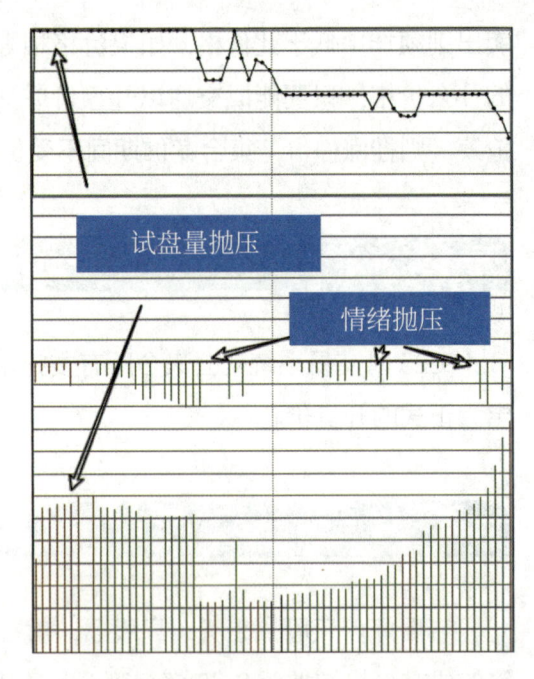

▲ 图 9-1　集合竞价分时图区分抛压类型

集合竞价抓涨停

一、集合竞价图详解

❶ 竞价图中一个黑点（黑底白点）代表一个竞价，黑点越多，说明今天这个股票越热，人气旺、资金关注度高（见图 9-2）。

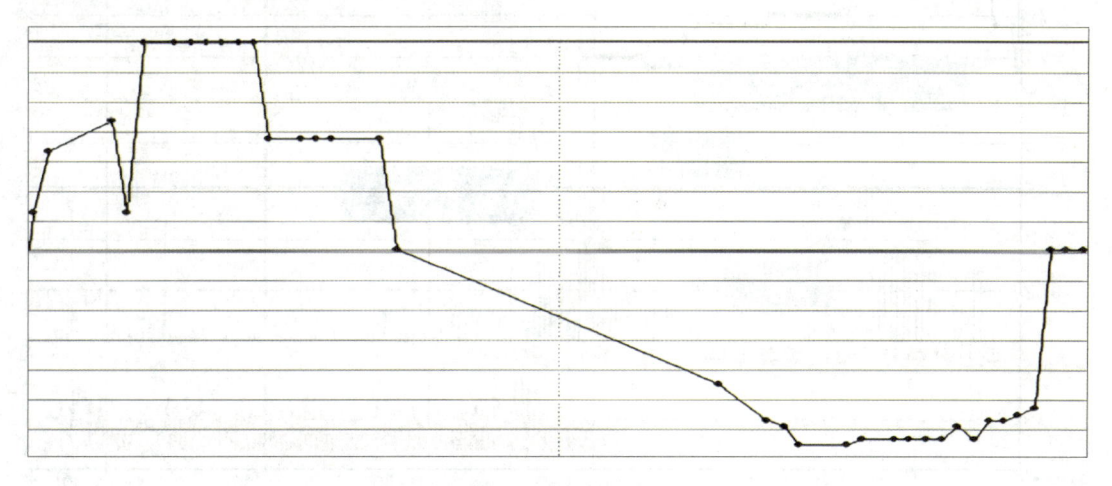

▲ 图 9-2　集合竞价黑点

❷ 每个黑点下面对应一个竖条，有红、有绿。红的代表买单，绿的代表主动卖单。竖线的高低代表量的大小（见图 9-3）。

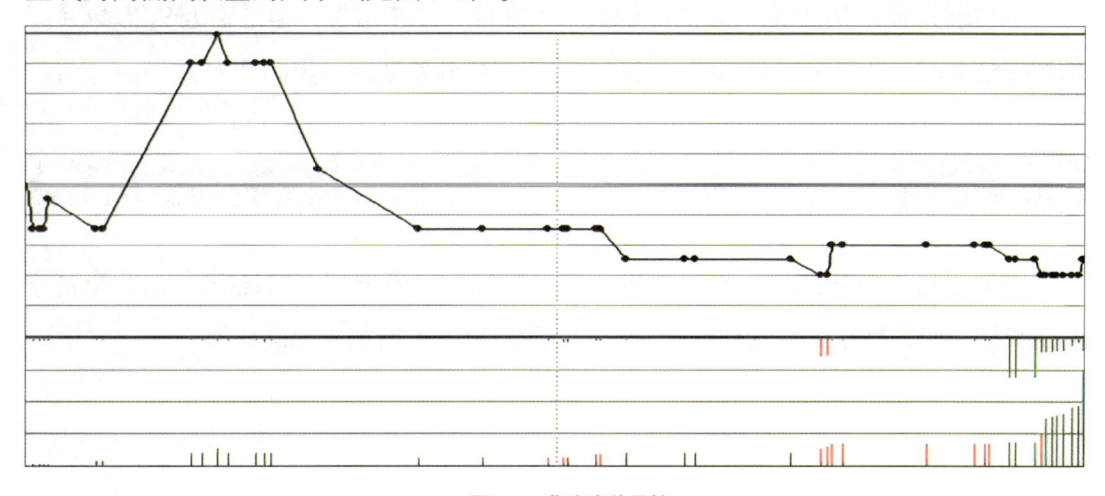

▲ 图 9-3　集合竞价量柱

二、集合竞价 —— 强转弱

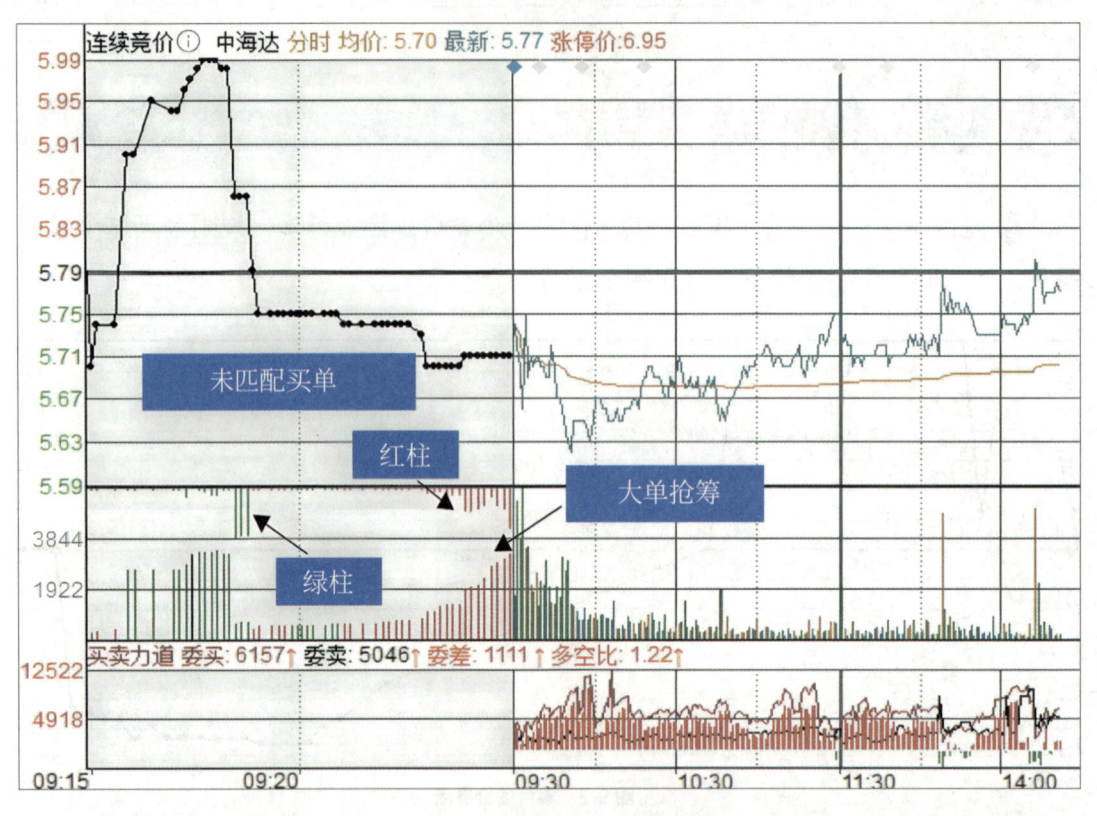

▲ 图9-4　集合竞价 —— 强转弱

强转弱是指在 9:20 后，未匹配的买单（红柱）逐步增加，但是临近 9:25 集合竞价快要结束时，红柱突然变绿柱，说明卖盘的力量开始增加（见图9-4）。

三、集合竞价 —— 弱转强

弱转强是指在 9:20 后，未匹配的卖单（绿柱）逐步增加，但是临近 9:25 集合竞价快要结束时，绿柱突然变红柱，说明买盘的力量开始增加（见图9-5）。

▲ 图 9-5　集合竞价 —— 弱转强

四、集合竞价 —— 诱多

主力诱多的目的是吸引散户来买，从而保证自己顺利出货。诱多有两个步骤（见图 9-6）。

❶ 9:15 集合竞价开始，在涨停价大量挂单，这样就能排在涨幅榜的最前面，吸引

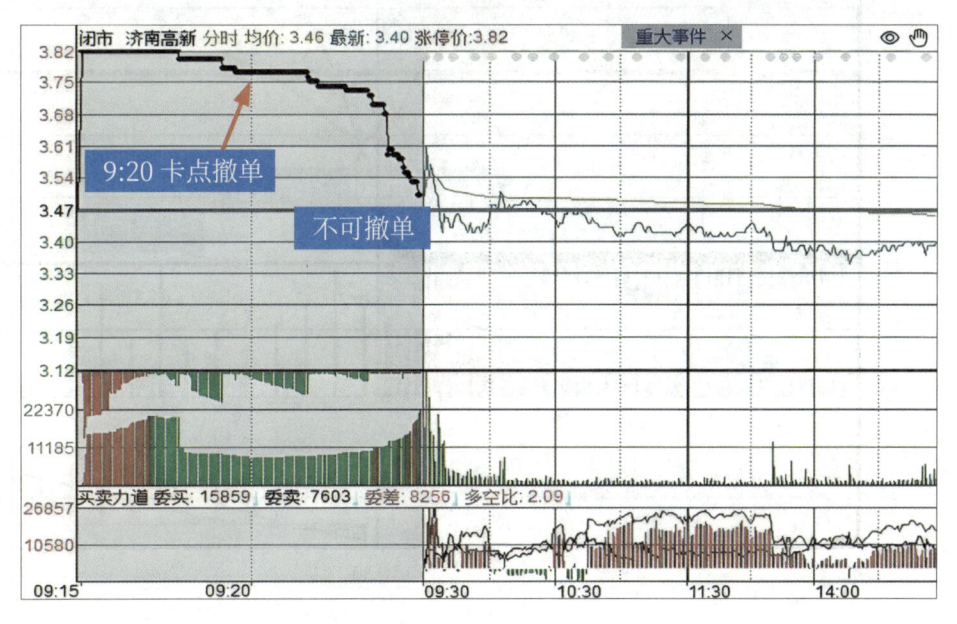

▲ 图 9-6　集合竞价 —— 诱多

全市场资金的关注，制造强势假象，吸引散户跟风挂单。

❷ 临近 9:20，主力突然撤单（未匹配的买单急速减少），卡点撤单，散户来不及撤单，9:20 之后，集合竞价不能撤单，散户之前跟风的单子只能被动成交。

五、集合竞价 —— 诱空

主力诱空的目的是吸引散户卖出筹码，从而保证自己顺利吸筹，随后进行拉升。诱空有两个步骤（见图 9-7）。

❶ 9:15 集合竞价开始，主力挂大单在跌停价格制造恐慌，诱使散户卖出手中宝贵的筹码。

❷ 9:20 后未匹配的卖单（绿柱）快速消失，主力疯狂抢筹。尾盘竞价拉升，下方成交量明显放大，主力大单抢筹。9:30 出现跳空缺口，主力再次抢筹，而后快速拉升涨停，让低位卖出筹码的散户后悔莫及。

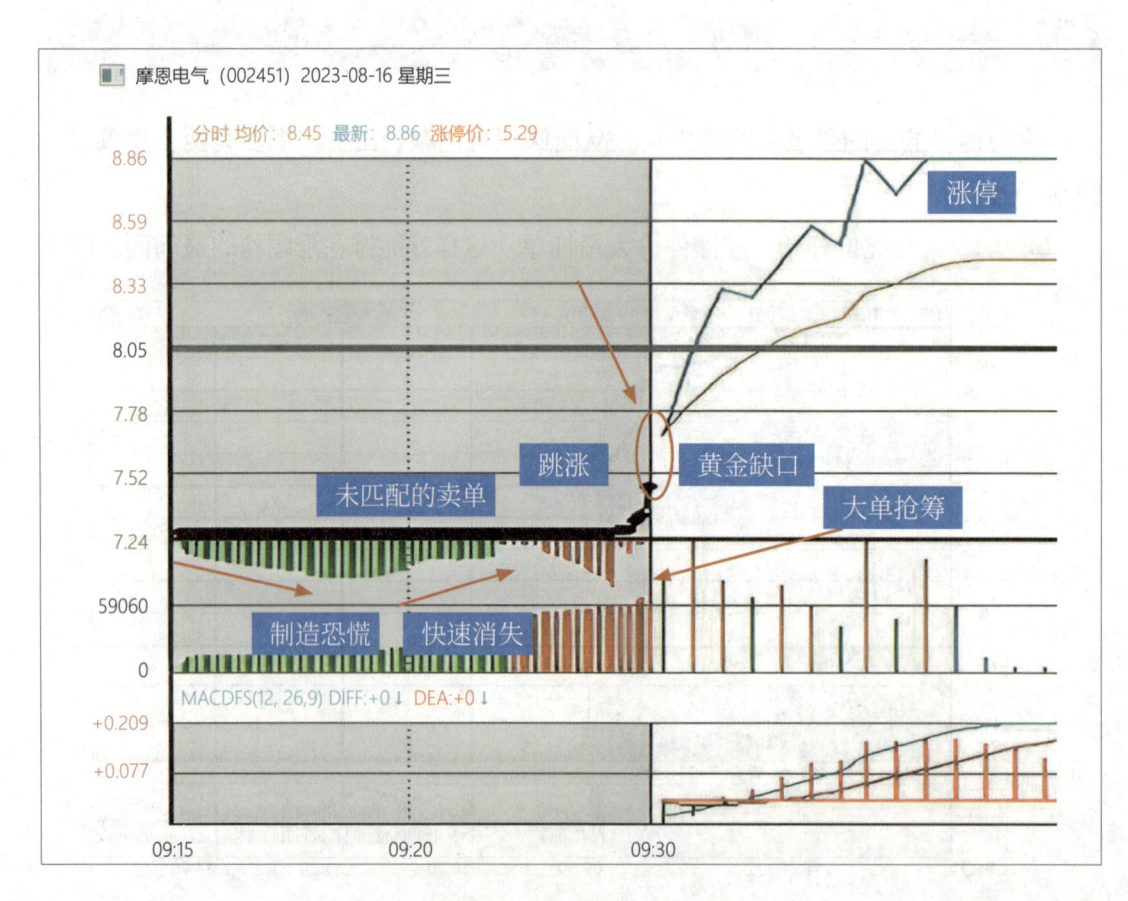

▲ 图 9-7 集合竞价 —— 诱空

六、集合竞价抓涨停的技术

❶ **战法 1：** 一气呵成抓涨停（见图 9-8）。

(1) 在 9:20 后，撮合价格稳定不动，价格轨迹基本成一条直线。

(2) 成交量不能超过一个格子。

(3) 未匹配的买单越多越好。

▲图 9-8　集合竞价一气呵成抓涨停

❷ **战法 2：** 缓慢上攻抓涨停（见图 9-9）。

(1) 在 9:20 后，撮合价格逐步抬高，最好是在最后一两分钟价格突然拉升。

(2) 成交量要逐步增加，9:25 集合竞价结束时，成交量不超过 5 个格子。

(3) 未匹配的买单越多越好。

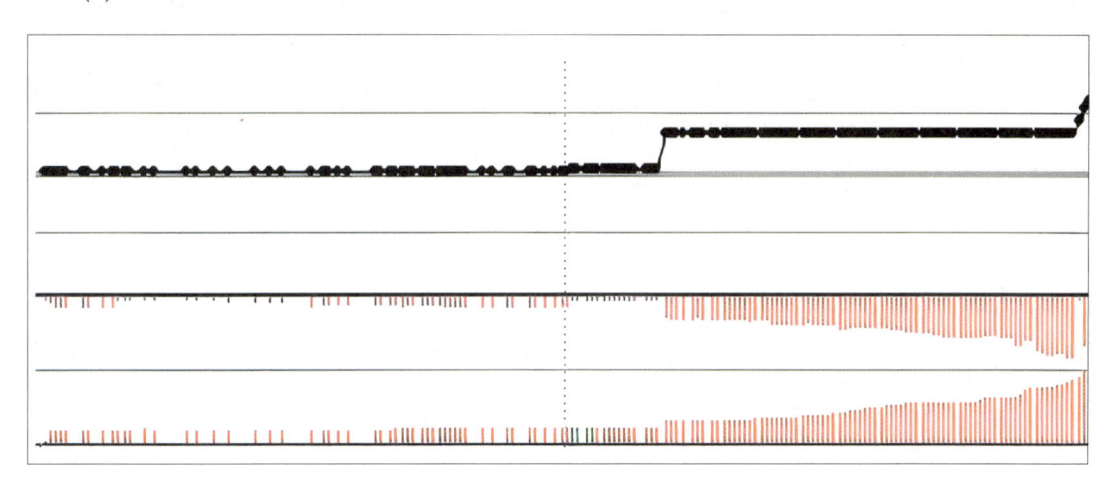

▲图 9-9　集合竞价缓慢上攻抓涨停

❸ **战法 3：** 黄金缺口抓涨停（见图 9-10）。

(1) 在 9:20 后，撮合价格逐步抬高，最好是在最后一两分钟价格突然拉升。

(2) 成交量要逐步增加，9:25 集合竞价结束时，成交量至少达到 4 个格子区域，越大越好。这说明主力在投入大资金疯狂抢筹码。

(3) 未匹配的买单越多越好。

(4) 9:30 开盘后，股价出现跳空上涨，说明有大资金在早盘疯狂抢筹码，不计成本地做多。

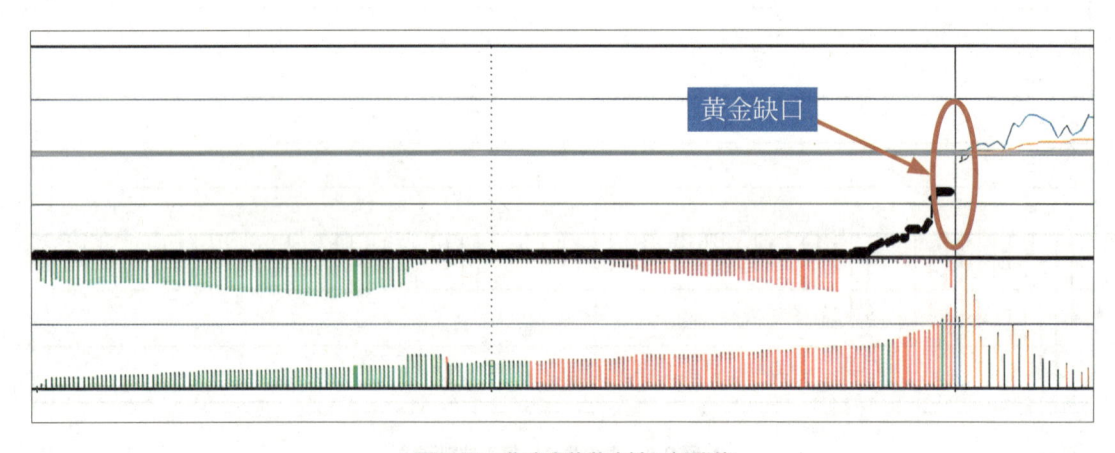

▲ 图 9-10　集合竞价黄金缺口抓涨停

竞价抓涨停——天地乾坤战法

一、亏损的根源

❶ 高成功率的误区。

绝大多数投资者都曾追求过高成功率，以为高成功率就能赚到钱，但仅仅追求成功率是无法实现盈利的，很多人都有扛单不认错的习惯，导致小赚大亏。小赚大亏的话，再高的成功率也顶不住一次亏损，因此正确的做法并非过度追求成功率，而是更应该做高盈亏比，赚大亏小，让盈利"奔跑起来"，才能做到盈利，对于中小投资者更是如此。此外，止损也很重要，合格的投资者都知道止损是保护本金的有效手段。

❷ 潜伏抄底的误区。

很多投资者总想买在最低，经常潜伏在一些没有起涨迹象或者没有主力介入的股票中，认为这样价格低。事实上，股票的价格并无绝对的高低，价格高低只是一个相对概念，潜伏容易陷入震荡或者阴跌中，价格看起来低，但赚不到钱，甚至会亏损，这种低价格是毫无意义的，正确的理念是操作已经突破起涨的个股，这样看起来买点比较高，却是赚钱效率最高的方法。

二、亏损解决办法

要想多盈利就应尽量寻找波动大的股票，并买在低点、卖在高点。

三、趋势战法——卖在主升浪高点

❶ 上涨趋势不结束不出局。

❷ 量价关系判断。

❸ 拐点判断。

❹ 日线、周线多角度判断顶部。

案例 9-1

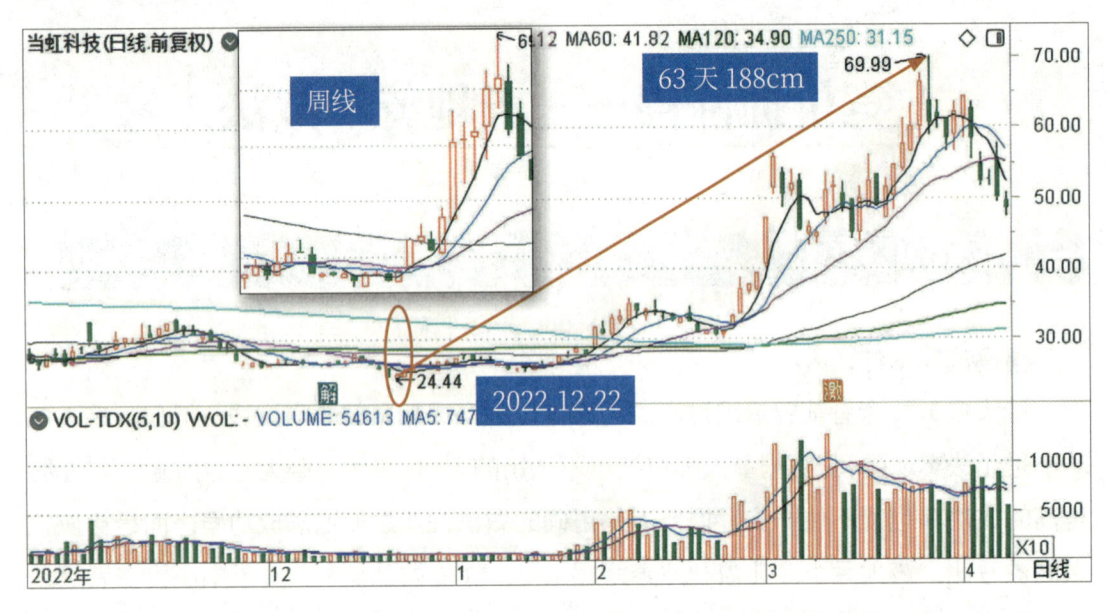

▲图 9-11　2022 年 10 月—2023 年 12 月当虹科技日 K 线及周 K 线趋势

当虹科技，按照卖在主升浪高点趋势战法，63 天涨幅达 188%（见图 9-11）。

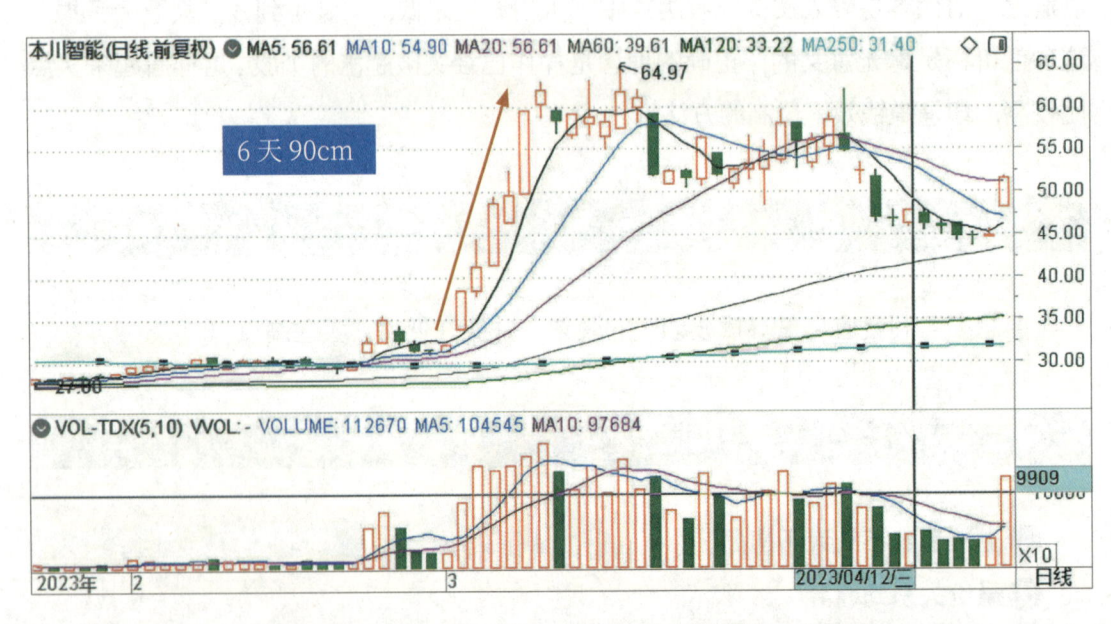

案例 9-2

▲图 9-12　2023 年 1 月 17 日—4 月 20 日本川智能股价日 K 线趋势

本川智能，按照卖在主升浪高点趋势战法，6 天涨幅达 90%（见图 9-12）。

四、买在起爆点：竞价快速抓涨停 —— 天地乾坤战法

❶ 不做潜伏，买在起爆点。
❷ 竞价的规则。
❸ 竞价 10 分钟包含巨大信息量。
❹ 解读集合竞价信息，跟随主力吃肉。
❺ 量价关系，识别竞价牛股。
❻ 价为天，量为地，天由地支撑，竞价 10 分钟定乾坤。
❼ 抛开散户思维，同步主力思维。

案例 9-3

剑桥科技，竞价抓涨停——天地乾坤战法，2 个月涨幅达 260%（见图 9-13）。

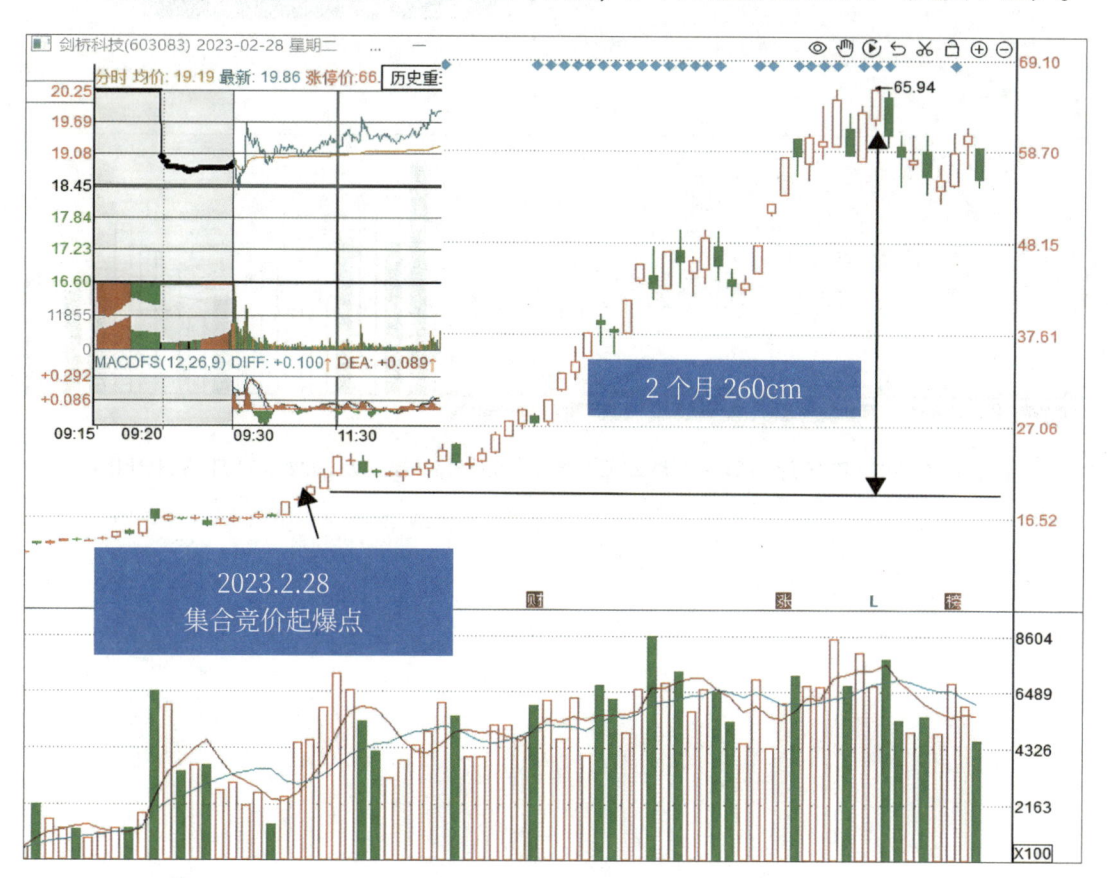

▲ 图 9-13　2023 年 1 月 30 日—5 月 16 日剑桥科技股价日 K 线走势图及 2023 年 2 月 28 日分时图

案例 9-4

中国科传，竞价抓涨停——天地乾坤战法，6 天涨幅达 68%（见图 9-14）。

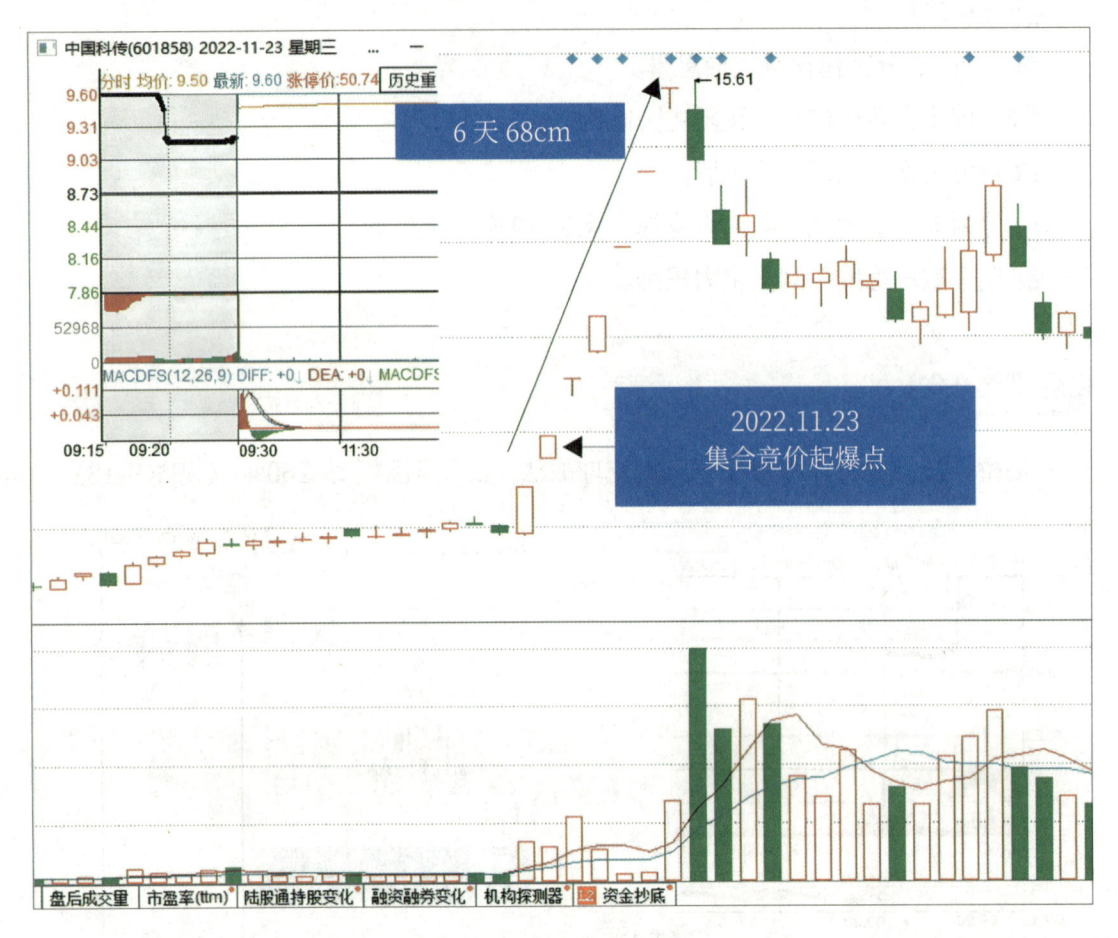

▲图 9-14 2022 年 10 月 26 日—12 月 23 日中国科传股价日 K 线走势及 2022 年 11 月 23 日分时图

涨停板的六大类

一、建仓型涨停

建仓型涨停意味着主力看好这只股但手上筹码不足，正开始收集筹码，这类涨停出现前往往是没有建仓或者少量建仓。

像这种股票在一段无量横盘状态下突然放量的涨停常常是建仓型涨停。此时股票处于建仓阶段，短线可以做一个超短线，中线可以添加自选观察，在接下来的洗盘阶段找机会建仓（见图 9-15、图 9-16）。

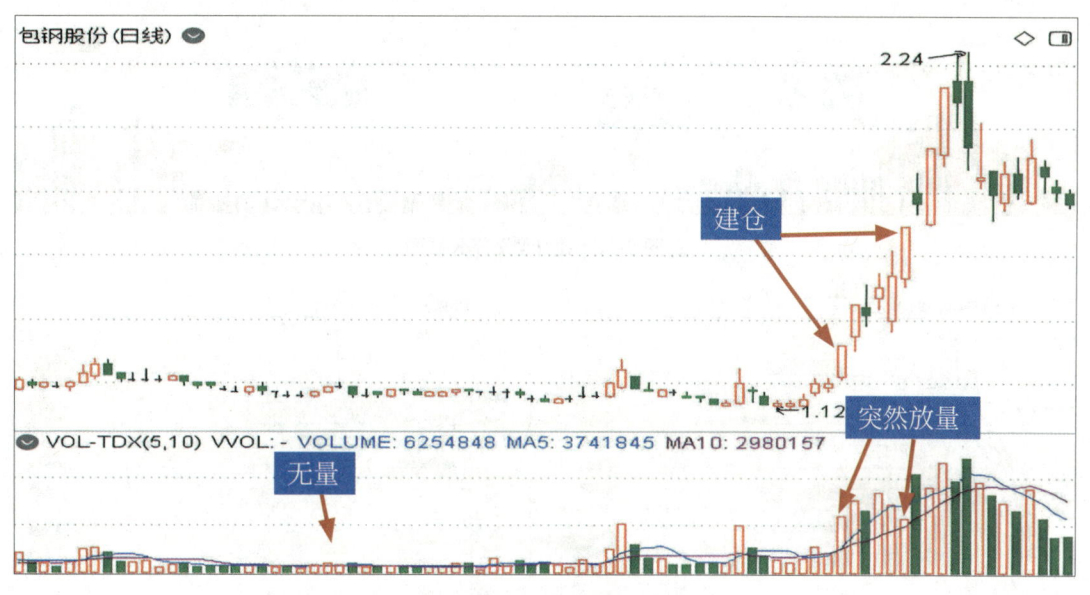

▲ 图 9-15　建仓型涨停 K 线图

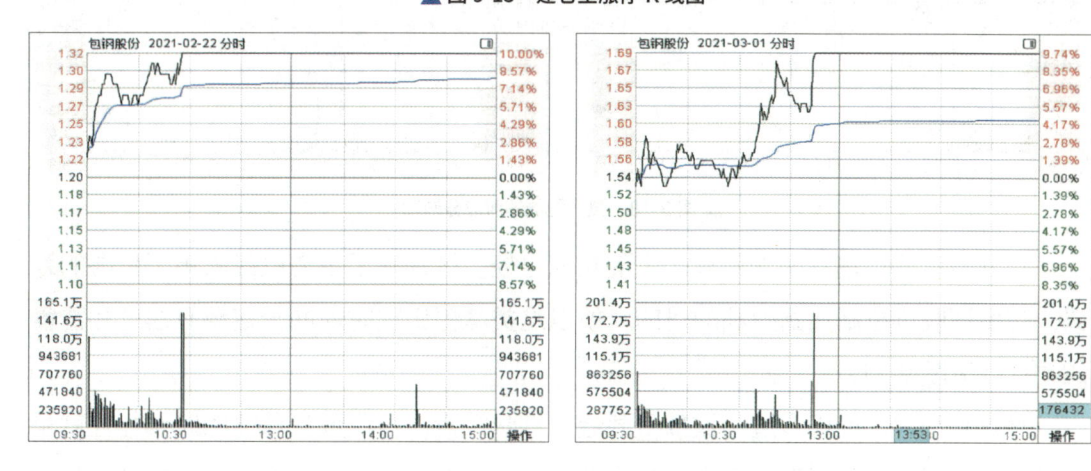

▲ 图 9-16　建仓型涨停对应分时图

139

如果建仓时是这样的涨停分时,那么往往是主力用涨停去激活卖盘,之后会打压吸筹。

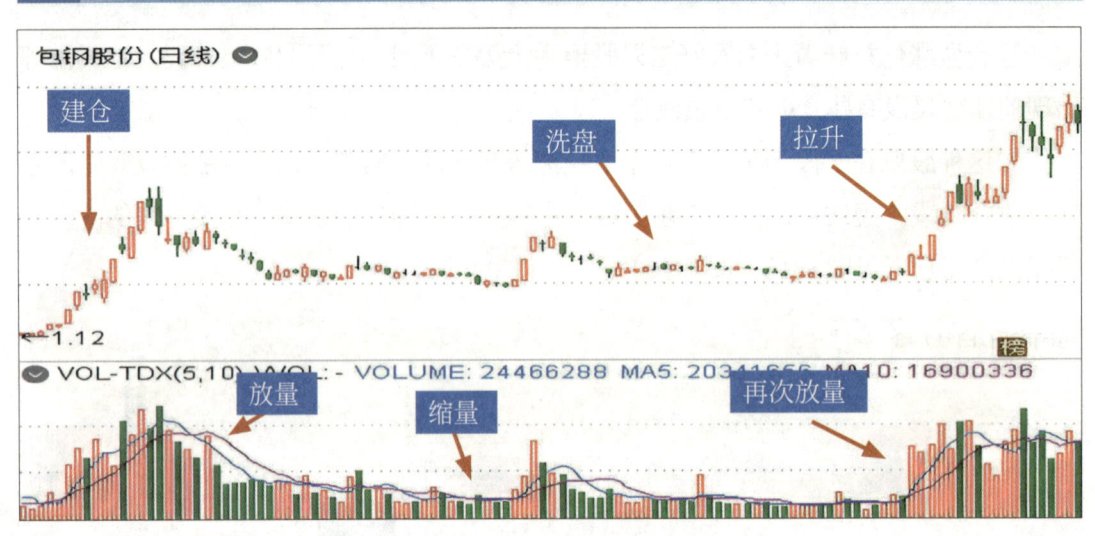

二、拉升型涨停

▲ 图9-17 拉升型涨停K线图

▲ 图9-18 拉升型涨停对应分时图

拉升型涨停和建仓型涨停有一定的相似之处。区别在于主力已经收集了足够的筹码,想要把股价拉高达到盈利的目的。所以这类涨停出现时前面一定要有建仓和洗盘的动作(见图9-17)。

像这种涨停,前面有过一波放量建仓、缩量洗盘,再次放量涨停的时候往往就是拉升型涨停了。此时可以看到主力拉升的决心,会对市场资金形成合力去拉升,往往会快速进入主升浪。这种情况下可以直接找机会进场。

如果突破的位置是这样的涨停分时意味着抛压没有得到释放，因为还有抛压，所以接下来有洗盘的需求，可以等洗盘的时候找机会进场（见图9-18）。

三、洗盘型涨停

洗盘型涨停往往会以炸板的形式出现，其目的是释放抛压，往往会在抛压（套牢盘、获利盘）较大的地方出现。

像这种炸板，因为前期套牢盘较多，所以为释放套牢盘抛压，在前面密集成交区域用一个炸板去清洗套牢盘，这种炸板涨停我们叫作"洗盘型涨停"。突破前高以后由于市场资金都获利了，那么为了让获利盘兑现，同样需要洗盘（见图9-19）。

分时量价关系，上涨放量，回调缩量，是真拉假出，洗盘（见图9-20）。

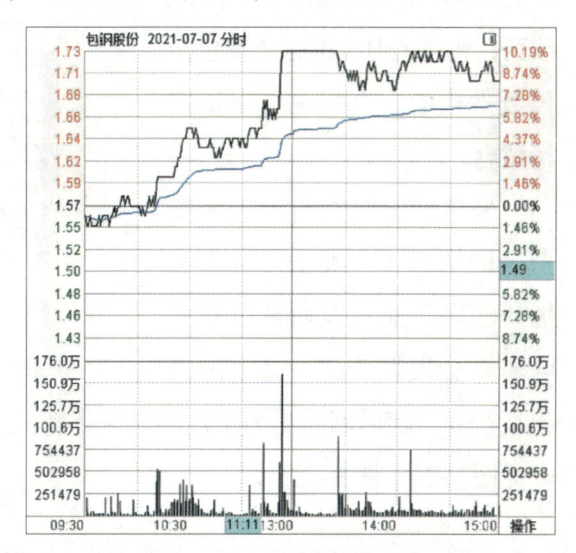

▲ 图9-19 洗盘型涨停分时图

▲ 图9-20 洗盘型涨停K线图

四、出货型涨停

出货型涨停一般相较于主力的成本区要有足够空间，往往出现在高位，并且放量。这种涨停，在高位出现放量，往往意味着主力开始出货了，短线可以出了，中线也应该减仓，再分批止盈，直到主力出货完毕清仓。

像这种分时没有流入太多资金的情况下，板上没有太大抛压出现，炸板以后放巨量意味着资金大量流出，是主力的出货行为，随后回封是为了让当天进场资金次日不抢跑，同时吸引场外资金进场接盘（见图9-21、图9-22）。

▲ 图 9-21 出货型涨停分时图

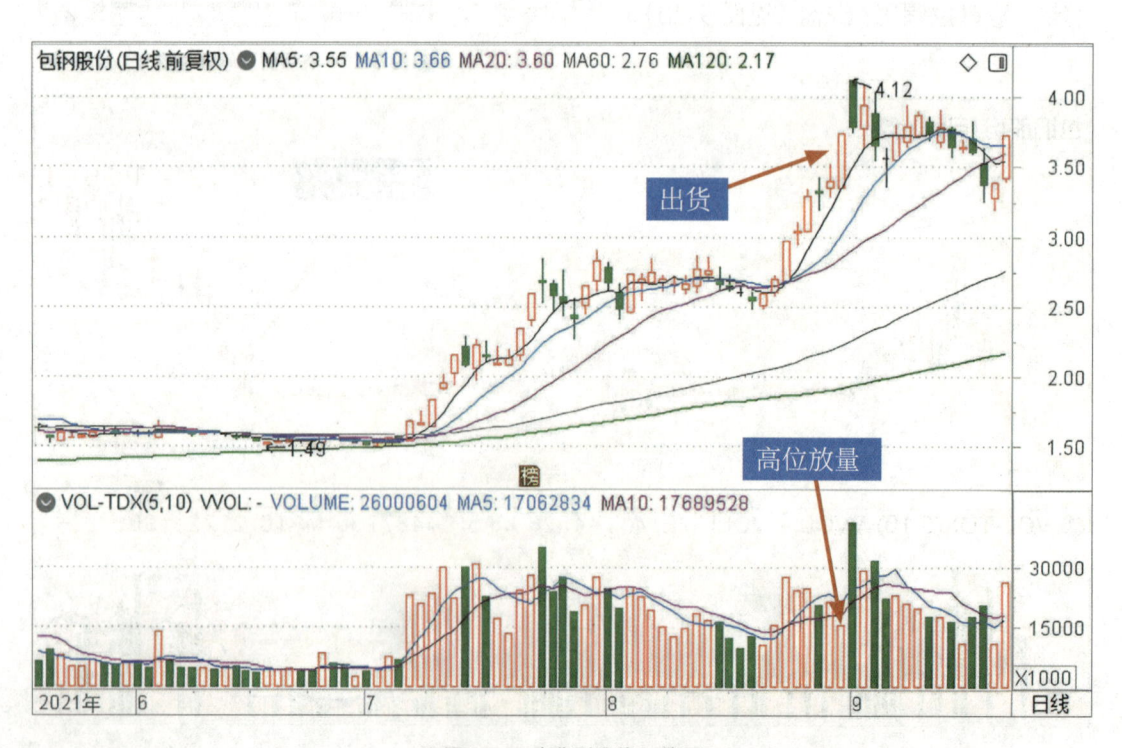

▲ 图 9-22 出货型涨停 K 线图

五、锁仓型涨停

锁仓型涨停一般出现在拉升阶段，并且主力已经完成洗盘以后，分歧转一致的加速拉升涨停被称为"锁仓型涨停"（见图9-23和图9-24）。

这种加速拉升的涨停就是市场资金一致看多主力锁仓的行为。这种涨停出现时务必拿好，但尽量不要轻易去追，因为随时可能加速赶顶出货。

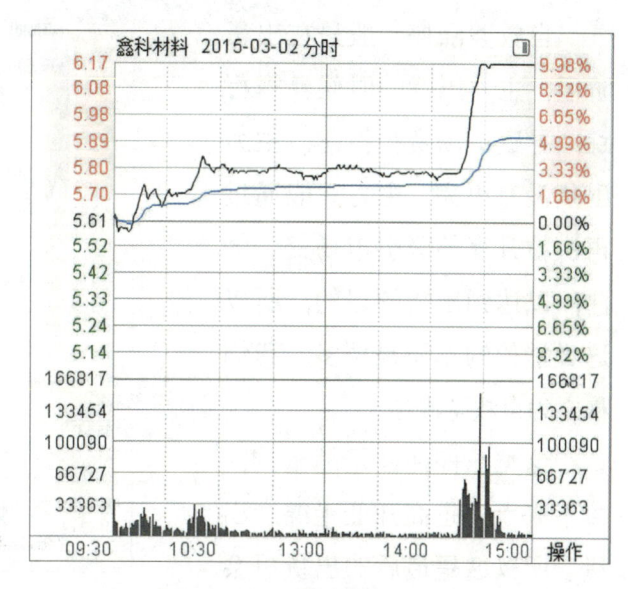

▲ 图9-23　锁仓型涨停分时图

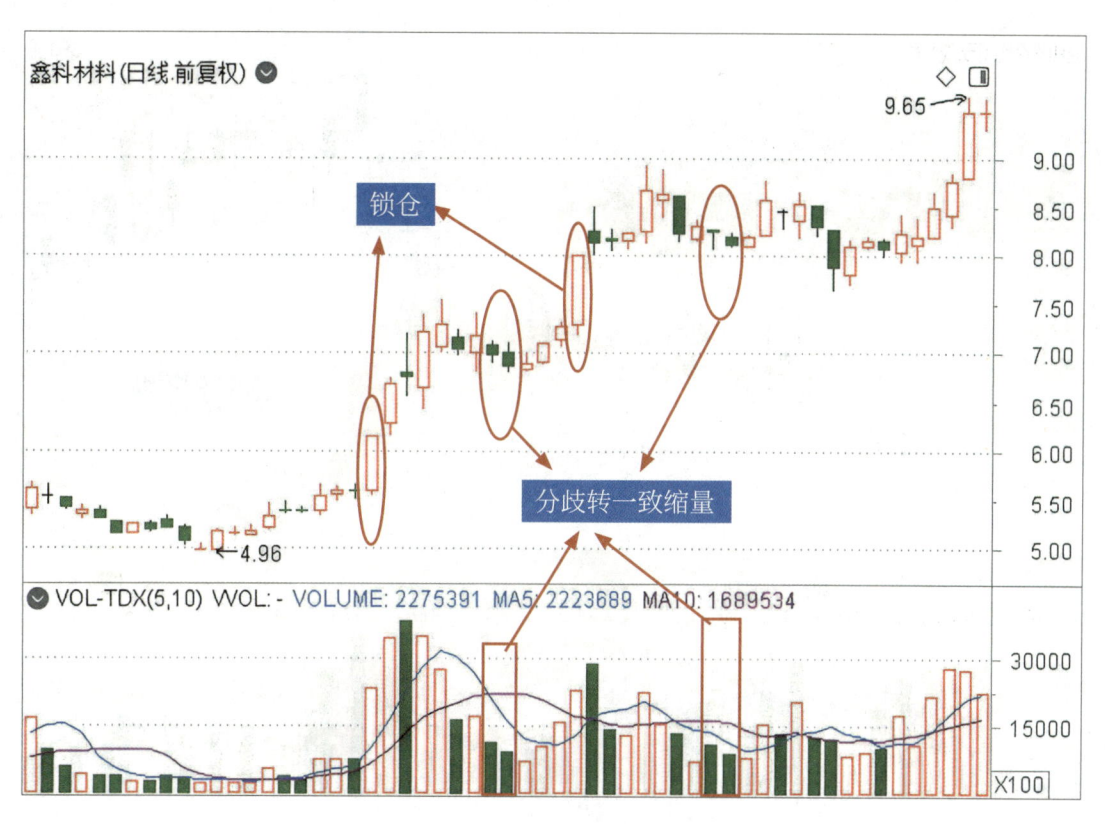

▲ 图9-24　锁仓型涨停K线图

六、自救型涨停

自救型涨停一般是在出货阶段，主力出货的时候暴露行踪，导致市场资金抢跑，主力出货没有出完，主力只能通过再次拉升涨停吸引市场资金关注，以达到出货的目的，所以这类涨停的本质是诱多，我们称之为自救型涨停。

这类涨停往往是缩量的，接下来大概是高开低走继续出货，所以这是最后的出货机会（见图9-25、图9-26）。

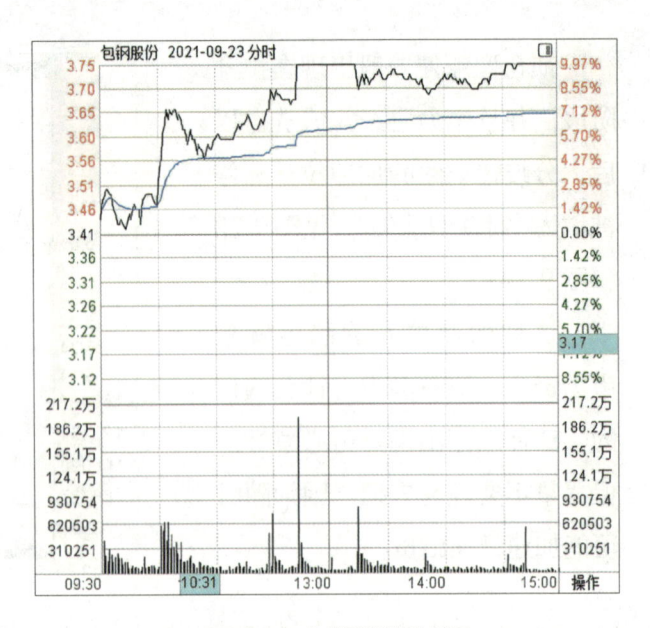

▲ 图9-25　自救型涨停分时图

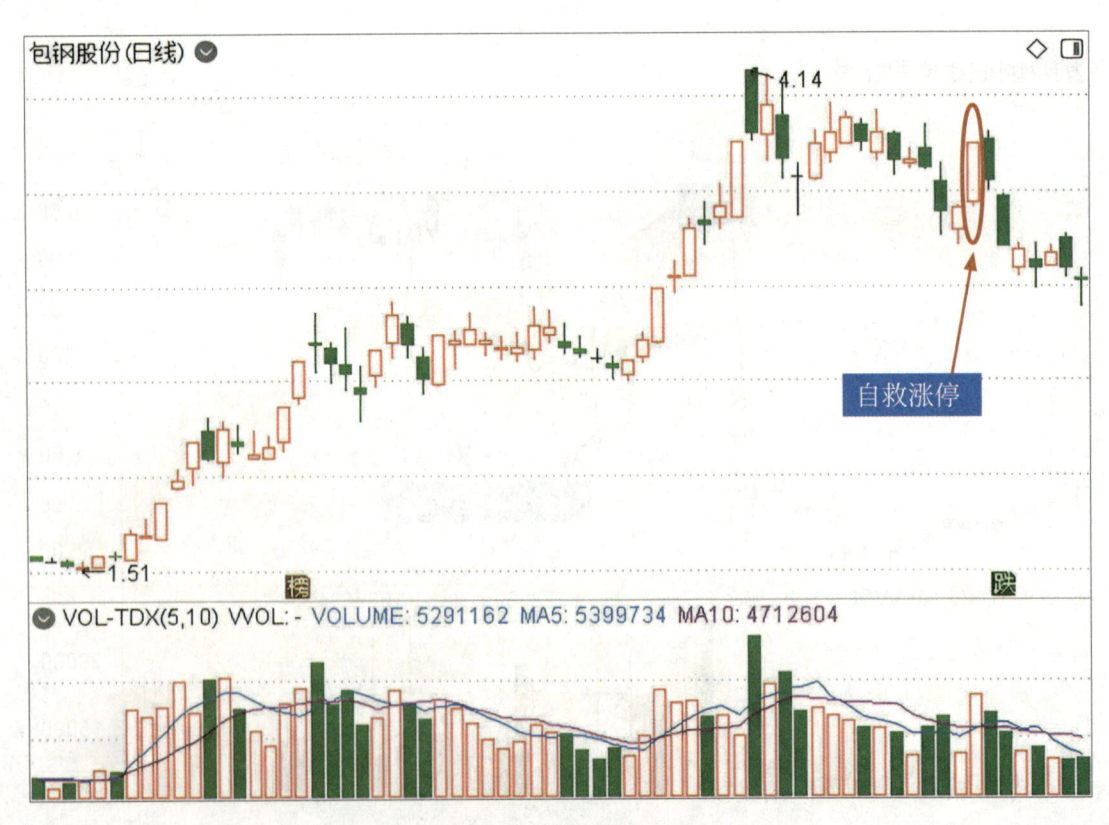

▲ 图9-26　自救型涨停K线图

K 线密码之涨停板分时形态

股市是一个没有硝烟的战场，上兵伐谋，其次伐兵，其下攻城。

主力经常通过操纵股价来操纵散户的心理，进而达到操纵散户的行为，从不正面交锋。想要了解主力的意图，就得读懂 K 线密码，K 线密码中又以涨停板最为重要。涨停板是 A 股市场最大的破绽，每个涨停板背后都是主力的行为，学习认识涨停板分时形态是做短线的基本功，不同分时图的涨停板折射出了主力不同的意图。下面我们通过举例来了解涨停板背后的秘密。

一、吸筹型涨停

图 9-27 分时图上，股价像台阶一波波地拉升，是主力在测试不同价格区间愿意卖出的筹码的多少。

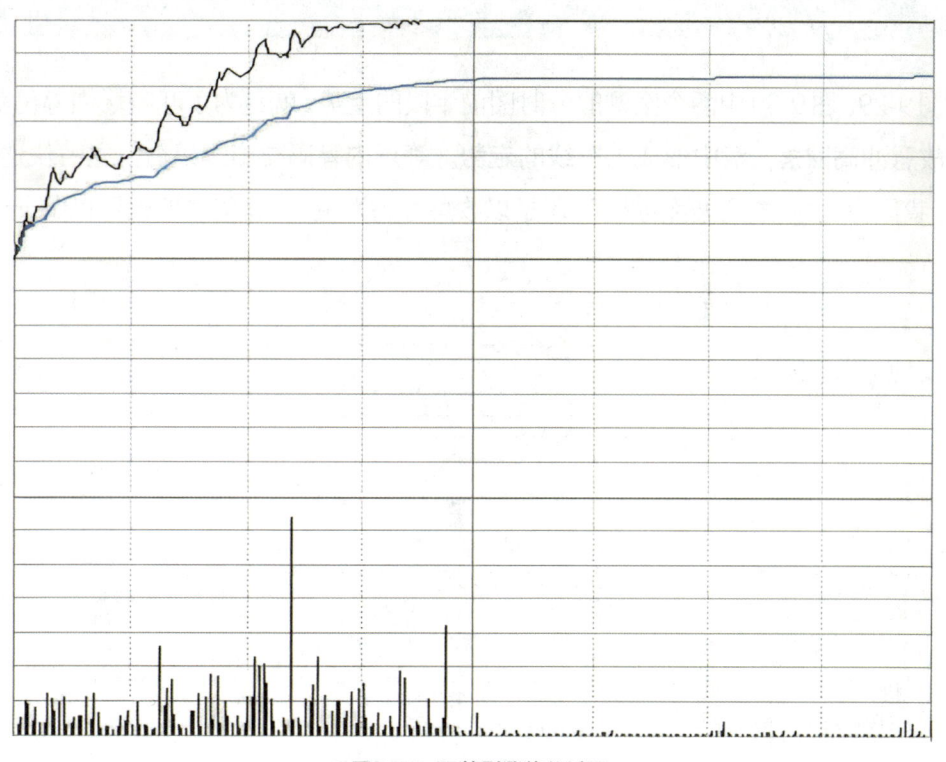

▲ 图 9-27　吸筹型涨停分时图 1

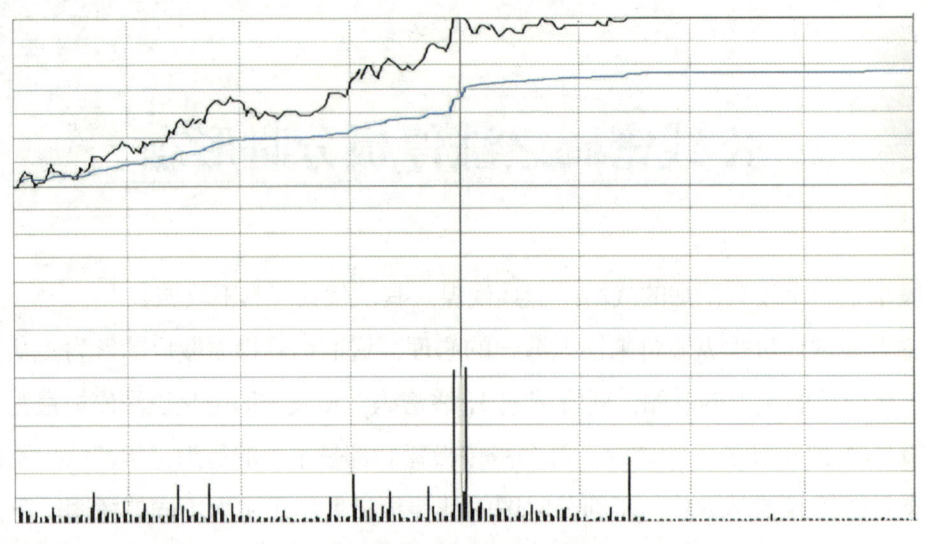

▲ 图 9-28　吸筹型涨停分时图 2

这种类型涨停板通常会放量，一般在上午快要收盘时或者下午刚开盘后不久（见图9-28）。我们叫它"吸筹型涨停板"，是主力的重要成本区间，往往会形成重要的支撑位。龙回头战法、双阳胜阴战法、三日法等经常都会参考吸筹型涨停板的开盘价或者收盘价的支撑，吸筹型涨停可以做一进二。

二、震仓型涨停

图9-29、图9-30中两个案例的分时图前半段的走势，就是为了吓唬场内筹码卖出，所以故意冲高回落，盘中形成上影线的走势。等场内筹码交出筹码后，主力快速拉升封板。我们称之为"震仓型涨停板"，还是以收集筹码为主，震仓型涨停板可以做一进二。

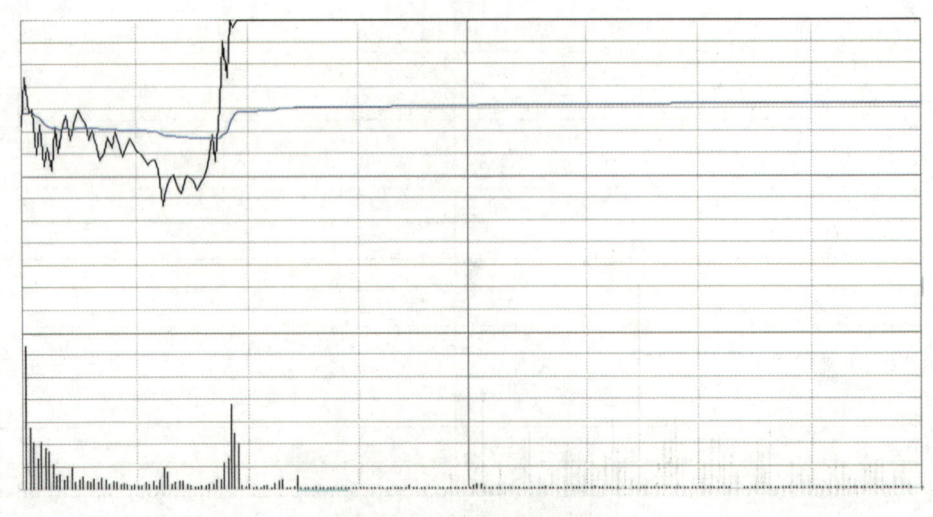

▲ 图 9-29　震仓型涨停分时图 1

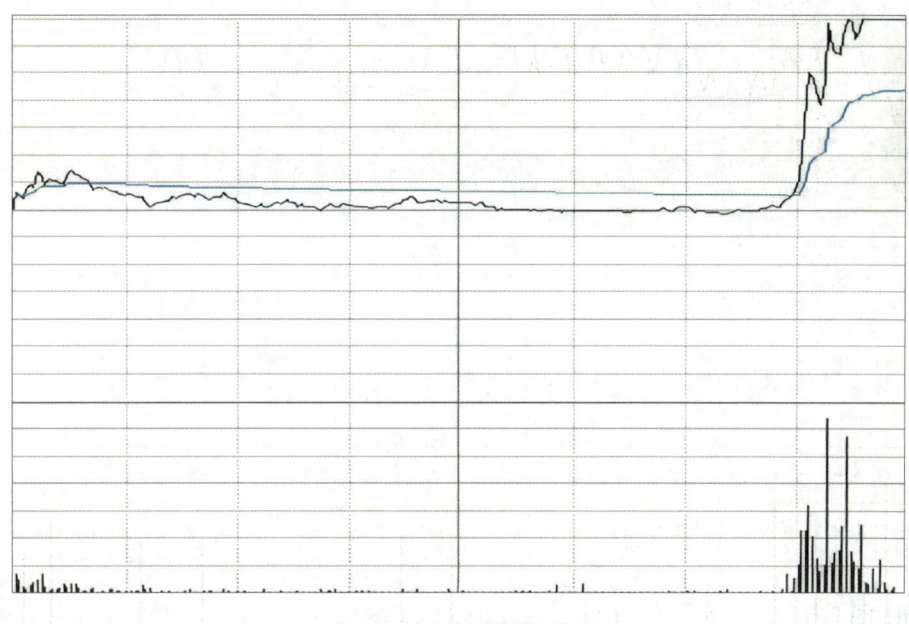

▲ 图 9-30　震仓型涨停分时图 2

三、诱多型涨停

图 9-31、图 9-32 有一个共同点，前半段分时一定是让场外筹码看到了无限希望，产生无限遐想，走势强劲才能吸引场外筹码冲动进场，然后突然放量开板，一口把下方排队的买一、买二、买三吃掉，再次回封，做出强势的走势，吸引更多的跟风盘，这是典型的主力派发行为，这类涨停板一定是放量的。

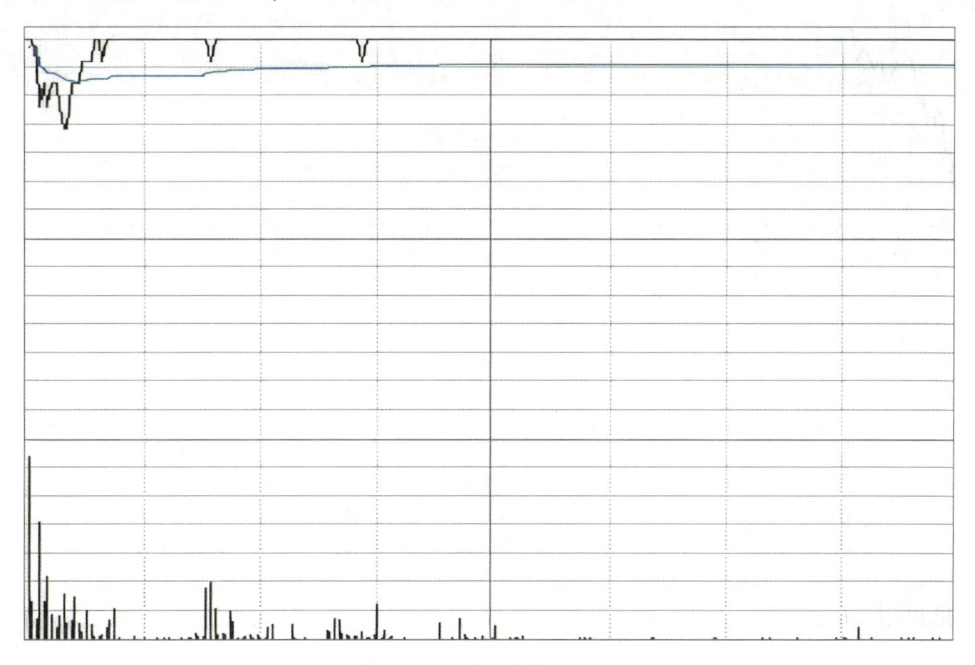

▲ 图 9-31　诱多型涨停板分时图 1

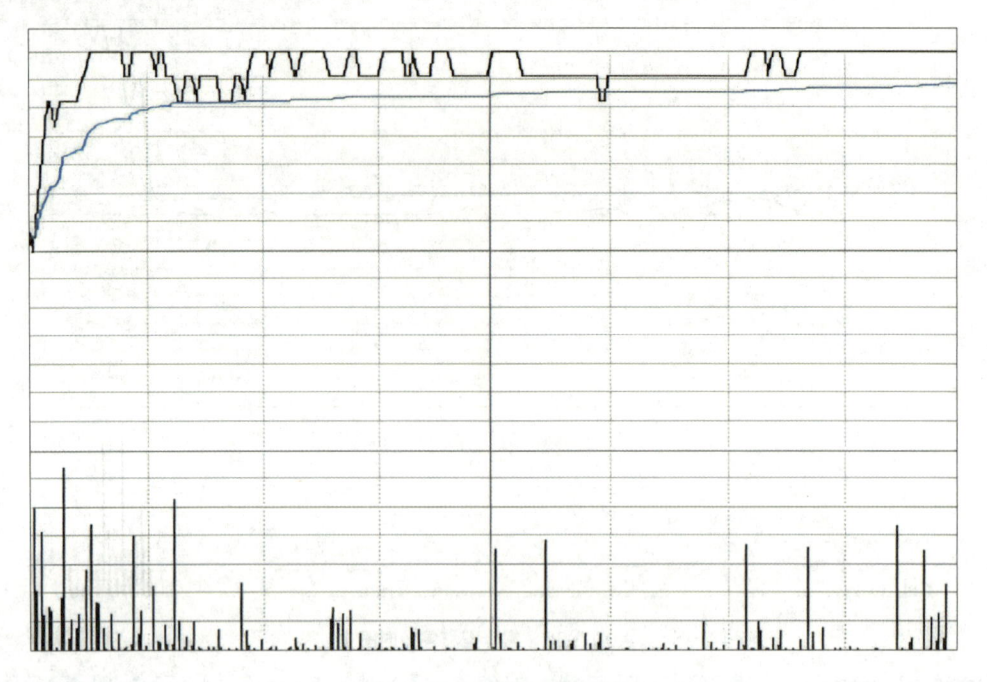

▲ 图9-32 诱多型涨停板分时图2

四、控盘型涨停

以下两种涨停板都叫"控盘性涨停板",股价走出这类涨停板,表明主力早就完成第一步的建仓工作,现在开始加速拉升(见图9-33、图9-34)。

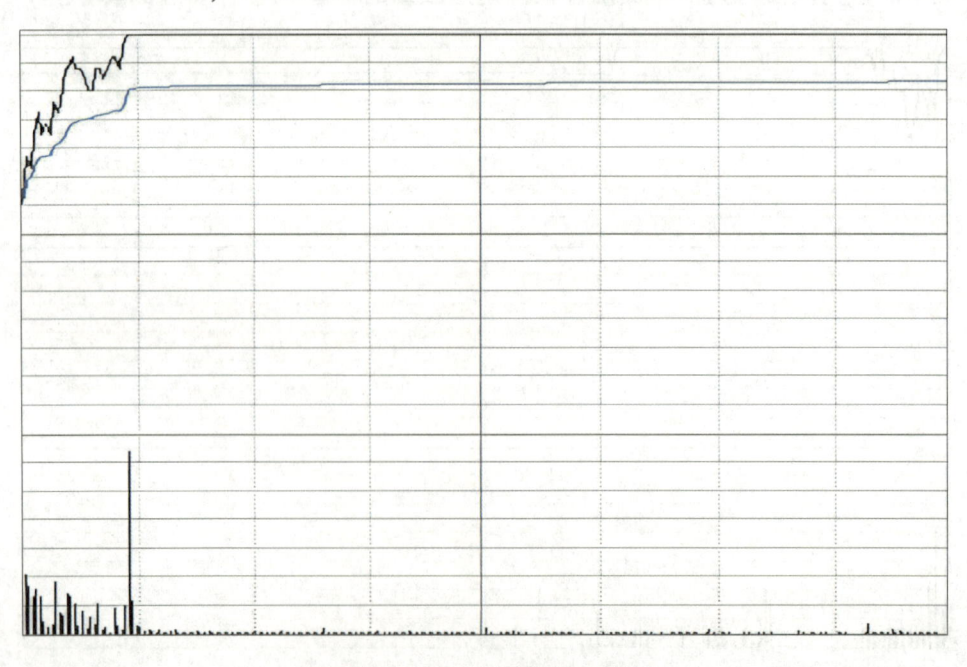

▲ 图9-33 控盘型涨停板分时图1

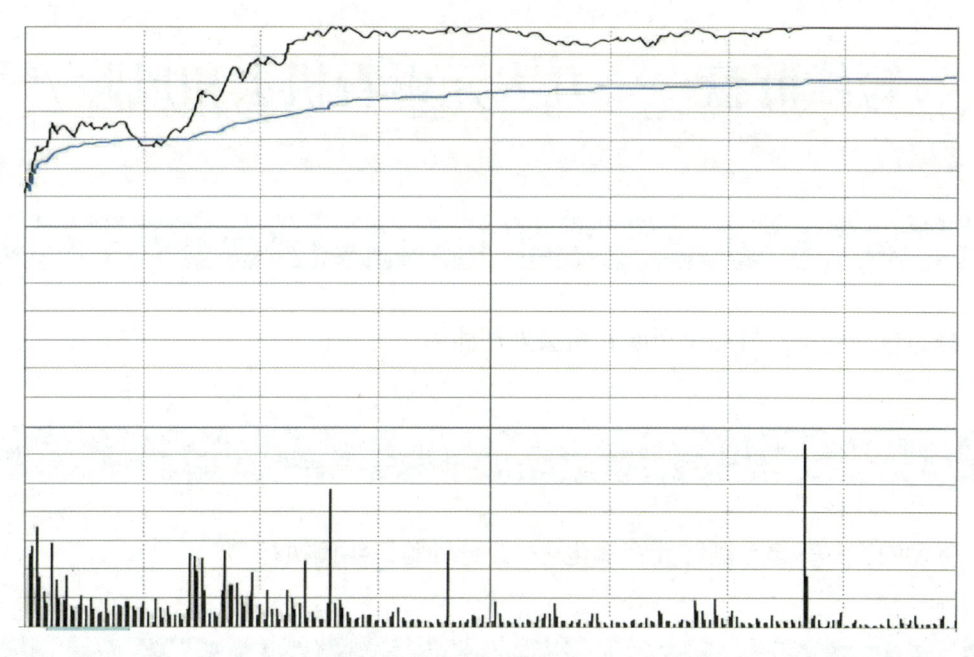

▲ 图 9-34　控盘型涨停板分时图 2

五、总结

　　不同分时类型的涨停板反映了主力的不同意图，预判主力后期的动作，是短线操作的基本功，有时一个涨停板不止一种功能，它可能同时包含吸筹和震仓，想要做到一看便知，需要每天对涨停板进行复盘，培养盘感，这是操盘手的基本功。等看过上万个涨停板后，哪些板能追、哪些板不能追，便会一目了然。

课后作业

根据涨停板的不同分时形态，各找几个案例学习研究。

短线盯盘——九大元素看机会和风险

一、盯盘的重要性

静态转为动态，盯的是风险和机会处理能力。

二、盯盘的系统框架

复盘内容——集合跟踪元素变化——5 分钟验证纠偏执行。

三、盯盘的内容

❶ 今天的一字板情况。

❷ 核心高标的情况。

❸ 昨天涨停板个股今天的表现。

❹ 昨天连板个股今天的表现。

❺ 今天的跌停股数量。

❻ 昨天跌停股、大面股 10+、炸板股。

❼ 涨幅 7% 和跌幅 7% 的个股数量比。

❽ 热点板块持续情况。

❾ 板块涨福排名。

四、判断市场情绪、赚亏效应

五、短线看盘界面设计（同花顺）

❶ 自选板块（静态板块）（见图 9-35）。

(1) 周一连板——周五连板。

(2) 强势阵营股宝。

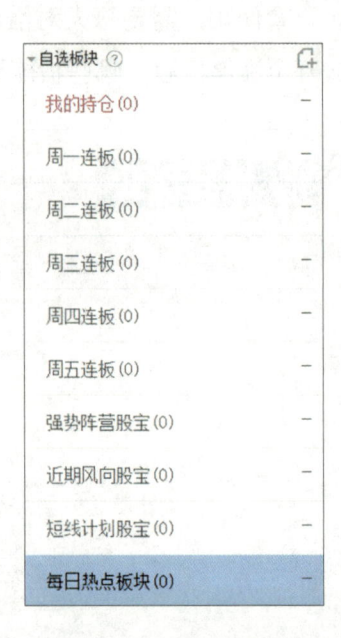

▲ 图 9-35　自选板块盘面设计

(3) 近期风向股宝。

(4) 负反馈标观察。

(5) 短线计划股宝。

(6) 每日热点板块。

❷ **动态板块（实时更新）**（见图 9-36）。

(1) 今天一字板情况。

(2) 今天涨停数量。

(3) 今天连板数量。

(4) 今天 20% 数量。

(5) 昨天涨停今天表现。

(6) 昨天连板今天表现。

(7) 今天跌停股数量。

(8) 今天跌幅 10% + 数。

(9) 昨天跌停股。

(10) 昨天跌幅 10% + 数。

(11) 炸板股今天表现。

(12) 今天炸板股数量。

(13) +7% 的数量。

(14) -7% 的数量。

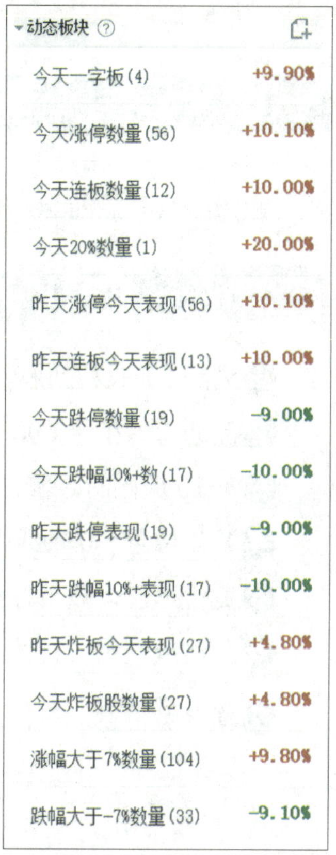

▲ 图 9-36　动态板块盘面设计

超短线首板战法

一、攻击目标

超短线（早盘前 20 分钟进，第二天冲高走，低位吃肉）。

二、战法要点（见图 9-37）

❶ 剔除 ST 股和新股。

❷ 流通市值小于 100 亿元。

❸ 3~10 天内有过涨停。

❹ 开盘位置：0 轴线上下浮动 1~2 个点。

❺ 竞价形态：竞价控盘下拐幅度不能超过 1 个点。

❻ 分时成交量：拉伸量 > 砸盘量的 1.5 倍。

❼ 集合竞价量：竞价量不能超过整体量的 $\frac{2}{3}$。

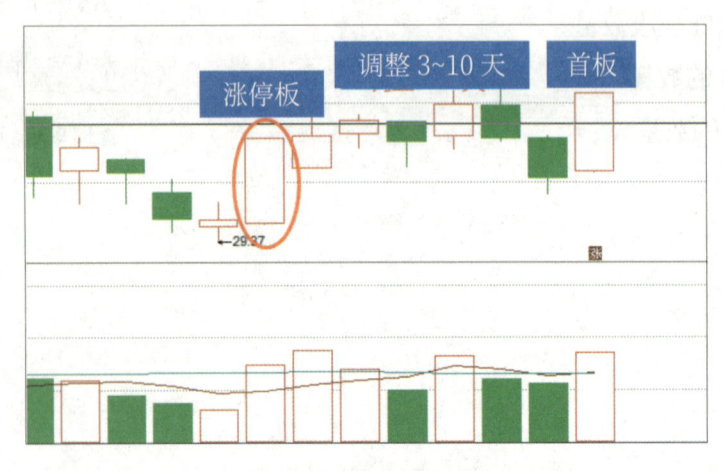

▲ 图 9-37 超短线首板战法

三、买点

买入：水下上冲幅度 >3 ~ 4 个点。

水上上冲幅度 >2 ~ 3 个点。

龙头首板战法

战法要素（成功率：96%）

❶ 中低价股+题材=龙。中价股是指 10~20 元附近的标的，低价股是指 2~10 元附近的标的。中低价股是资金的最爱，尤其是游资的最爱，游资的风格是快。

❷ 题材是成为龙的关键。题材能够快速聚集人气、吸引资金。基本面分析、技术面分析也非常重要，但要它们都排在题材的后面，题材是第一生产力。

❸ 要注意题材的影响力、规格、级别。影响力越大，股价上涨持续的时间和空间就越大。

❹ 流通盘在 5 亿~10 亿股最佳。盘子越小越有利于游资的拉抬。

❺ 前十大流通股东，没有大量的基金。

❻ 首板需要涨停来聚集人气。

❼ 指数拐点：一段下跌之后企稳。

❽ 情绪拐点：冰点之后否极泰来。

案例 9-5

首板战法案例如图 9-38 所示。

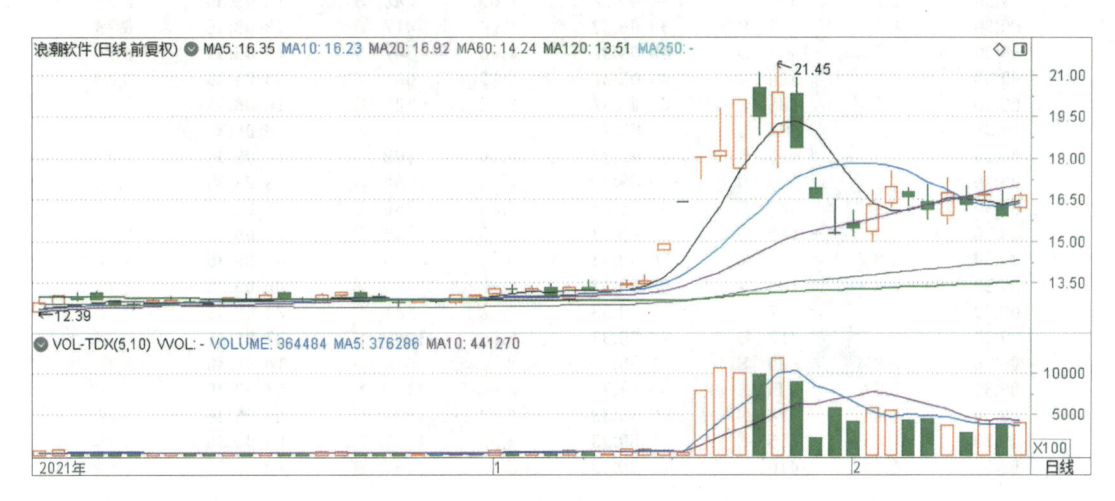

▲ 图 9-38　2021 年 11 月 30 日—2022 年 2 月 18 日浪潮软件股价日 K 线走势

打板战法：连板接力（一进二）

一、极限成交量

要想连板，必须出现一个重要的指标，就是昨日该股涨停的极限成交量（简称"爆量"）。所谓极限成交量，就是昨天该股涨停时一分钟最大成交量（通常是打板瞬间）（如图 9-39 所示）。

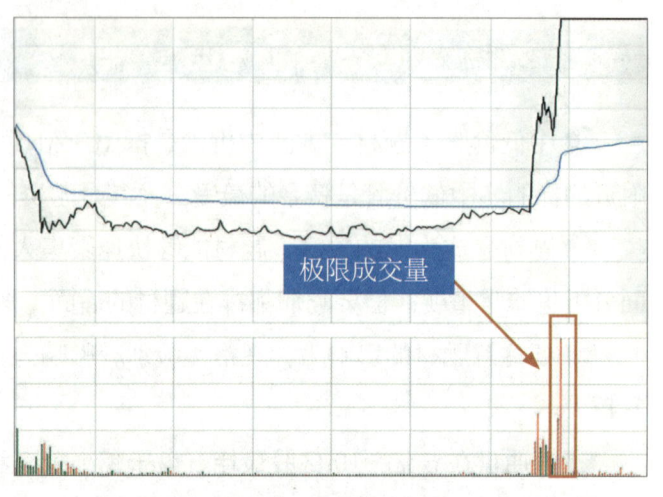

▲ 图 9-39　极限成交量

二、集合竞价成交量

集合竞价成交量是指该股第二日 9:25 集合竞价结束时的成交量（见图 9-40）。

▲ 图 9-40　集合竞价成交量

三、参与价值高低

参与价值高低主要看集合竞价成交量和一板涨停爆量的比例。

❶ 若集合竞价量在一板爆量的 50% 以上但小于首板爆量，则有参与价值。

❷ 若集合竞价量在一板爆量相同水平，或高于一板爆量，在一板爆量的 1.1 倍，则有很高的参与价值。

❸ 若集合竞价量大于一板爆量的 1.2 倍，则有超高的参与价值。

四、高开幅度

❶ 当股价高开在 5% 以下，竞价成交量放大到首板爆量 40% 以上最佳，容易实现二连板。

❷ 当股价高开在 5% 以上，竞价成交量放大到首板爆量 1 倍以上最佳，容易实现二连板。

五、分时图买入时机

❶ 高开后先小幅上冲，随后逐级回落，不跌破昨日收盘价，且股价回落出现地量之后要出现有力度的反击，快速上穿均价线并站稳，说明该股市场承接力度较强。买入时机：一旦分时出现大单买入，需及时上车。

❷ 高开后直接下跌，且跌破昨日收盘价，则直接放弃，说明该股承接力较差。昨日打板的资金在不计成本地出逃，且该股承接的资金力量较弱，承接不住，所以股价节节败退。

龙头战法：地天板（22厘米）

一、三类地天板出现情况（见图9-41）

❶ 情绪超级冰点时期；

❷ 龙头连板股被监管；

❸ 板块大涨，龙头股却出现跌停板。

二、情绪超级冰点时期

情绪超级冰点时期，是指市场上的连板股非常少，下降到只有3~4只，市场情绪降到了冰点，此时游资往往会打造一些标志性的个股，以带动短线情绪。情绪超级冰点时期就是近期强势龙头股的反包机会（见表9-2）。

表9-2　2022年9月5日—9月19日A股连板个股

2022年9月5日—19日					
9月5日	9月6日	9月7日	9月8日	9月9日
天顺（3B）	天顺（4B）	天顺（5B）	天顺（6B）	天顺（7B）
传艺（3B）	传艺（4B）	传艺（5B）	粤宏远（5B）	博深（3B）
绿康（2B）	绿康（3B）	绿康（4B）	德邦（4B）	中百（4B）
粤宏远（2B）	粤宏远（3B）	粤宏远（4B）	安凯（2B）	润贝（2B）
贝肯（1B）	贝肯（2B）	贝肯（3B）	中百（1B）	民生（1B）
中秋9月10日—12日				
9月13日	9月14日	9月15日	9月16日	9月19日
中百（3B）	中百（4B）	伟隆（3B）	中百地天板	新h联地天板
润贝（3B）	润贝（4B）			
山西路（2B）	民生（2B）			
民生（2B）				
伟隆（1B）	伟隆（2B）			

注：2022年9月9日天顺股份上7连板后，市场高度板只有3~4板，情绪到了冰点时期。游资闲不住，很多游资的资金有杠杆，杠杆资金是有利息的，所以他们会找近期强势股做阴线后的反包。

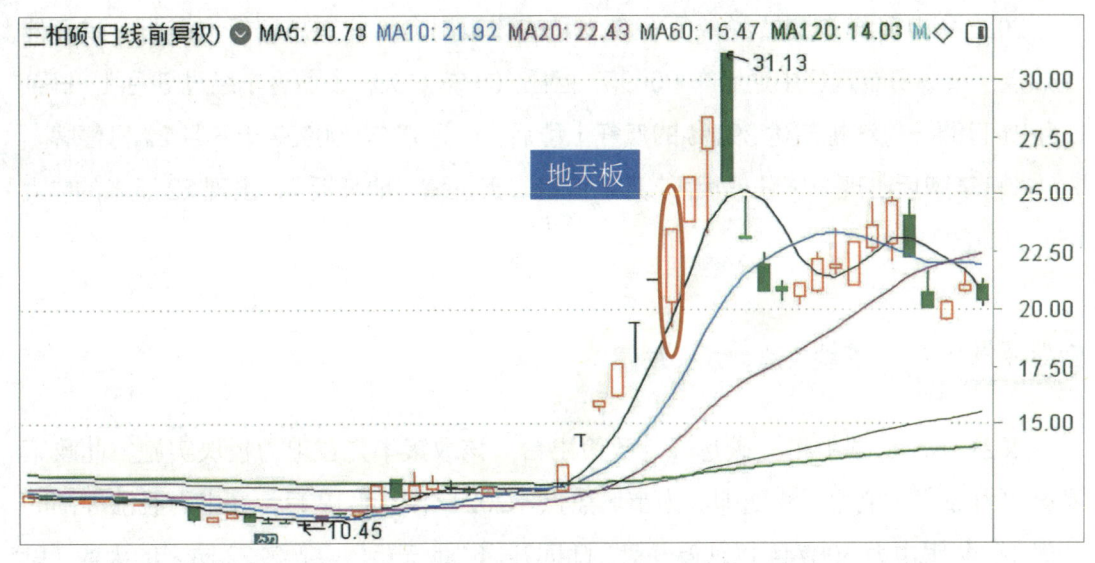

▲ 图 9-41　地天板形态

三、选股标准

① 盘小：流通盘在 5 亿股左右。

② 无基：前十大流通股东没有基金。

③ 股价适中：中价股是指股价在 20 元以内，低价股是指股价在 10 元以内。

④ 近期的涨停板是实体板，不是一字板。实体板：筹码充分换手。一字板：筹码断层，没有换手。

案例 9-6　龙头连板股被监管

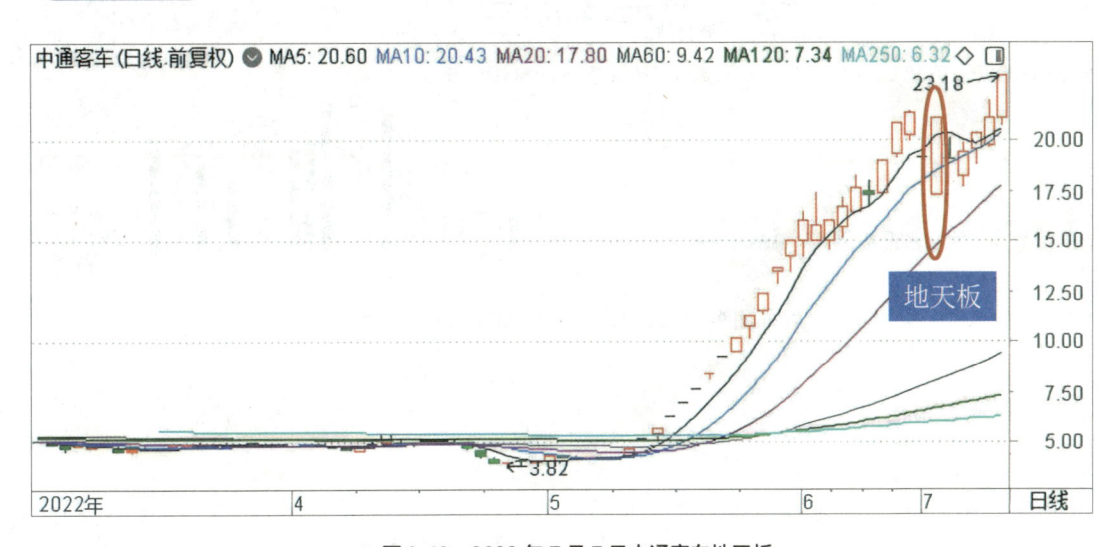

▲ 图 9-42　2022 年 7 月 7 日中通客车地天板

2022年5月汽车购置税减免600亿元的政策出台，此消息利好汽车股。政策催生热点，市场资金选择中通客车000957担任汽车总龙头。中通客车经过5月13日至6月21日的一轮涨幅高达391%的疯狂上涨后，中通客车000957于6月22日停牌。7月6日复牌后出现一字跌停板，7月7日第二天上演"地天板"，出现22厘米的"大肉"（见图9-42）。

案例9-7　板块大涨，龙头跌停

2021年，"碳中和+碳达峰"政策出台，该政策率先在电力板块实施。此政策利好电力板块，电力板块随即成为市场热点。2021年3月19日，在电力股涨停潮的背景下，华银电力600744以跌停开盘，随即开启"地天板"，上演22厘米的大戏（见图9-43）。

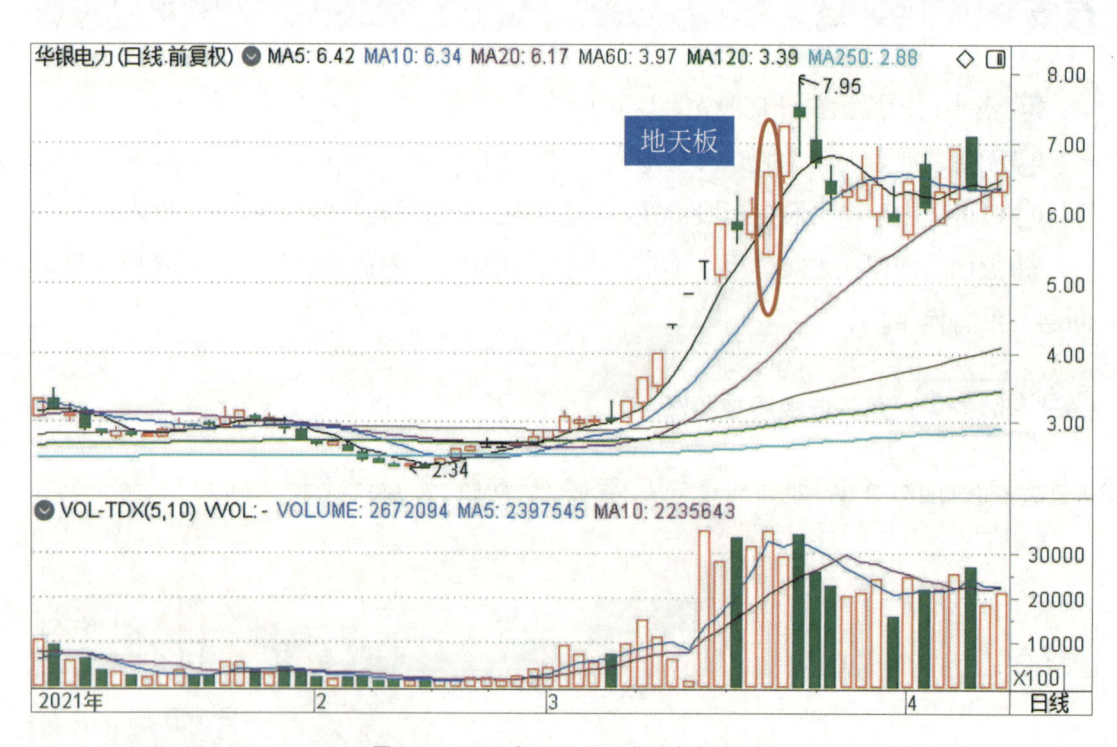

▲图9-43　2021年3月19日华银电力地天板

板后倍量阴

一、攻击目标

阴线后的反包（见图9-44）。

二、战法要点

❶ 涨停时，没有明显放量，说明主力高度控盘。

❷ 阴线时，成交量是涨停的两倍及以上，越大越好。

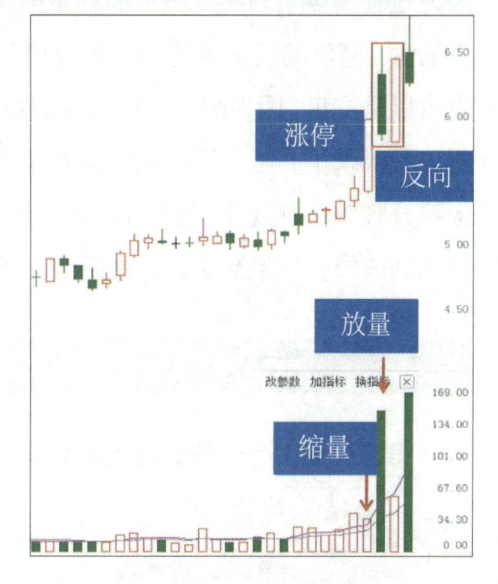

▲ 图9-44 板后倍量阴形态

三、买点

❶ 前提：早盘9:15—9:25集合竞价阶段，出现"一气呵成"或者"缓慢上攻"竞价模式。

❷ 分时图找买点3种方法：

(1) 高开后先小幅上冲，随后逐级回落，不跌破昨日收盘价，且股价回落之后要出现有力度的反击，快速上穿均价线（黑底黄线、白底蓝线）并站稳（回调不破）说明该股承接力度比较强。买入时机：一旦分时明细出现大单（红色数字）买入，需要及时上车（买入）。

(2) 高开后先小幅上冲，随后小幅回落，在均价线附近获得支撑一旦分时明细出现大单买入，需要及时上车（买入）。

(3) 小幅低开（-3%）后，随后即时价位线（黑底白线、白底黑线）要出现急速拉升，股价快速翻红，说明主力逢低疯狂抢筹码，坚决做多，随后小幅回落，在均价线附近获得支撑，一旦分时明细出现大单买入，需要及时上车（买入）。

缩量阴线风控法

一、原理

主力操盘一般有四大步骤：建仓、洗盘、拉升、出货，缩量只能对应洗盘和拉升，因为建仓需要主力买，出货需要主力卖，一买一卖都需要主力放量，所以当天比前一天缩量，意味着当天只能是洗盘或拉升。一样的思路，阴线可以是建仓，如打压建仓；也可以是洗盘，因为散户看见阴线会难受；阴线还能代表出货，这个不用讲，主力卖了，所以股价跌了。唯一不可能的就是拉升，毕竟 A 股对于大部分散户朋友来说，只能向上拉升赚钱，那就不可能是阴线。所以缩量阴线只能代表主力在洗盘，而且是洗盘没有达到效果。如果当天是缩量阴线，那么第二天盘中大概率还要跌。

二、验证标准

第二天盘中至少跌破当天收盘价（见图 9-45）。

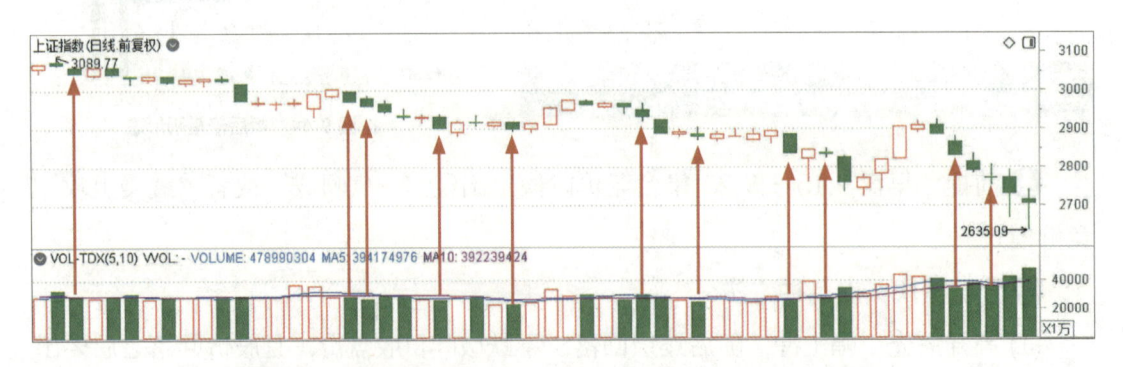

▲图 9-45　2023 年 11 月 20 日—2024 年 2 月 5 日上证指数日 K 趋势

沪指 2023 年 11 月 21 日到 2024 年 2 月 5 日共出现 13 次缩量阴线，第二天盘中下跌 13 次，胜率为 100%。

三、实战意义

知道第二天大概率会跌破当天收盘价，所以当天不抄底，第二天盘中再说，从而达到当天风控的目的。

温馨提示：下跌行情有效性更高，上涨行情慎用。

缩量阳线持股法

一、原理

主力操盘一般有四大步骤：建仓、洗盘、拉升、出货，缩量只能对应洗盘和拉升，因为建仓需要主力买，出货需要主力卖，一买一卖都需要主力放量，所以当天比前一天缩量，意味着当天只能是洗盘或拉升。一样的思路，阳线可以代表建仓、拉升或出货。所以两个叠加，缩量阳线就只能代表拉升，而且没有达到主力的目标价位，否则就会出货，一旦出货，就会放量，所以缩量阳线代表的是主力觉得没有涨完，还要涨。

二、验证标准

第二天盘中至少突破当天收盘价（见图9-46）。

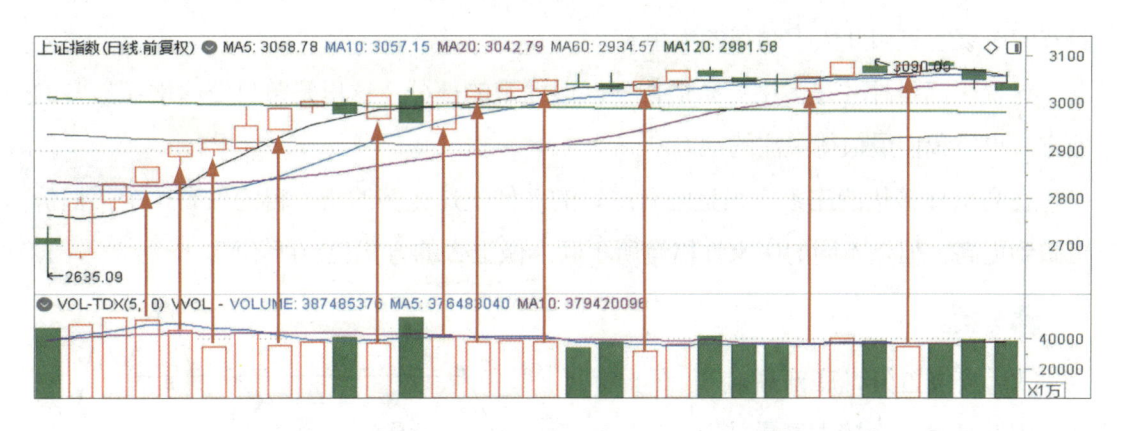

▲ 图9-46　2024年2月5日—2024年3月21日上证指数日K趋势

沪指2024年2月5日到2024年3月21日共出现11次缩量阳线，第二天盘中上涨11次，胜率为100%（注意：只看盘中）。

三、实战意义

知道第二天大概率会突破当天收盘价，所以当天不卖出，第二天盘中拉升再卖，从而达到当天持股的目的。

温馨提示：上涨行情有效性更高，下跌行情慎用。

高量柱战法——攻防实战利器

一、高量柱的生成原理、分类、功能和取用原则

股市是资金推动型的市场，资金在股市的表现形式就是量柱，而资金表现的极致就是"高量柱"，"极致"的东西不是"最好"就是"最坏"。所以"极致"的地方可能就是有转机的地方，也就是关键位置。

❶ 生成原理。

生成原理：根据"卖在买先的规律"，可知"高量柱"的形成一定是有人大量卖出，同时又有人大量买入造成的，它一定是大资金、大庄家的杰作。因为一般散户或大户根本无法在一个交易日里调动如此大量的资金和股票，只有手握巨额资金或持有大量股票的庄家才有如此大刀阔斧的大手笔。

这说明高量柱才是多空搏杀最惨烈、最壮观的部分，这里是单日资金堆积最多的地方，也是我们最值得关注的地方。

在高量柱接货的庄家应该是胸有成竹的，他吃这么多的货，目的只有一个，把价格做到更高。但是不同的庄家性格有所不同，做上去的方式也有所不同。

❷ 分类。

（1）按位置分：底部高量柱、中继高量柱、接力高量柱（接力后以新接力高量柱研判后市，根据股票总量不变原则，高量是筹码转移的象征，所以一般以最近原则取高量顶底做攻防）、顶部出货高量柱。

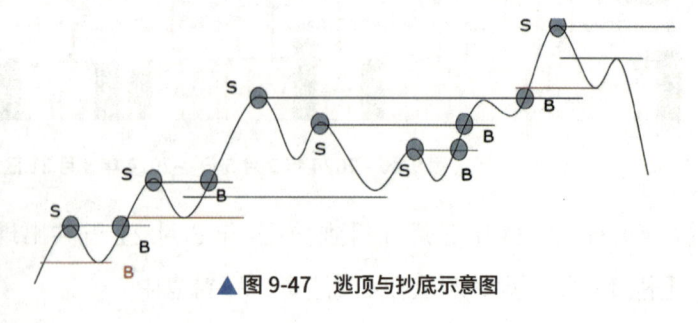

▲ 图 9-47　逃顶与抄底示意图

（2）按特点分：标杆高量柱、梯量高量柱、缩量高量柱、倍量高量柱，最好的是"倍量伸缩高量柱"和"高量缩倍组合"。

（3）补充：凹口高量、凹底高量、中继高量（上升中继、下跌中继），此处重点讲解凹口高量抓主升浪及逃顶方法（见图9-47）。

❸ **功能**。

（1）**抢筹** 拉升前的最后建仓或换庄，庄庄搏杀。

（2）**洗盘** 中继高量柱一般用在拉升过程中的高抛低吸，洗盘前多以梯量柱组合表现出来，牛股的有底洗盘其实都是小金坑，是做 T 的最佳时机。

（3）**测试市场** 高量可以调动人们的卖出欲望，次日缩倍强力休克测试市场抛压，为下一步计划提供可靠的数据。

注意：左证明，右确认。

（左侧倍量伸缩是好票，但需要右侧过顶确认）。

❹ **高量柱取用原则**。

（1）左侧、水平、最近、最高（相对）依序取用。

（2）跳空补空，先者优先原则（量堆合并）。

（3）上行找顶做安全线。先取实后取虚，大阴大阳找二一，真顶假顶找实顶，实顶一过可狙击，开炮之前看量波，精准踩触穿浮才可信。

（4）下行找底做风险线。先取实后取虚，大阴大阳找二一，真底假底找实底，实底一破快平仓，空仓观望待真底，真底高量是信号，等待确认再建仓。

（5）风险线与安全线级别。风险线与安全线最好分三个级别，第一级为日常交易使用，第二级为减仓加仓响应，第三级为平仓与重仓响应。

关键位置量波表现形式展现控盘力度。

踩触悬浮穿（也有真假，结合日线综合研判）（见图 9-48）。

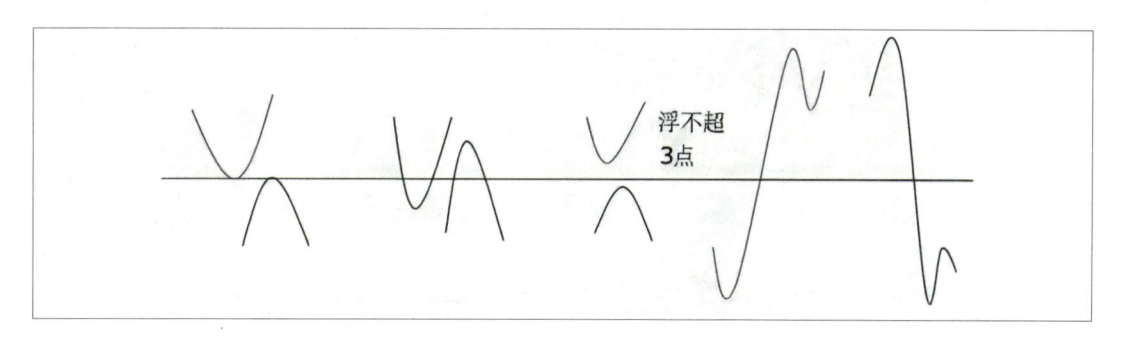

▲ 图 9-48 踩触、悬浮、穿示意图

几遇重要的平衡线：过顶必冲，不过必落；穿底必冲，不穿必上。

口诀：遇顶不过应回落，触顶不穿该上攻；过顶穿底换周期，先小后大看顶底。

战法案例如图 9-49 至图 9-54 所示。

案例 9-8

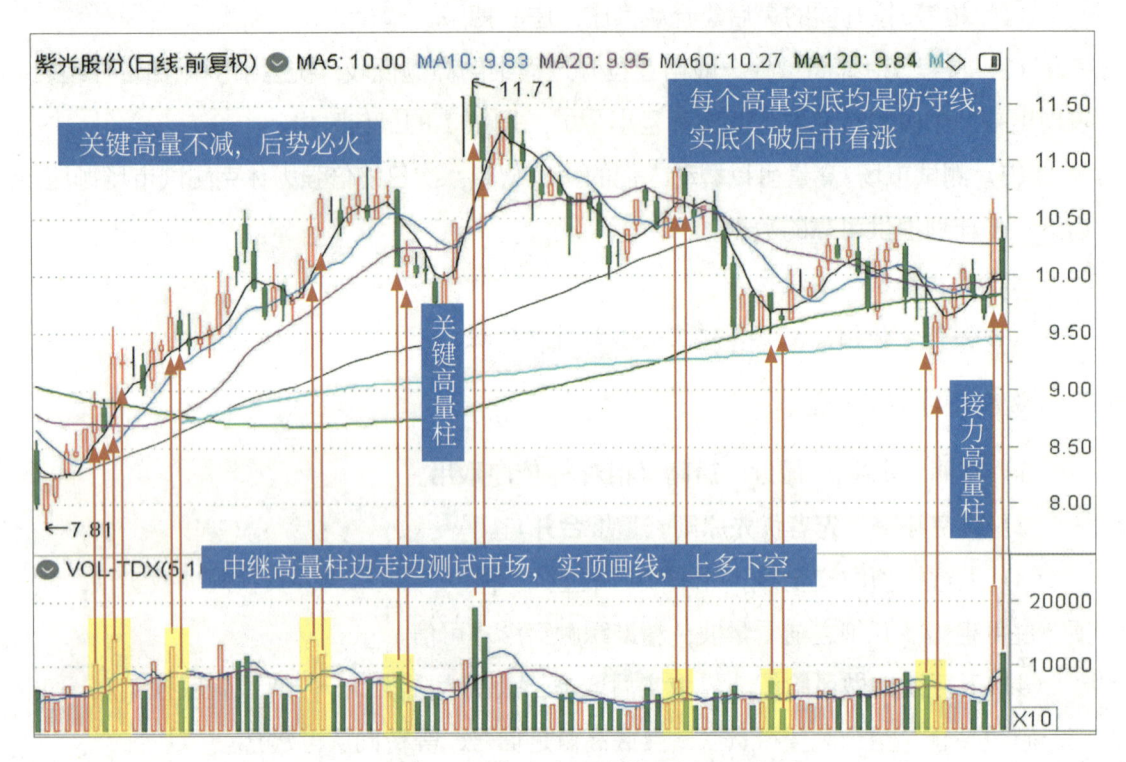

▲ 图 9-49　2014 年 12 月紫光股份高量不破

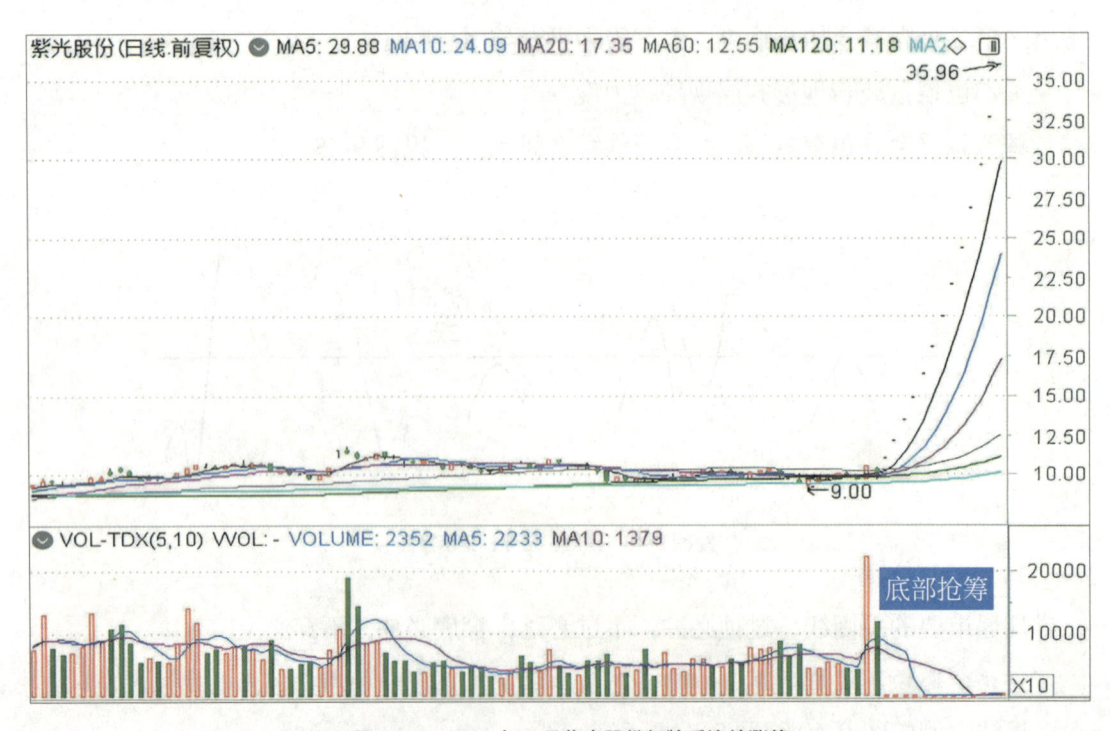

▲ 图 9-50　2015 年 5 月紫光股份复牌后连续涨停

案例 9-9

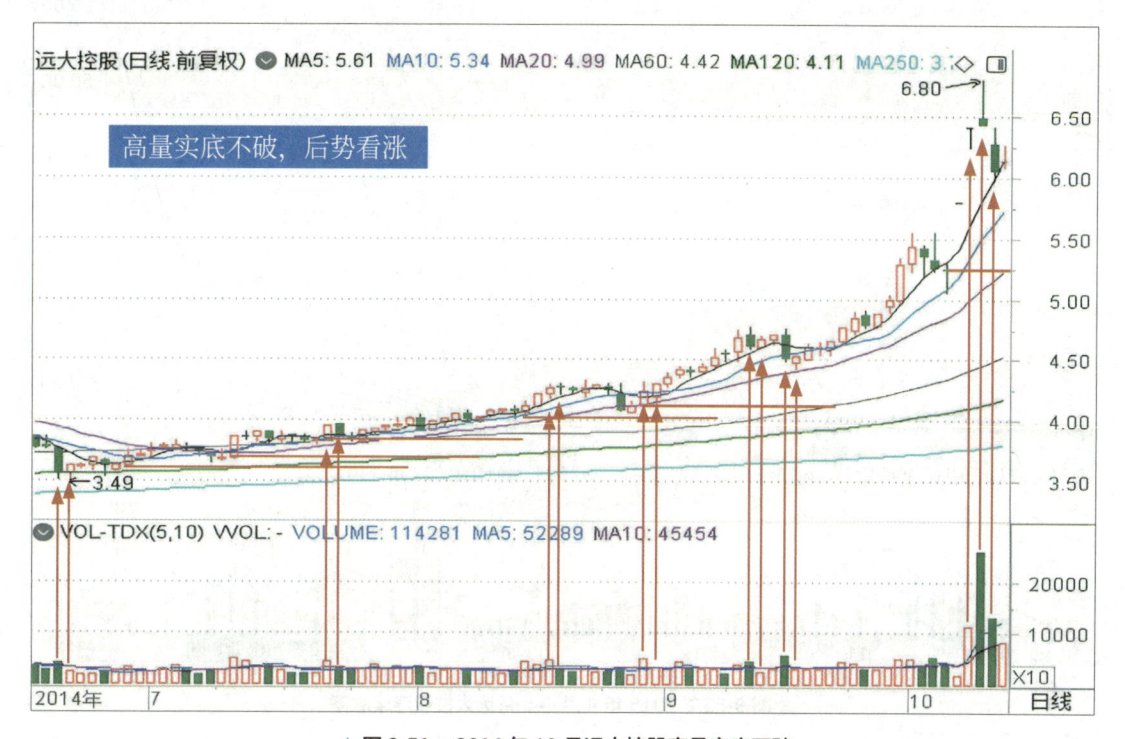

▲图 9-51 2014 年 10 月远大控股高量实底不破

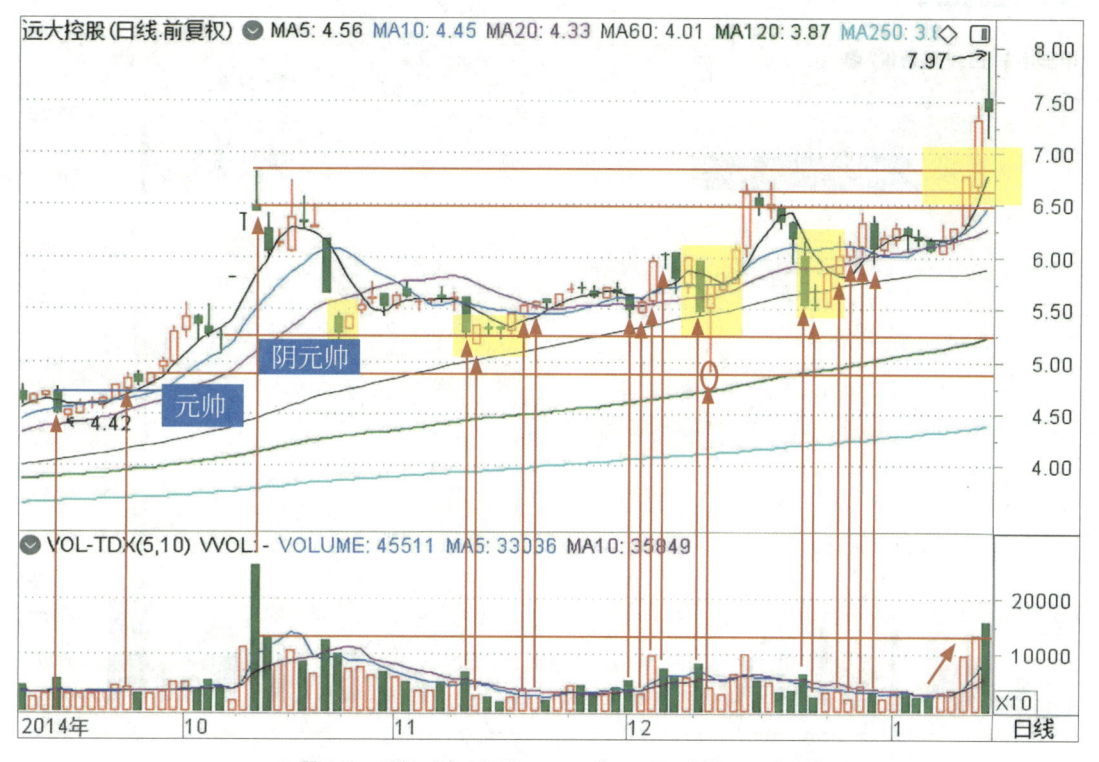

▲图 9-52 2014 年 10 月—2015 年 2 月远大控股一路高涨

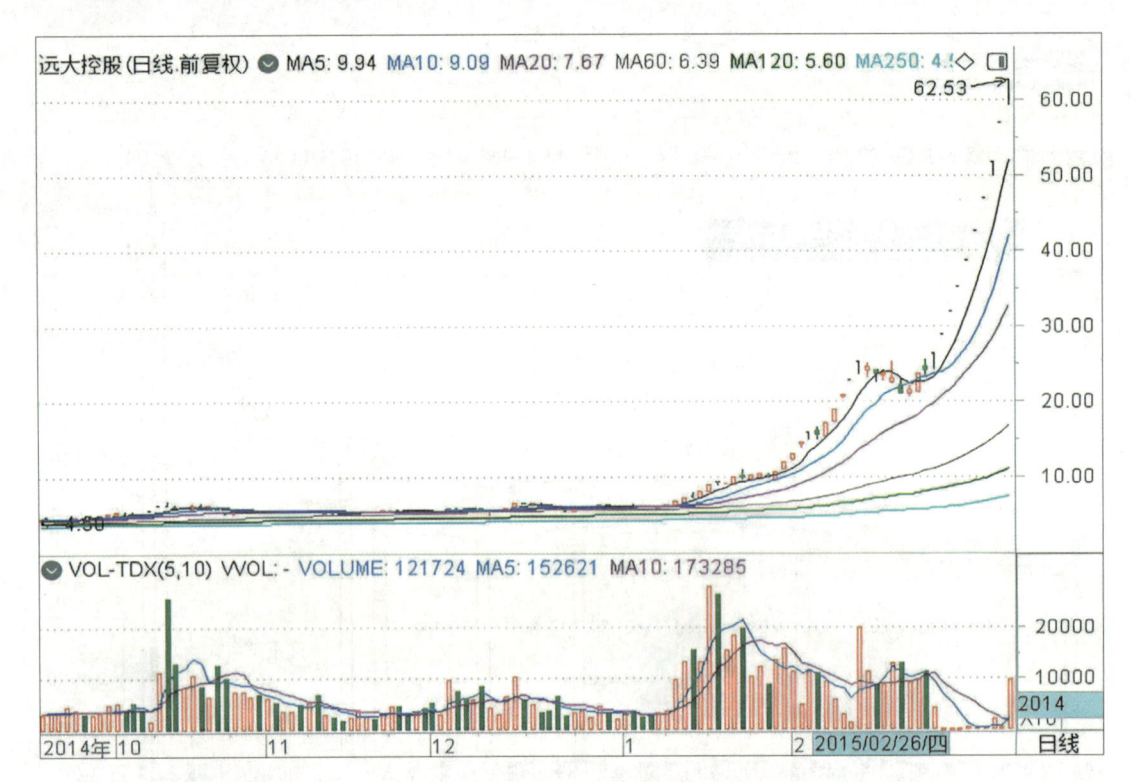

▲ 图9-53　2015年4月—5月远大控股连续涨停

案例9-10

阶段顶出货高量柱

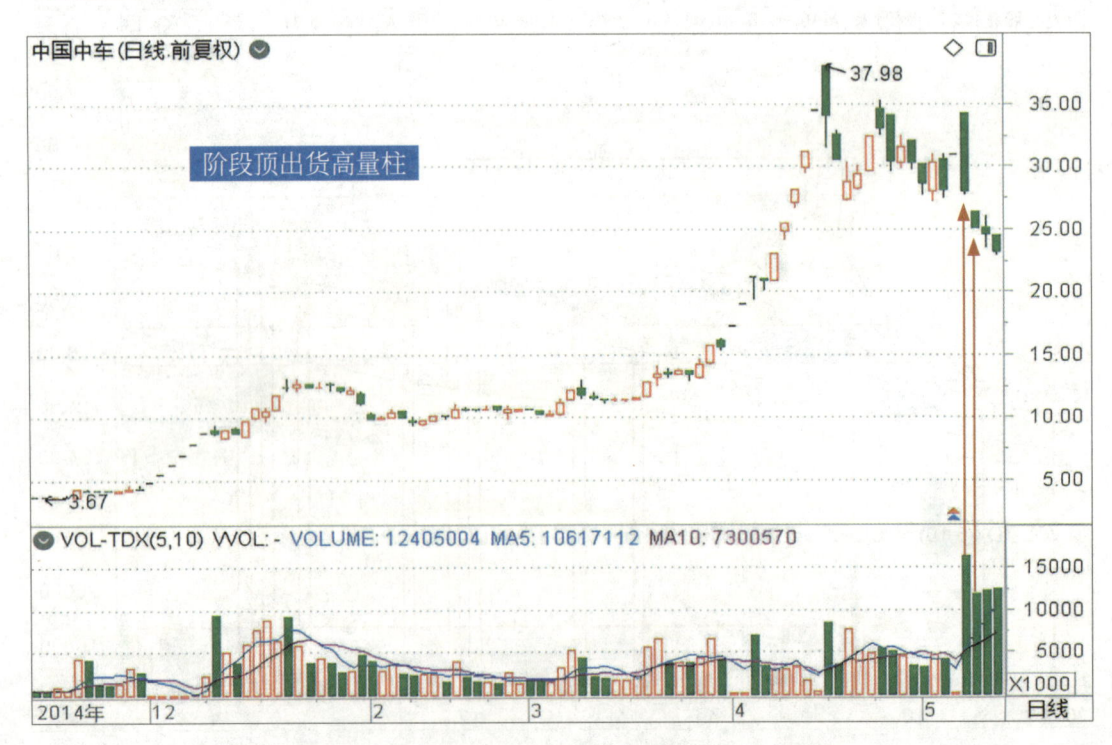

▲ 图9-54　2015年1月—6月中国中车阶段顶出货高量柱

二、高量大牛基本特征

❶ 凹口明显的高量柱加缩倍柱（假阴加真阴，连续三缩视为缩倍）。

❷ 左侧百日低量群，牛股量形及牛股三绝具备。

❸ 左侧有附近有元帅，基因密集最好。

❹ 左侧基因中经常出现高量加缩倍，两组以上好，三组以上更好，说明主力步步为营、志存高远。

❺ 右侧走势有三种。

（1）变态向上（急性子，庄家绝对控盘，强庄）。

（2）标准打劫（刹车换挡加最后一脚，精庄）。

（3）非标准打劫（V形反转及复杂V形反转，狡庄）。

战法案例如图 9-55 至图 9-63 所示。

案例 9-11

▲ 图 9-55　2014 年 4 月—12 月光启技术阶段顶出货高量柱

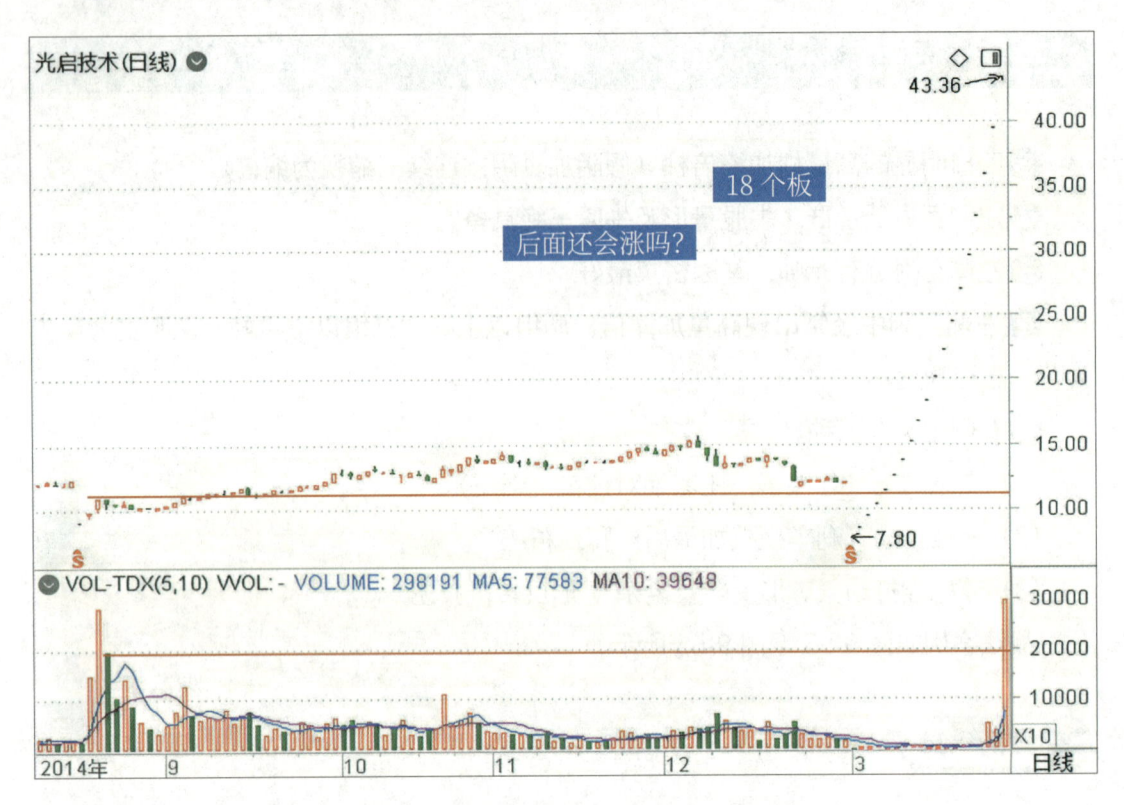

▲ 图9-56　2015年3月—4月光启技术连续涨停

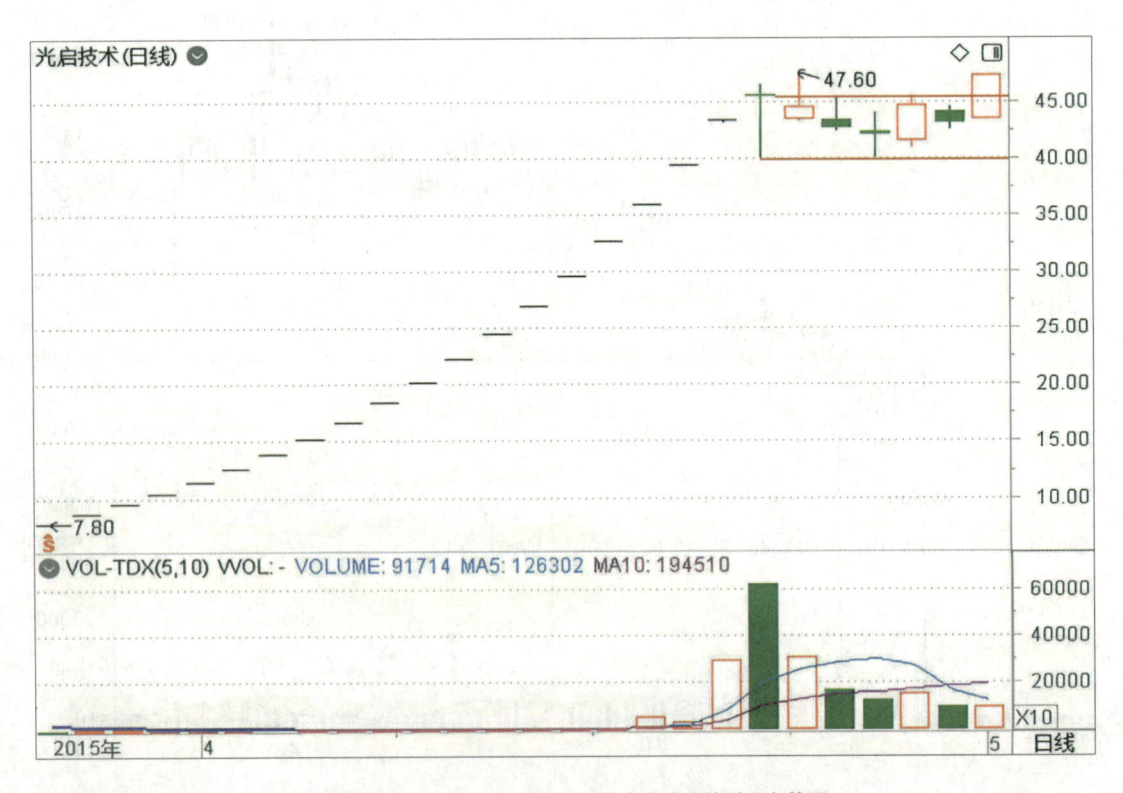

▲ 图9-57　2015年4月底光启技术连续涨停后平台整理

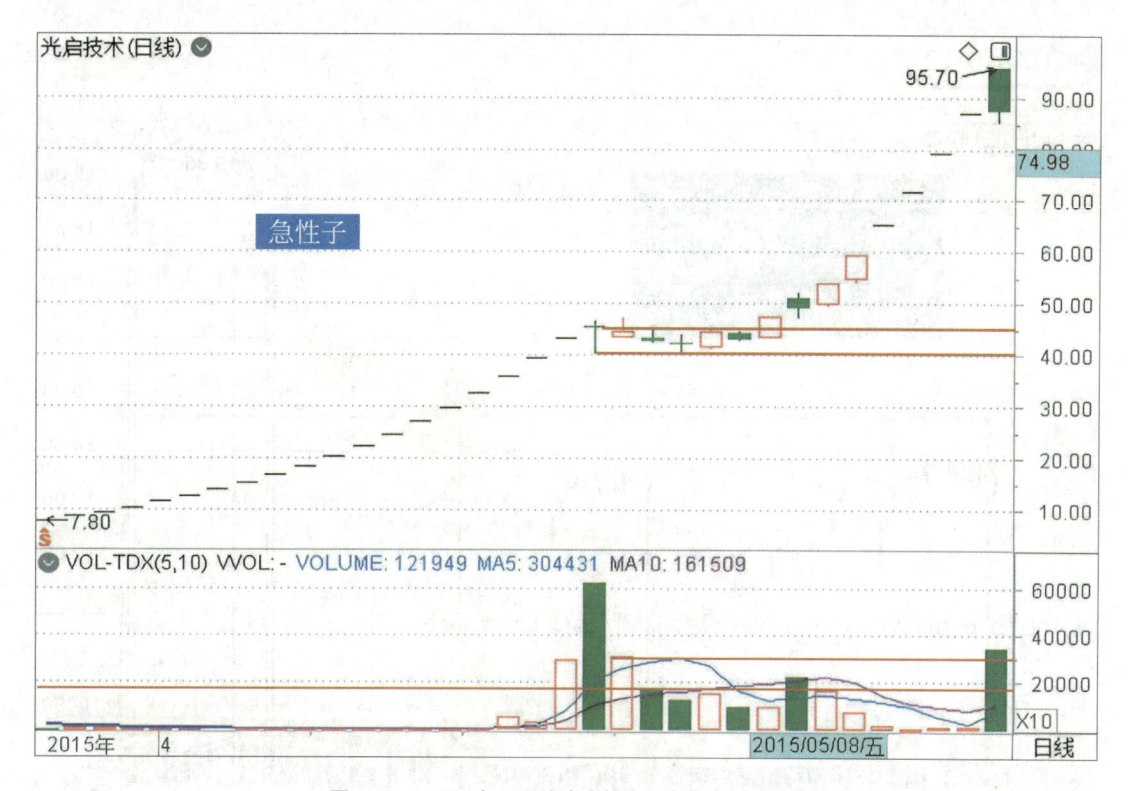

▲ 图9-58　2015年5月底光启技术平台整理后继续连板

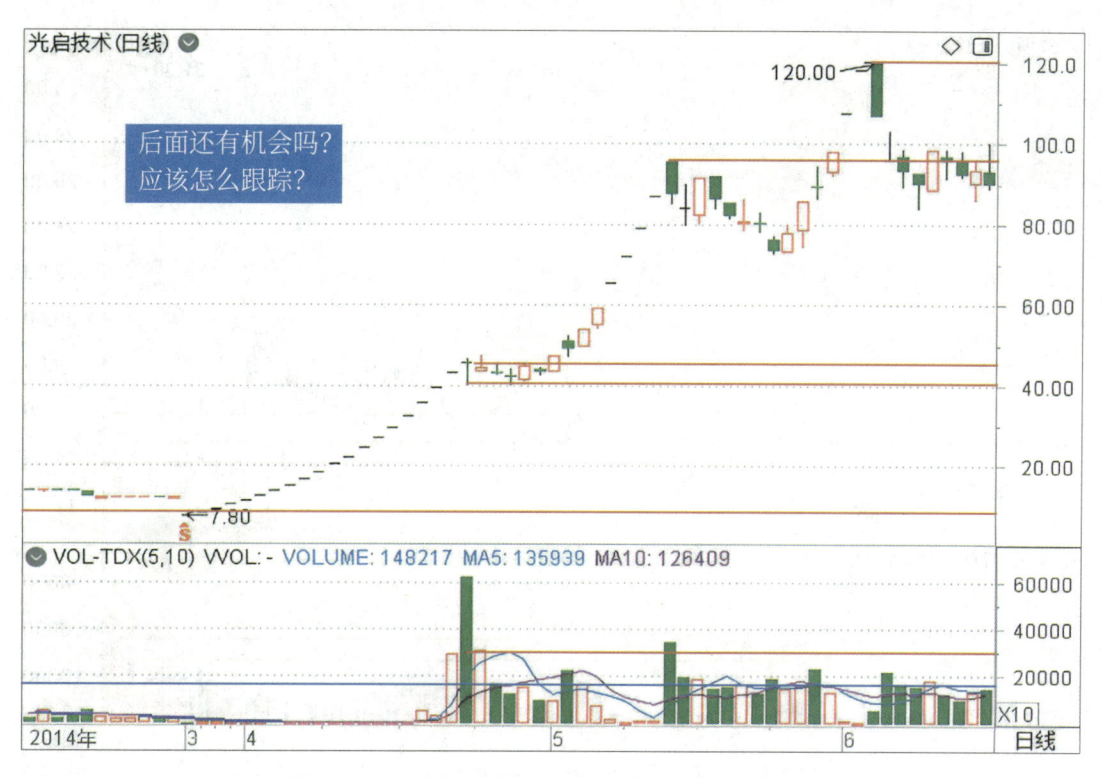

▲ 图9-59　2014年12月—2015年6月底光启技术日K走势

169

案例9-12

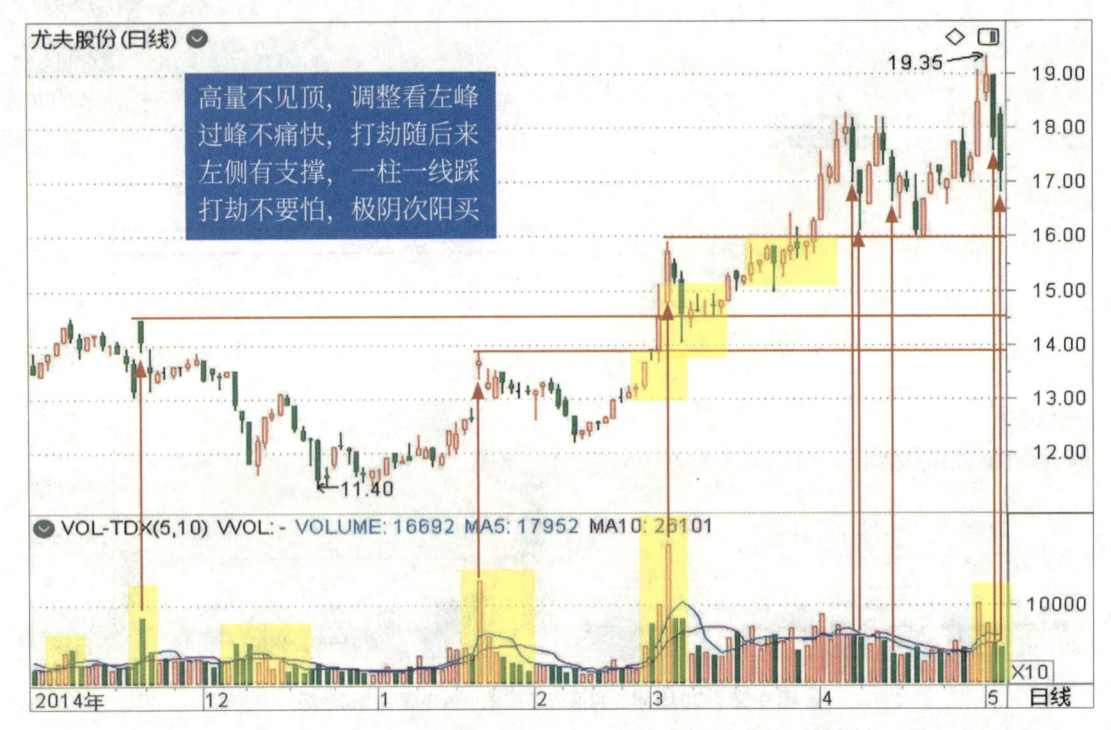

高量不见顶，调整看左峰
过峰不痛快，打劫随后来
左侧有支撑，一柱一线踩
打劫不要怕，极阴次阳买

▲ 图9-60　2014年10月—2015年5月尤夫股份日K走势

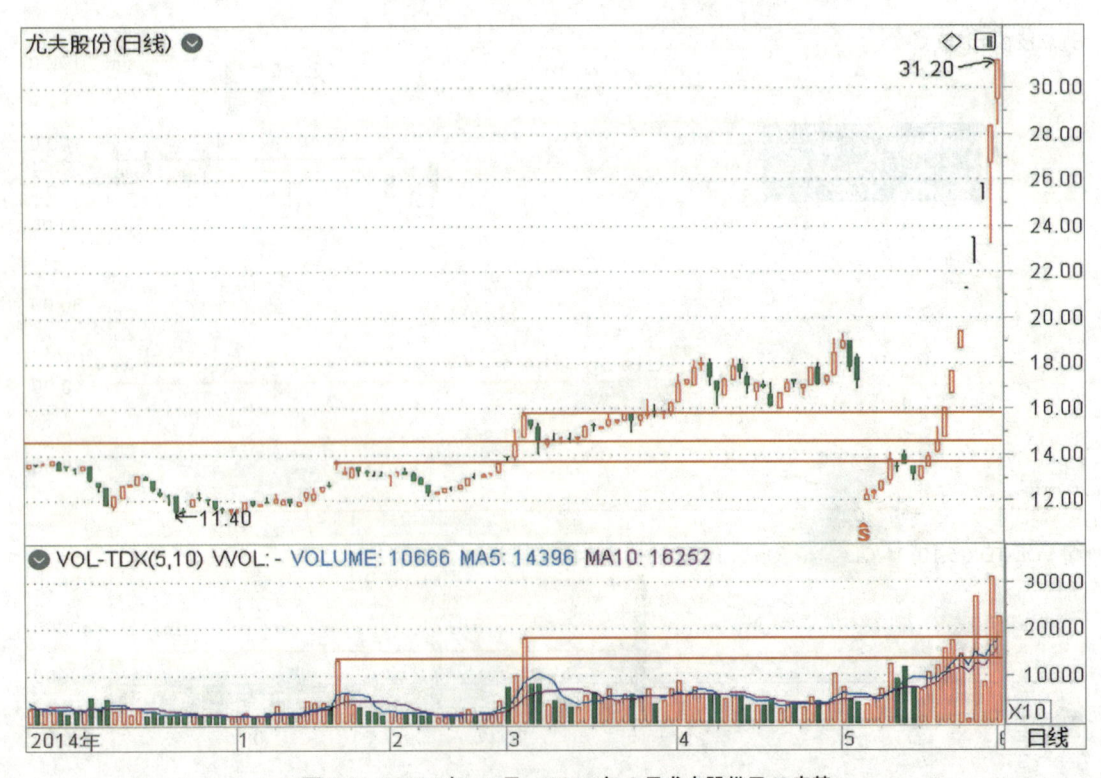

▲ 图9-61　2014年11月—2015年6月尤夫股份日K走势

9 财星专栏

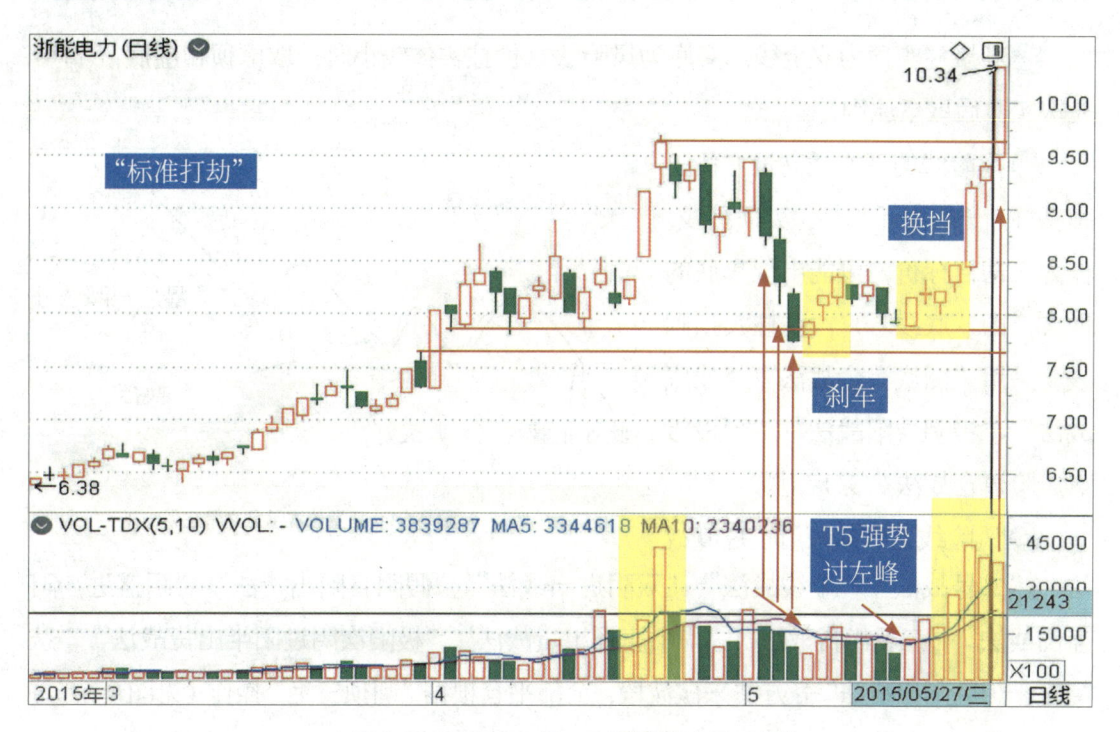

案例 9-13

▲ 图 9-62　2015 年 2 月—5 月浙能电力日 K 走势

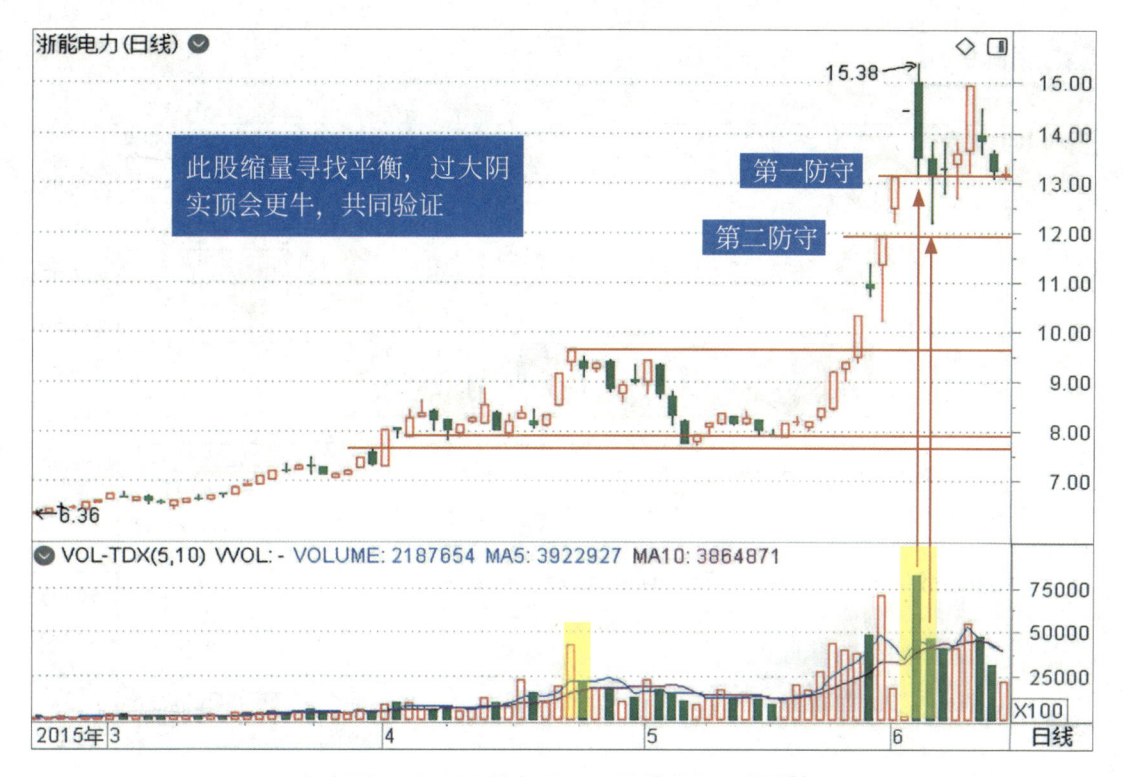

▲ 图 9-63　2015 年 2 月—6 月浙能电力日 K 走势

三、高量柱建仓机会

❶ 高量柱实顶为安全线，实底为风险线（价柱实体较小时，取虚顶和虚底，符合先取实，后取虚原则）。

❷ 风险线的下方找高量左侧王牌基柱（一般为元帅柱，实顶画线，作为打劫目标价，可能出现真底的地方，即"底线"），基柱实顶画线。采用"凹底淘金战法""找底战法""极阴次阳战法""预设极点风险建仓战法"来应对。

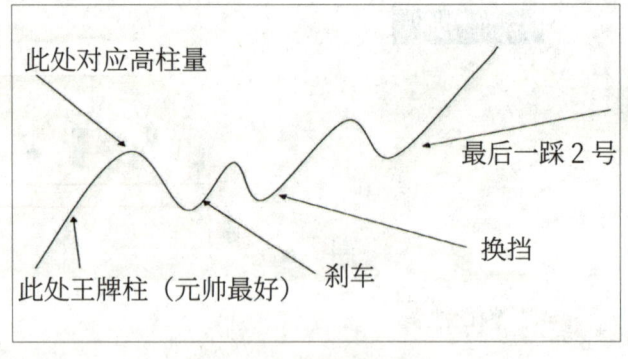

▲ 图 9-64 高量位置示意之精庄

❸ 风险线上方，采用"过峰战法""二号战法""金线战法""双阴进出战法""假阴真阳出货法""阴盛进，阳盛出战法""三毛出货战法""华山旗杆出货战法""极阳次阴过阳半出货战法""悬阴三一阴胜阳出货法"等方法来做波段，全部平仓根据"判顶三绝"操作（见图 9-64）。

战法案例如图 9-65 至 9-81 所示。

案例9-14

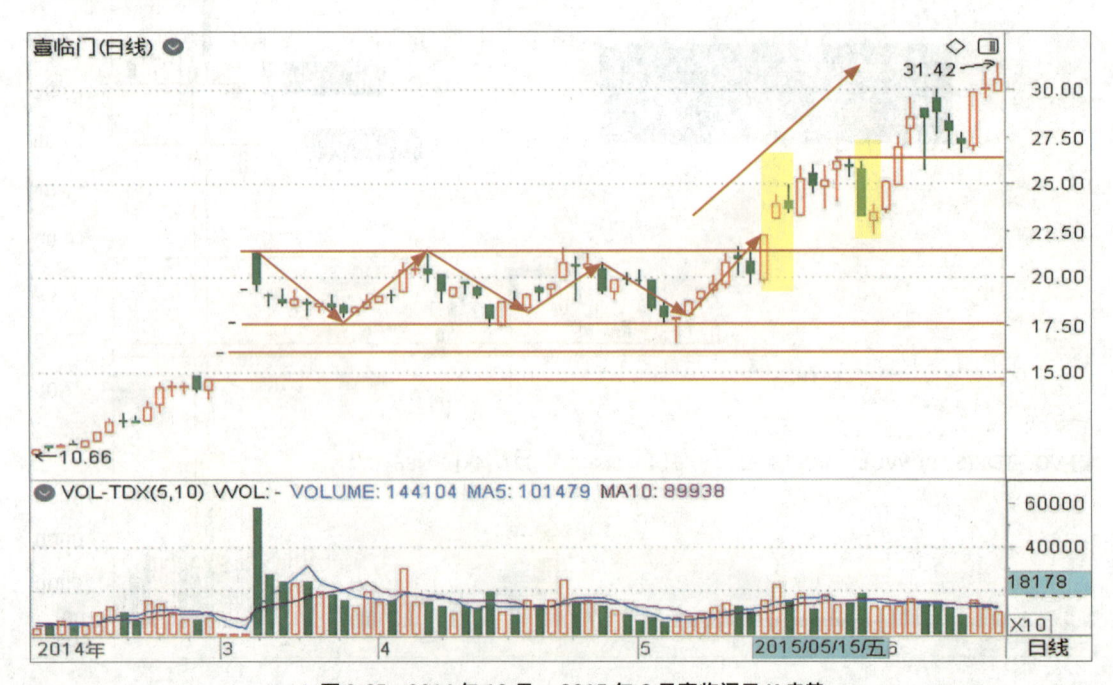

▲ 图 9-65　2014 年 10 月—2015 年 6 月喜临门日 K 走势

案例9-15

▲ 图9-66　2014年12月—2015年5月涪陵榨菜日K走势

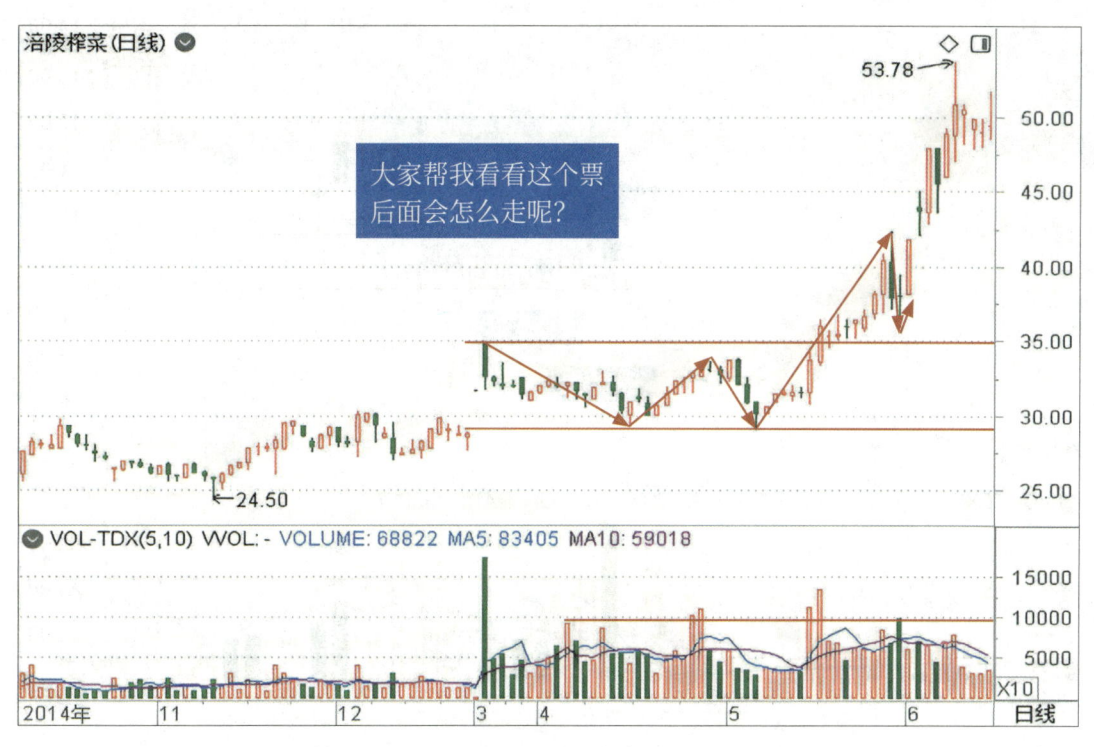

▲ 图9-67　2014年10月—2015年6月涪陵榨菜日K走势

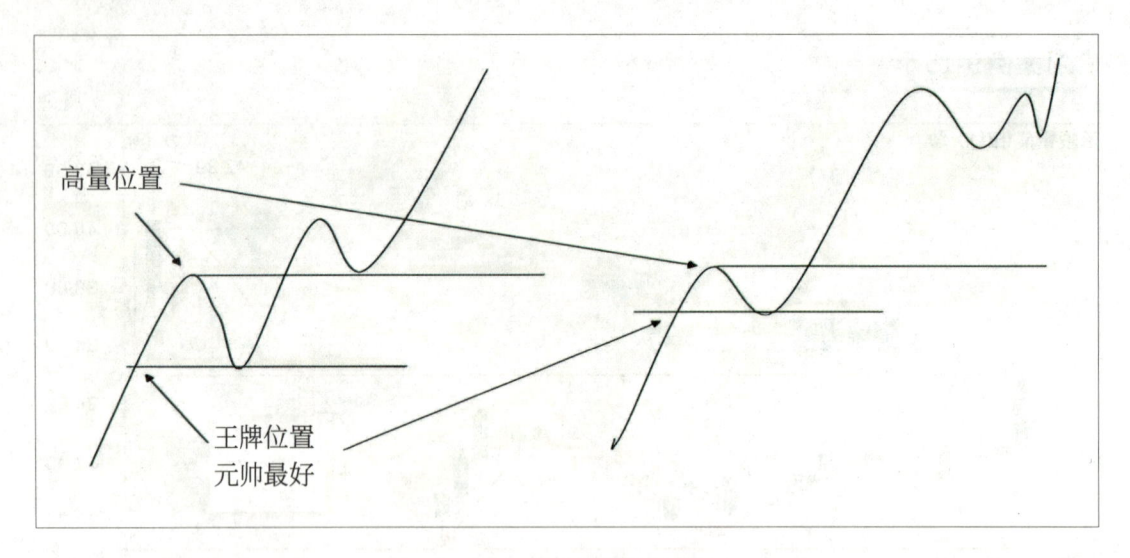

▲ 图 9-68　高量位置示意之强庄 1

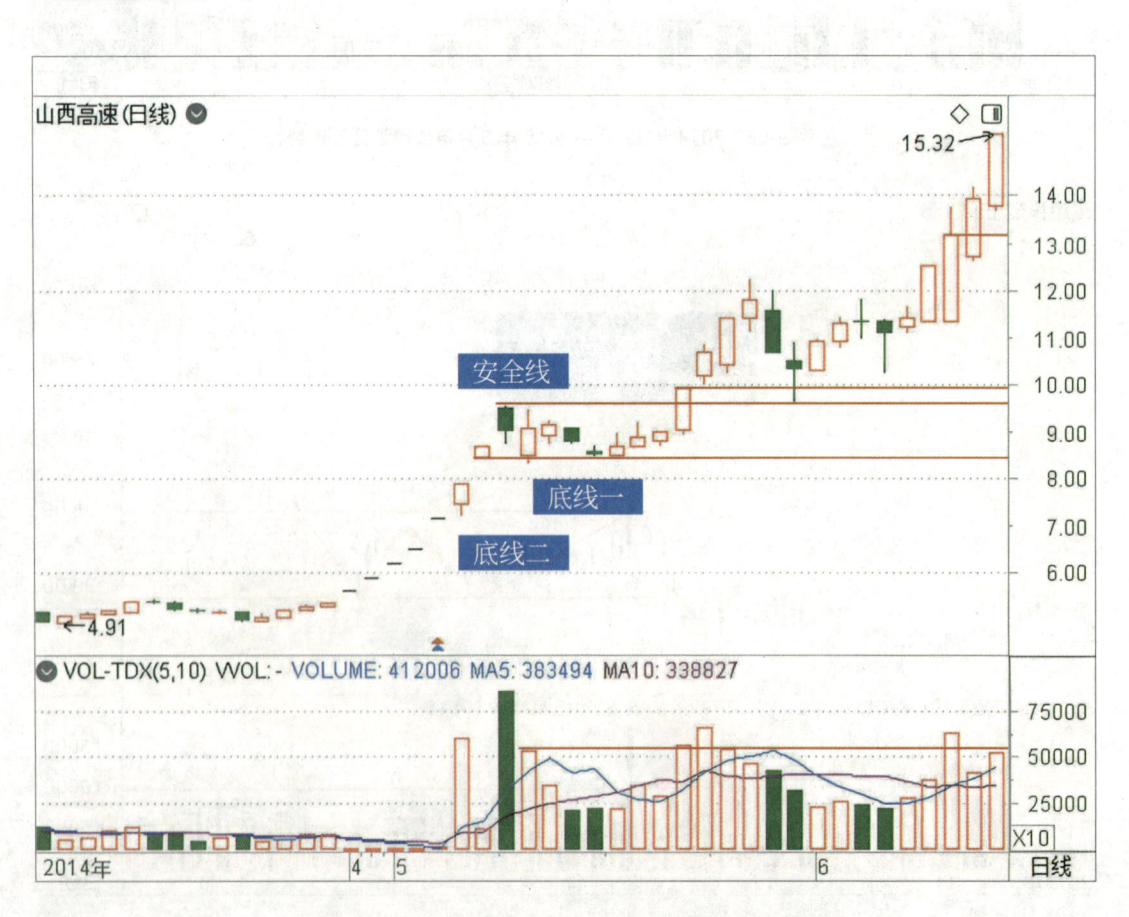

案例9-16

▲ 图 9-69　2014 年 12 月—2015 年 6 月山西高速日 K 走势

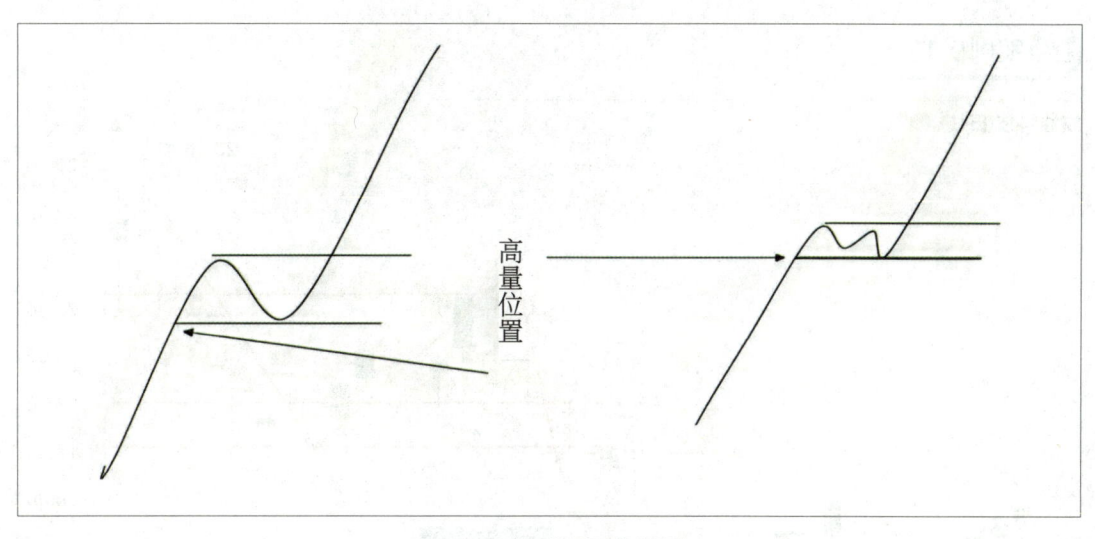

▲ 图 9-70　高量位置示意之强庄 2

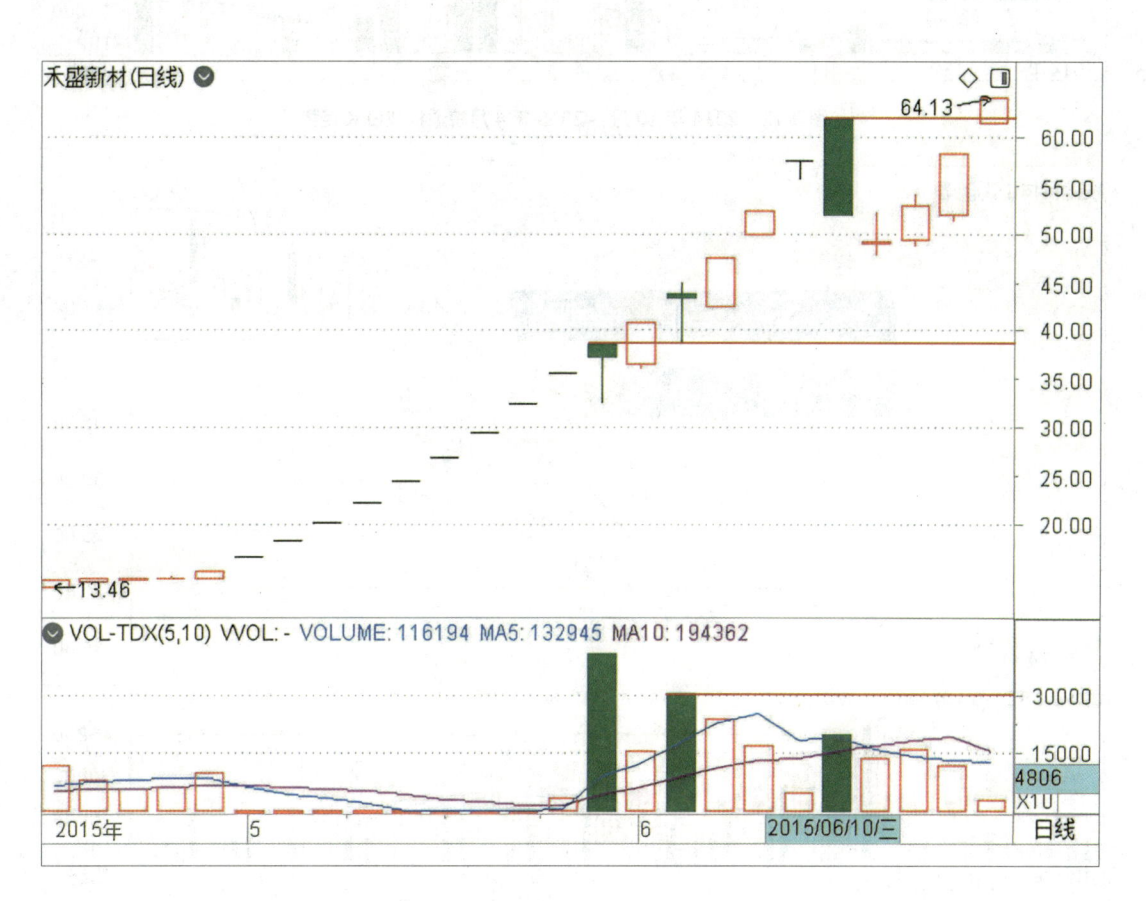

案例 9-17

▲ 图 9-71　2015 年 3 月—6 月禾盛新材日 K 走势

案例9-18

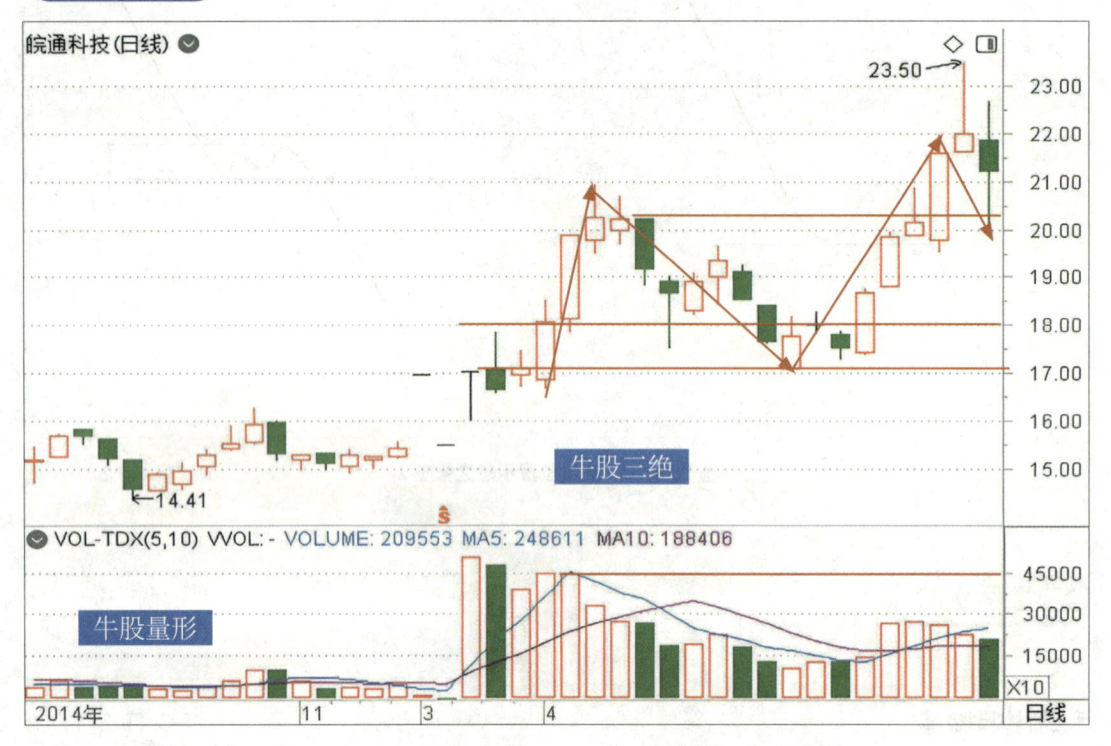

▲ 图9-72 2014年10月—2015年4月皖通科技日K走势

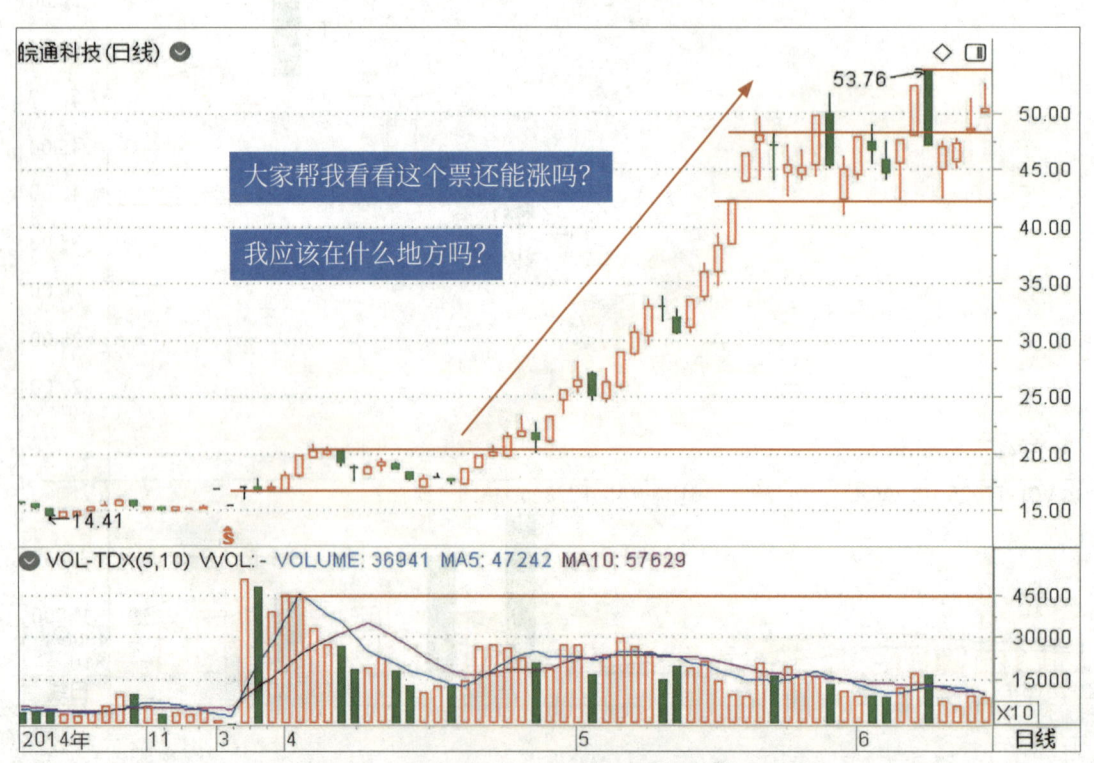

▲ 图9-73 2014年10月—2015年6月皖通科技日K走势

9 财星专栏

案例9-19

▲ 图9-74 2014年11月—2015年5月川发龙蟒日K走势

▲ 图9-75 2014年11月—2015年6月川发龙蟒日K走势

案例 9-20

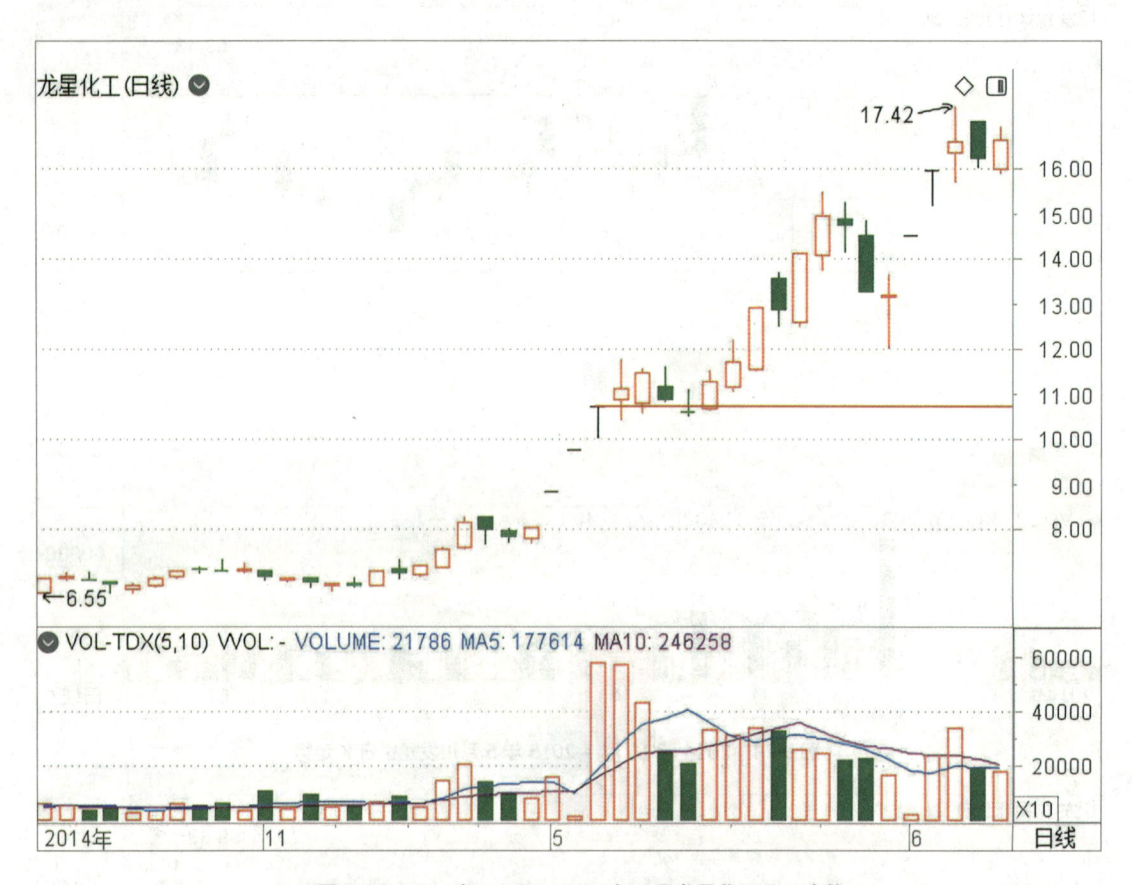

▲ 图 9-76　2014 年 10 月—2015 年 6 月龙星化工日 K 走势

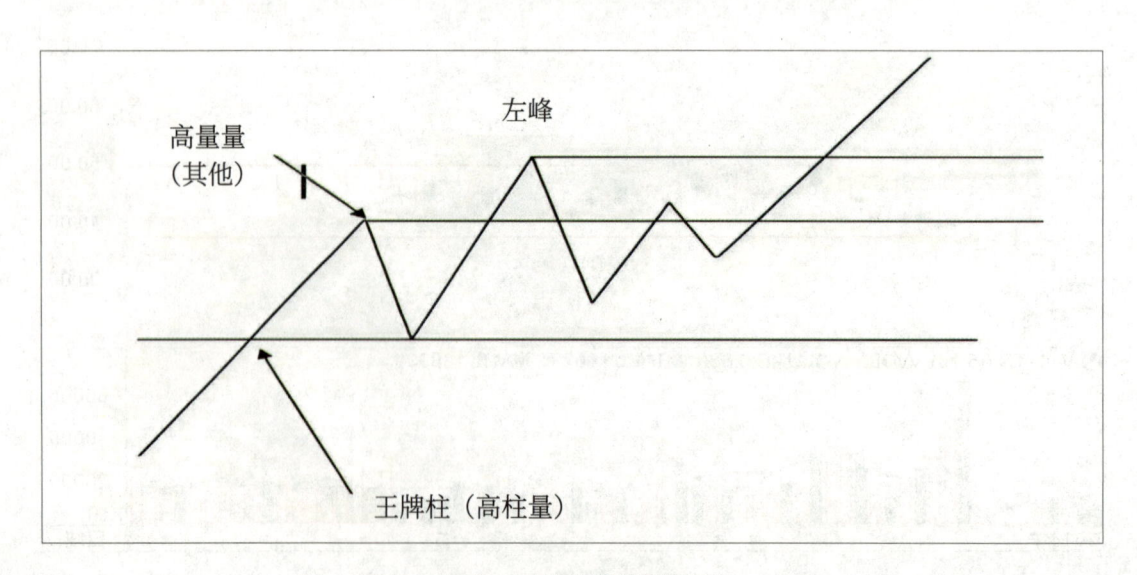

▲ 图 9-77　高量位置示意之狡庄

案例 9-21

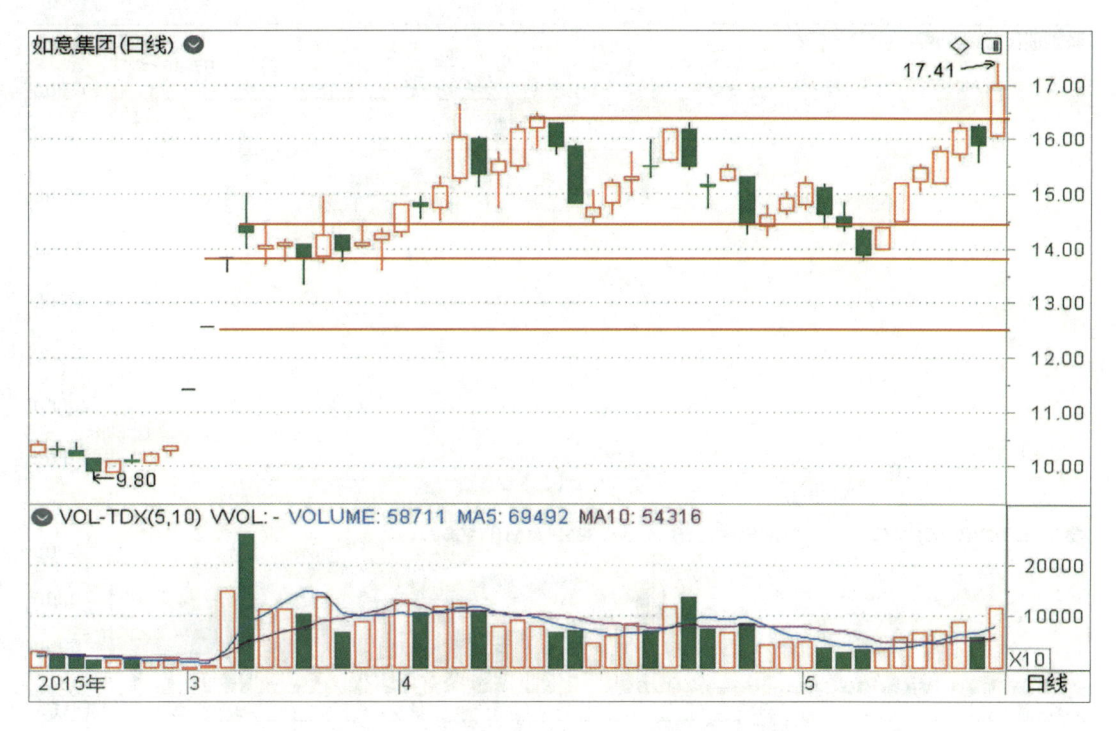

▲ 图 9-78　2015 年 1 月—5 月如意集团日 K 走势

▲ 图 9-79　2014 年 12 月—2015 年 6 月如意集团日 K 走势

案例9-22

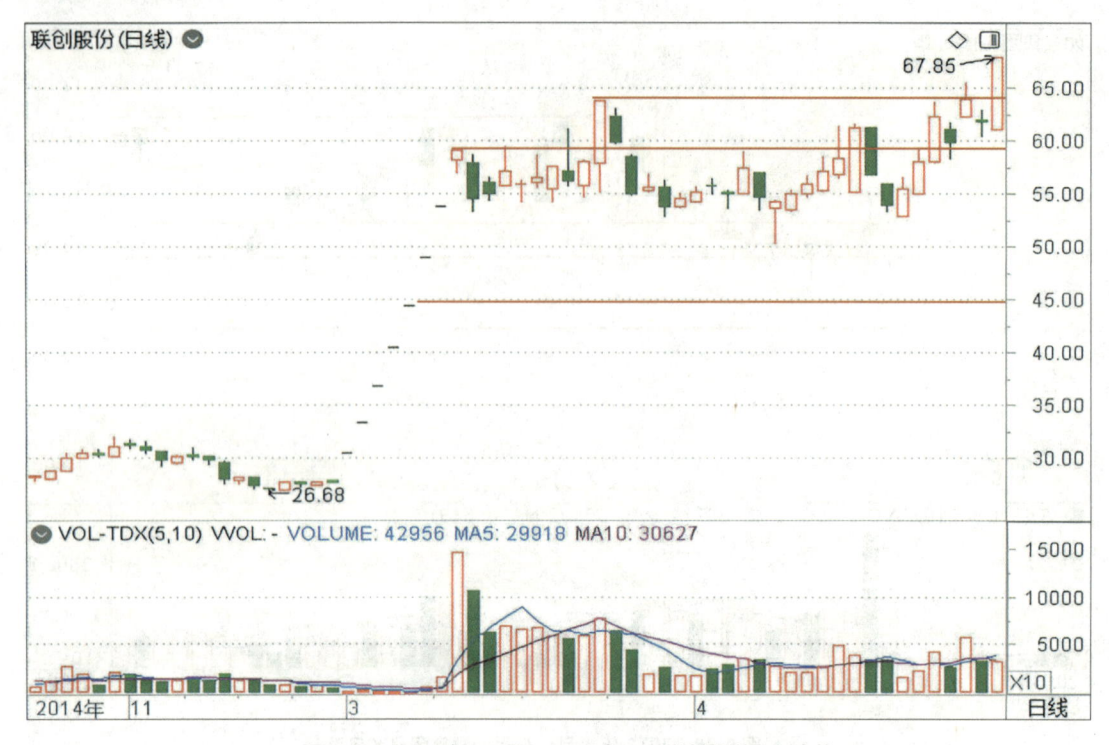

▲ 图9-80　2014年10月—2015年4月联创股份日K走势

▲ 图9-81　2015年3月—6月联创股份日K走势

四、高量柱战法注意事项

位置决定性质：开仓位置。

❶黄金仓，黄金劫底部。

❷过高量峰顶及回踩。

❸过左峰及回踩。

❹过左峰前两板，最好价板量缩。

❺过峰第一个假阴真阳。

❻主升浪双阴进货，黄金线进货做 T。

五、总结

归根结底，我们要知道的就是"如何选股""如何买股""如何持股""如何卖股"的四大问题（攻与逃的问题）。

高量战法选牛股。

关键点位建重仓（底部、过峰）。

持股过程不要怕，大胆去做 T+0。

判顶三绝出现的时候要全仓平掉。

均线共振手法

一、分类

❶ 均线金叉共振。

❷ 均线死叉共振。

二、原理（以均线金叉共振为例）

两根不同周期的均线组从空头排列到出现黄金交叉，一般来说股价已经涨了一段了，因为这个时候股价还处于空头走势中，上涨走势并不连贯，加上大家都认为均线金叉后走势已经转变成多头走势，排除极端连续逼空走势，这个时候容易出现短期洗盘回踩均线的动作，回踩完成重新止跌企稳再次拉升时才是比较好的进场机会。需要注意的是，这是衡量股价是否真的从下跌趋势转变成上涨趋势的关键，没有均线金叉共振，大概率将走出横盘震荡走势或反弹后延续下跌趋势。

案例9-23　均线金叉共振

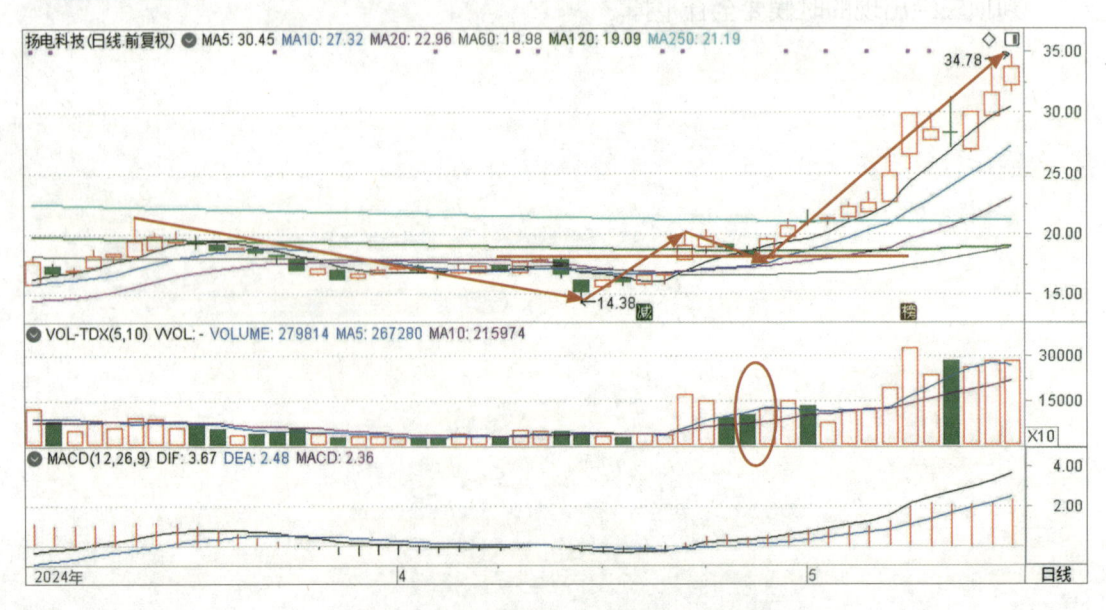

▲ 图9-82　2024年4月23日扬电科技均线黏合

2024年4月23日扬电科技在连续下跌一波行情后，出现放量跳空阳线突破颈线位，同时出现5日、10日线金叉信号，但是股价从最低点已经连续上涨6个交易日了，所以不能追高参与，之后并没有一路上攻，而是4月25日、26日连续回踩两天，回踩5日线后，于29日出现阳包阴走势确认共振回踩完成才出现一波拉升，之后短期内连续上涨超79%（见图9-82）。

案例 9-24 均线死叉共振

▲ 图9-83 2024年3月26日江淮汽车5日、10日均线死叉

江淮汽车在一轮连续上涨行情后，于2024年3月26日出现5日、10日均线死叉信号，但是这个时候股价已经连续调整7个交易日了，所以这个时候不能杀跌卖出，之后共振反弹了3个交易日后才开始出现一波下跌走势（见图9-83）。

三、均线死叉共振级别

均线共振是看级别的，级别越大的均线组，金叉或者死叉后，共振的时间越久。一般5日、10日线共振时间在1~3天，但是60日、120日线共振时间可能在20个交易日以上，所以选对适合自己级别的均线组很重要。

飞龙在天

一、攻击目标

龙头股的主升浪（见图9-84）。

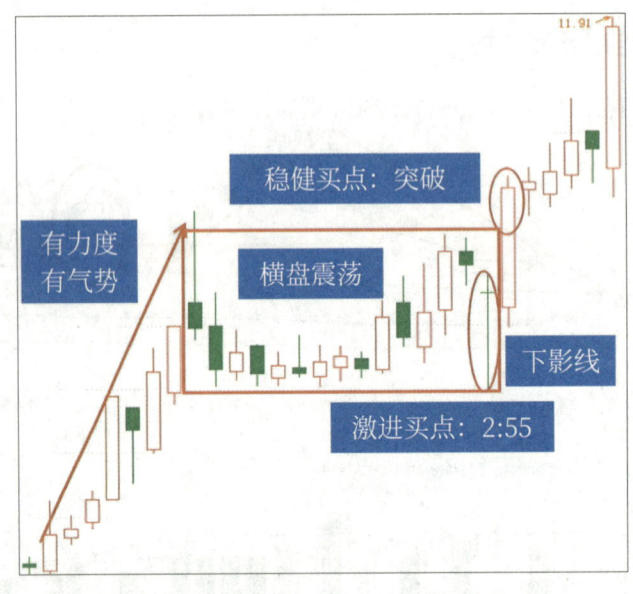

▲ 图9-84　飞龙在天形态

二、战法要点

❶ 第一波上涨要有力度、有气势，且成交量明显放大。

例如，两连板（实体板）以上，或者连续大阳累计上涨30%左右。

❷ 横盘震荡（箱体）中，出现长下影线K线（下影线是当天K线实体的2倍及以上，越长越好）。

目前，股价处于横盘震荡（箱体）中，此过程是在清洗跟风的获利盘和释放前期套牢盘。

三、买点

❶ 激进者：在下影线当天，尾盘2:55买入。

❷ 稳健者：次日突破箱体上沿，买入。

龙回头战法

一、攻击目标

龙头股的第二波上涨（见图9-85）。

二、战法要点

❶ 第一波上涨要有力度、有气势、有高度，且成交量明显放大。

例如，两连板（实体板）以上，或者大阳上涨波段涨幅在30%左右，涨幅越大越好。

❷ 回头的形式：日K线的高、低点不断下移，走势呈"A"字形。

❸ 在"A"字杀时的成交量：成交量逐步萎缩（量能＝动能）。

❹ 转折点——找下影线：连续下跌后出现带下影线K线（下影线的长度是当天K线实体高度的2倍及以上，越长越好）。

❺ 检验强支撑是否有效：第二天必须是涨/跌幅在2%左右（越小越好）的小阴、小阳。

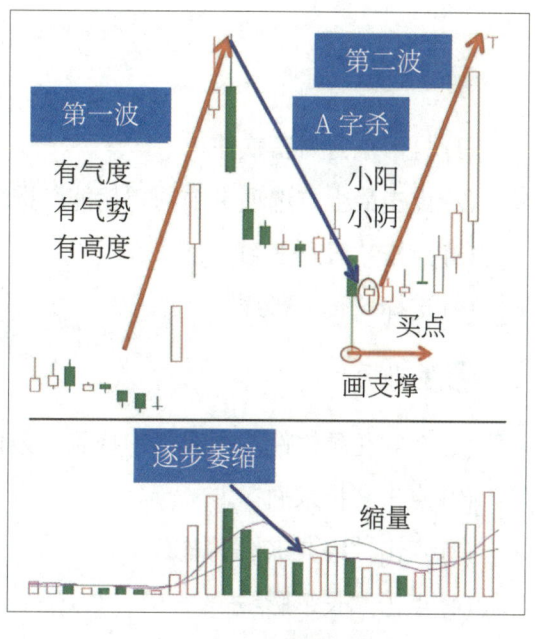

▲ 图9-85 板后倍量阴形态

三、买入方法

❶ **画支撑**：以下影线的最低点画一条水平线为支撑线。

❷ **定方针**：次日尾盘2:55左右，如果股价涨跌2%左右（越小越好），则果断买入；反之，如果股价在昨日下影线最低价附近，则果断放弃。

四、止损

买入后，若跌破下影线支撑线，则果断止损。调整心态，重新再战！

五、龙回头长下影线寻找方法

❶ 电脑版。

(1) 打开东方财富软件。

(2) 点击最上方选项卡中的"功能"选项卡，在下拉菜单中点击"条件选股"。

(3) 点击"五彩 K 线"。

(4) 选择"长下影线"。

❷ 手机版。

(1) 在同花顺软件，搜索栏中找到"条件选股"。

(2) 点击"技术面"。

(3) 点击"经典 K 线形态"。

(4) 点击"长下影线"。

市场总龙头接力战法

一、龙头的三大特征

① **领涨**：涨幅在所属题材热点最大。
② **带动**：带板块，带大盘，带超短情绪（核心）。
③ **强大**：强于大盘、强于个股、强吸引力、强势形态、强流动性。

二、龙头的五强

① **强于大盘**：大盘跌，不跟跌，大盘涨，涨得更猛。
② **强于个股**：强于同板块个股，强于同梯队。
③ **强吸引力**：强吸金能力，一说就知道，知名度高。
④ **自身够强**：日线不走 A，分时按不死。
⑤ **强流动性**：量能均衡，换手充分，你方唱罢我登场。

三、技术叠加识别龙

形态 + 量能 + 分时 + 盘子 + 题材 + 板块 + 大盘 + 情绪拐点。

案例 9-25

中通客车，新能源车龙头，31 个交易日，涨幅达 485%（见图 9-86）。

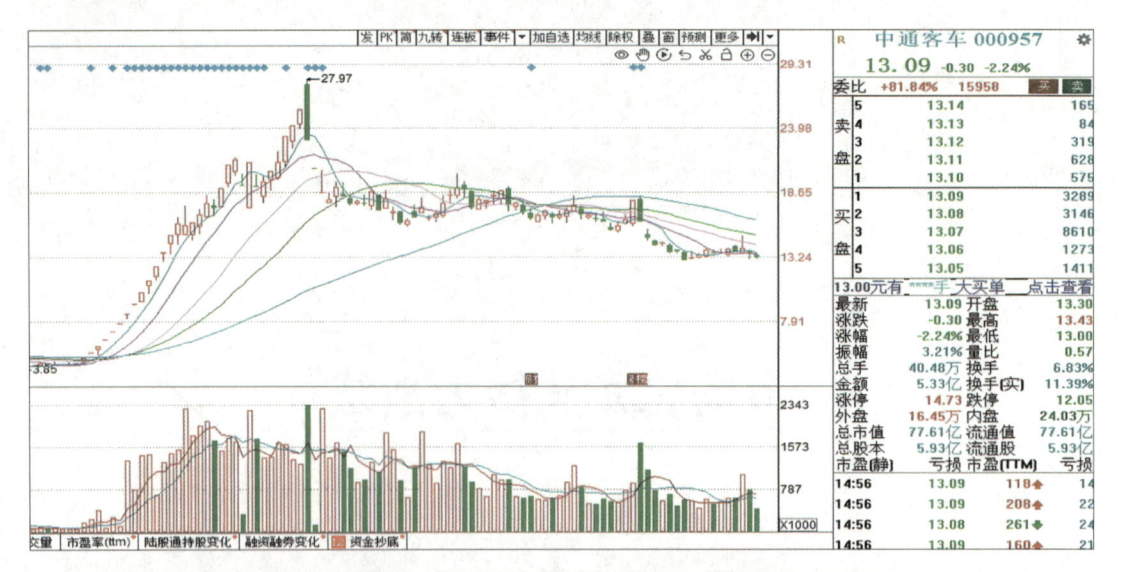

▲ 图9-86 2022年4月27日—10月21日中通客车股价日K线走势

案例 9-26

大港股份，芯片龙头，21个交易日涨幅达195%（见图9-87）。

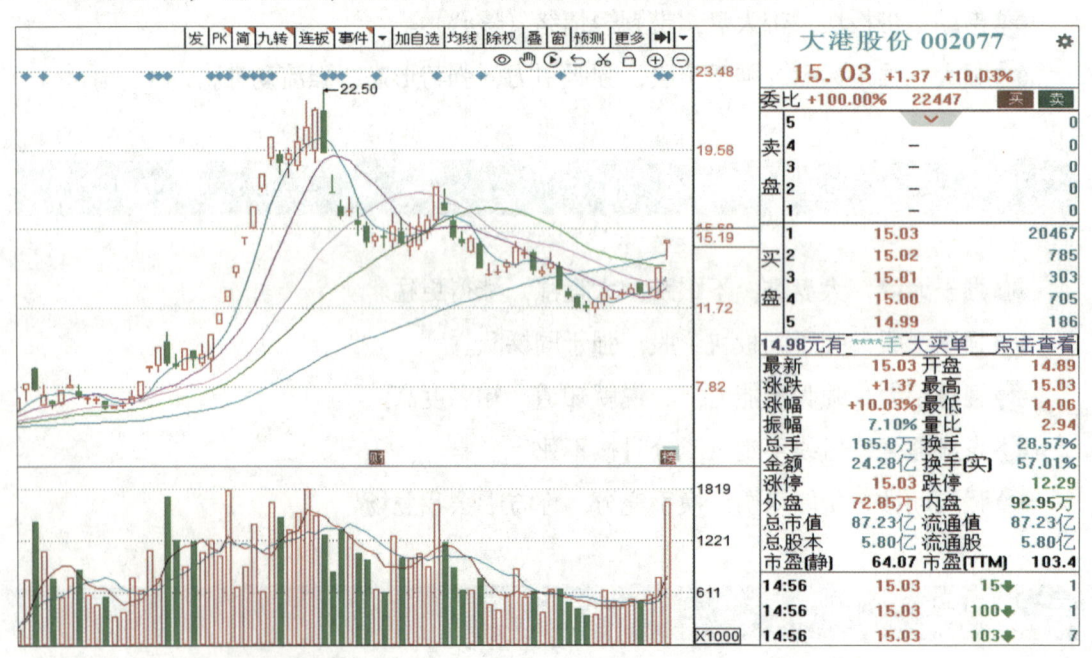

▲ 图9-87 2022年7月1日—10月21日大港股份股价日K线走势

四、龙头实操战法：5天和13天均线

① 5天均线：强势攻击线，买入线，持有线，卖出线。

② 13天均线：短期见顶生命线。

龙头二波顶级策略

一、选股条件

❶ 二板及其以上（见图9-88）。
❷ 连续调整三天以上。
❸ 符合当下热点题材＋市场上涨段（下跌市尽量不做）。

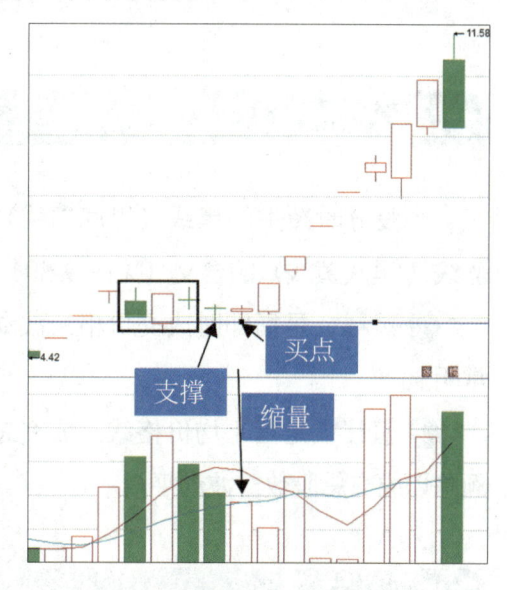

▲ 图9-88 龙头二波形态

二、转折K线

调整第四天的K线若符合以下条件，则为转折K线。

❶ 必须是分歧转一致缩量K线（后量小于前量）。
❷ 下跌创新低（当天盘中最低价低于前一日最低价）。

三、画支撑

以转折K线当天最低价所在水平线为支撑线。

四、进场条件

弱势震荡（次日尾盘14:56不破支撑线进场）。
强势拉升（3%～5%上车）。
震荡拉升（5%左右上车）。

五、止损条件

尾盘跌破支撑线止损。

蚂蚁战法：高胜率尾盘选股

一、分时图详解

个股分时图中的黑线（黑底白线）与蓝线（黑底黄线）的含义（见图9-89）。

❶ **黑线**：是指即时成交价格，波动非常明显。

❷ **蓝线**：是指平均价格线，成交总金额除以成交总股数，波动平滑。

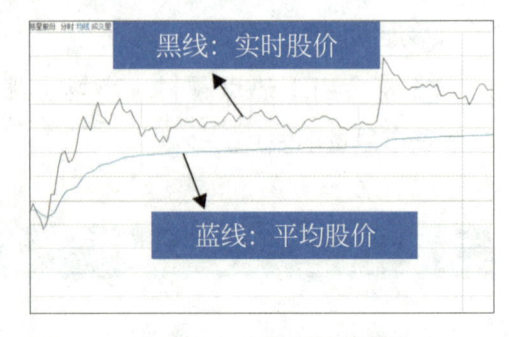

▲ 图9-89　实时线和均线

二、脉冲上涨盘尾分时战法

❶ 下午2:30之前的分时图呈脉冲上涨趋势，对应成交量明显放大，量价齐升。
❷ 股价小幅下跌但没有跌破蓝线均价线。
❸ 下午2:50—2:57，分时呈现小幅放量趋势，且黑蓝线偏离值不超过3%。

三、"一张弓"上涨盘尾分时战法

❶ 下午2:30之前的分时图呈"一张弓"上涨趋势，对应成交量温和放大，量价齐升。
❷ 股价小幅下跌但没有跌破黄线均价线。
❸ 下午2:50—2:57，分时呈小幅放量趋势，且黑蓝线偏离值不超过3%。

超跌反弹战法

一、选股条件

❶ 高位人气第一波调整的股（搏反弹）。
❷ 破位下跌底部的股（做启动）。
❸ 最好贴合市场主线方向，尽量不做冷门板块。

二、战法要点

❶ 下跌或者调整阶段出现金针探底（下影线长度不小于实体部分长度），在最低价位置画支撑线。
❷ 第二日必须缩量收阳线。
❸ 阳线的量低于前期高位量的 $\frac{2}{3}$。
❹ 阳线的量低于前一天阴线的量。
❺ 阳线不能跌破前一日的支撑线（见图 9-90）。

三、买点

❶ 阳线不破支撑，当天尾盘 2:50 买入。
❷ 阳线不破支撑，第二日开盘抄底买入。

四、止损

跌破支撑位止损。

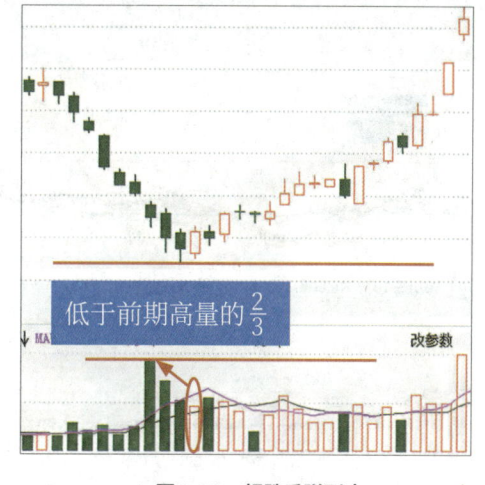

▲ 图 9-90 超跌反弹形态

势不可当攻击回调战法

一、战法逻辑

主力震荡上攻前期高点，历史验证，第3次（或第2次）上攻力度大、胜率非常高。

二、优选条件

❶ 确认前期放量进攻的高点——资金被套的成本线，攻击区域为前高的 95% 左右。

❷ 股价至少 2 次（或 3 次）攻击这个失败点（高点距近期攻击点——跨度至少 2 个月，最多 3 年）。

❸ 攻击前高失败，回落 10% 左右，在 5-10-20-60MA 处获企稳，上涨 3% 买进。

三、止损

收盘跌破买入时的企稳均线止损（见图 9-91）。

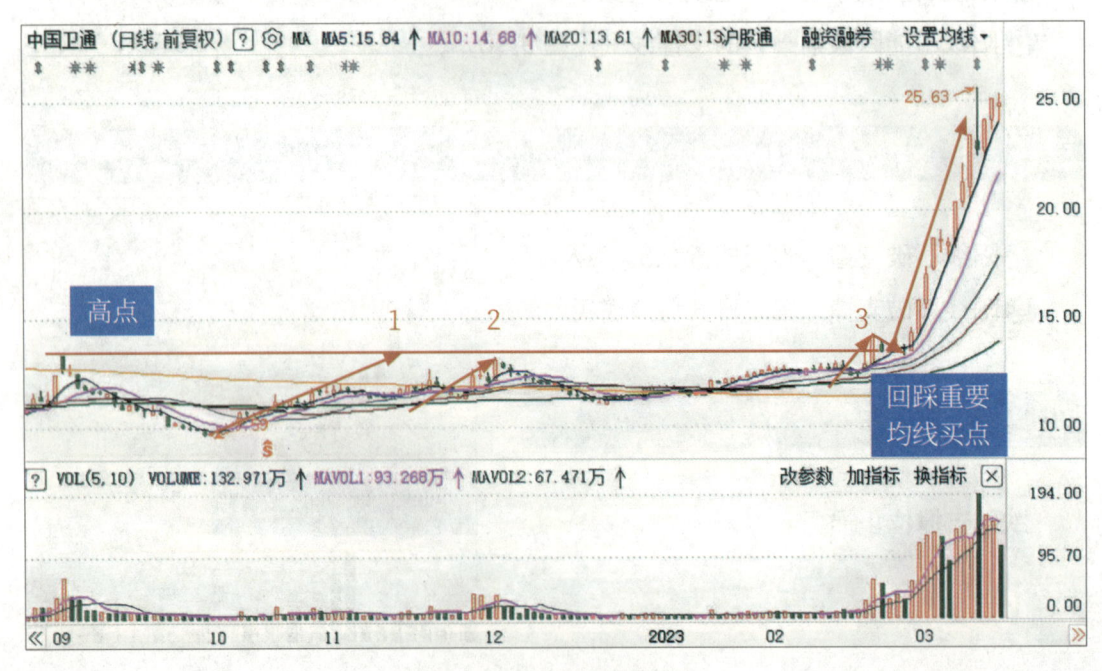

▲ 图 9-91　攻击回调战法形态

注册制战法——涨停回调低吸

一、选股条件

❶ 首板涨停，分时股价站上蓝色均价线。
❷ 换手率达 3% 以上。
❸ 市值 300 亿元以内。

二、情绪释放点

当天涨停最高价到最低价 $\frac{1}{2}$ 的位置。

三、支撑位

涨停当日的最低价。

四、进场条件

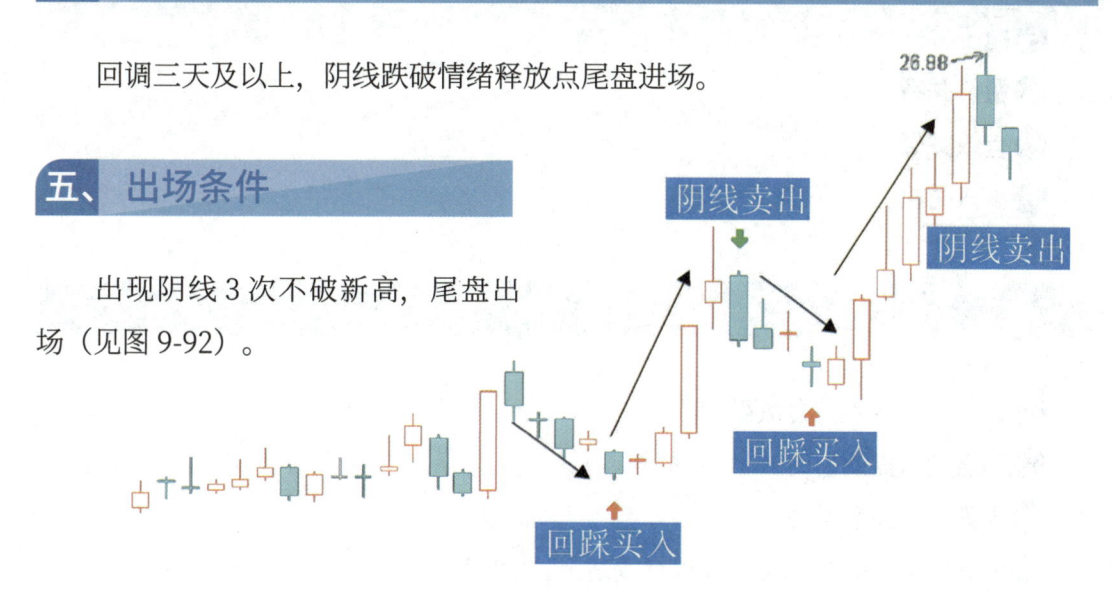

回调三天及以上，阴线跌破情绪释放点尾盘进场。

五、出场条件

出现阴线 3 次不破新高，尾盘出场（见图 9-92）。

▲ 图 9-92　涨停回调低吸形态

一根线抓牛股起爆点战法

一、买入条件

❶ **成交量。** 放出超过前5天均量两倍以上的阳量。

❷ **股价。** 收出长实体带上影线的大阳线。

❸ **走势。** 上涨突破前期整理平台。

二、关键词

❶ 试盘线。

❷ 起爆点。

❸ 抛压。

❹ 量价关系。

❺ 有效突破。

❻ 买入时机。

三、技术要点

❶ 第一时间找到主力试盘线。

❷ 搞清楚试盘的目的。

❸ 明确主力操盘意图。

❹ 试盘线出来的第二天，股价有效站上试盘线时就是最佳上车参考时间。

战法案例如图9-93、图9-94所示。

9 财星专栏

案例 9-27

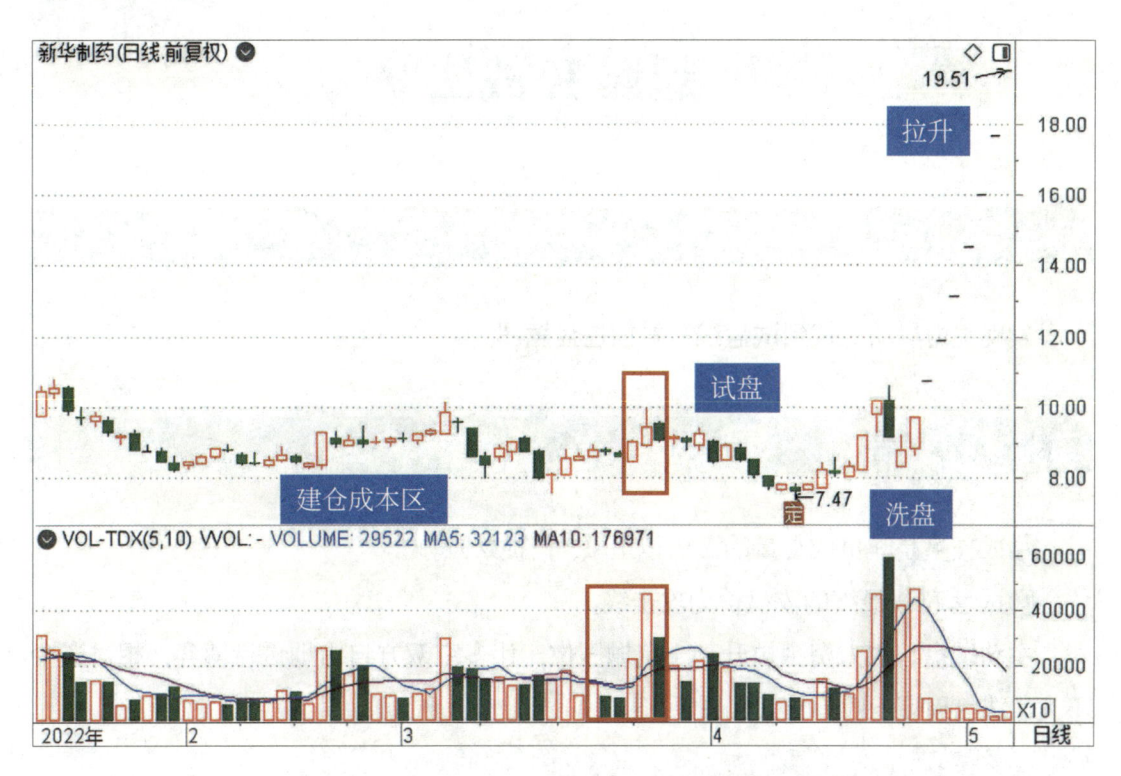

▲ 图 9-93 2022 年 1 月 14 日—5 月 10 日新华制药日 K 线走势

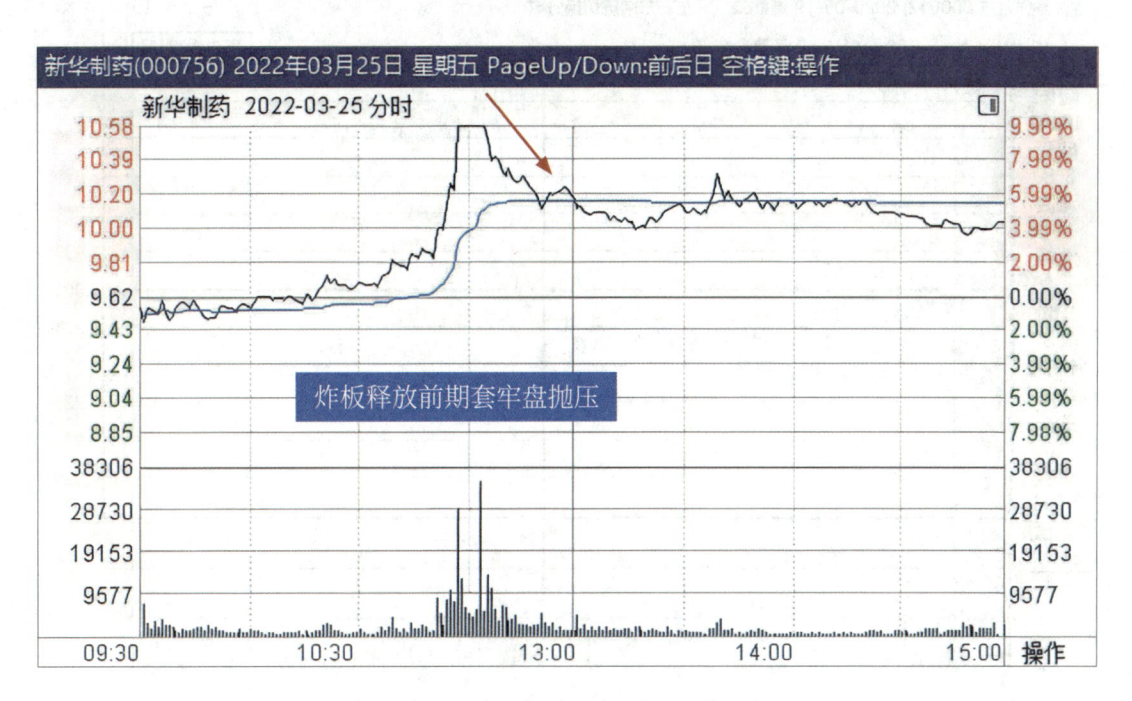

▲ 图 9-94 2022 年 3 月 25 日新华制药分时图

起爆 K 战法

一、底层逻辑

发现主力异动，找到试盘线，看懂控盘意图。

二、核心条件

❶ 成交量是昨日成交量的 2 倍以上（3 倍捉妖）。
❷ 试盘 K 以最终的收盘价为攻击线。

主动试盘： 主力资金拉升到一定抛压位，让多空双方自由地进行博弈，相对资金不大，洗盘周期一般不长（见图 9-95）。

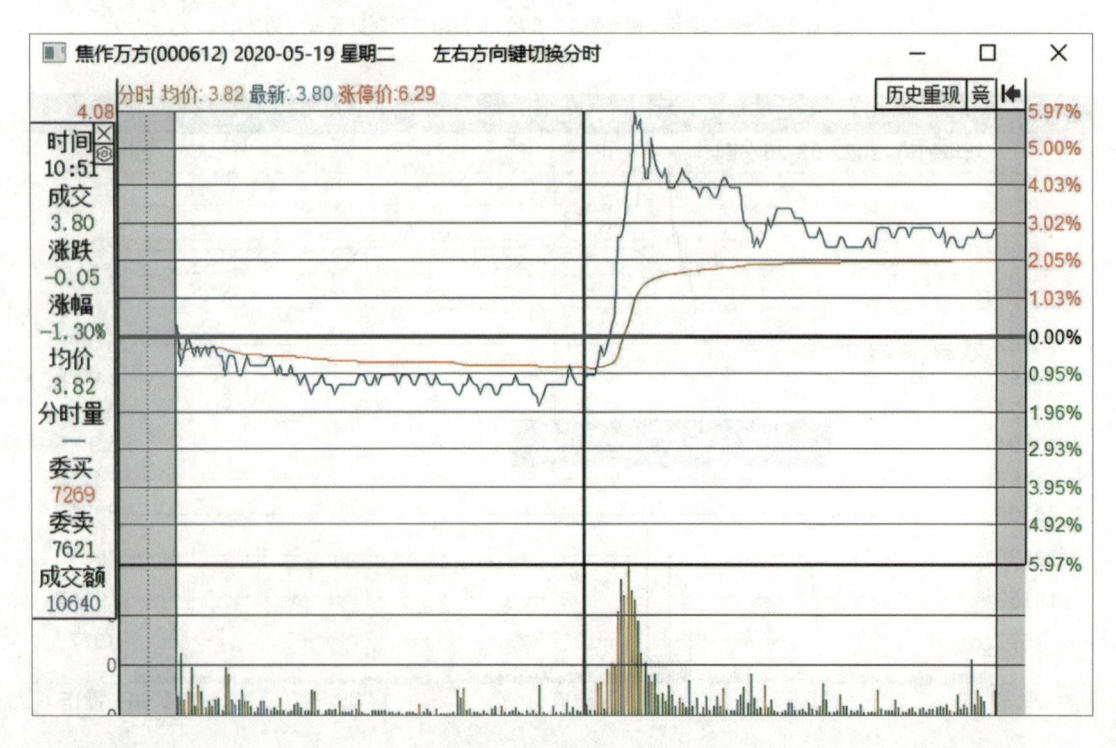

▲ 图 9-95　主动试盘 K 线分时图

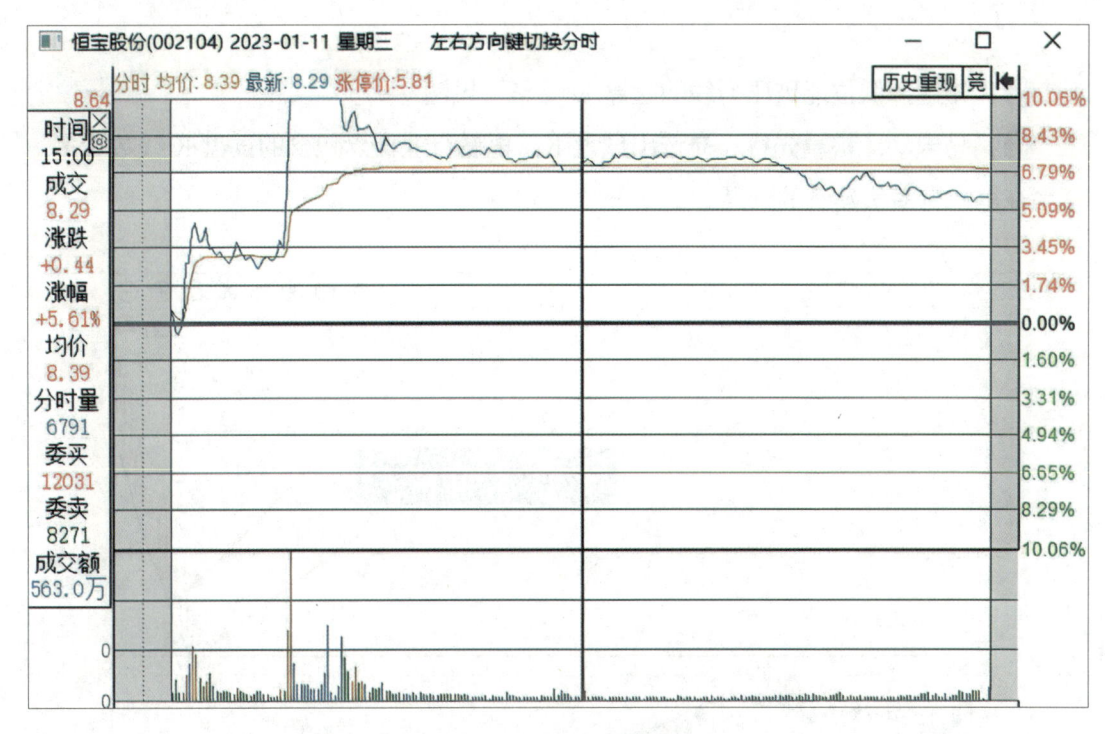

▲ 图 9-96　被动试盘 K 线分时图

被动试盘： 主力想拉升，在板上试探抛压，抛压太大导致炸板，价格自由地进行波动。如果第二天没有弱转强的话，那么洗盘周期会较长（见图 9-96）。

❸ 趋势。

(1) 主升。

(2) 震荡（高位 低位）。

(3) 主跌。

❹ 起爆 K——突破攻击线的 K 线（量分时）。

三、买入问题

❶ 大环境差的时候不做（板块、热点、概念叠加）。

❷ 过牛熊分界线（EMA），过加权平均 28 日线。

❸ 过前一天收盘价，可轻仓试探，突破最高价走势，再加仓。高开低走不做，短期没有站稳不做。

❹ 起爆 K 的量必须大于试盘前期的地量水平。

❺优先选择低位能破压力线的起爆 K 上车（见图 9-97）。

❻兵马未动，粮草先行。先选出试盘 K，再看行业概念包含的试盘 K 线数量多，资金在里面有潜伏建仓的预期。

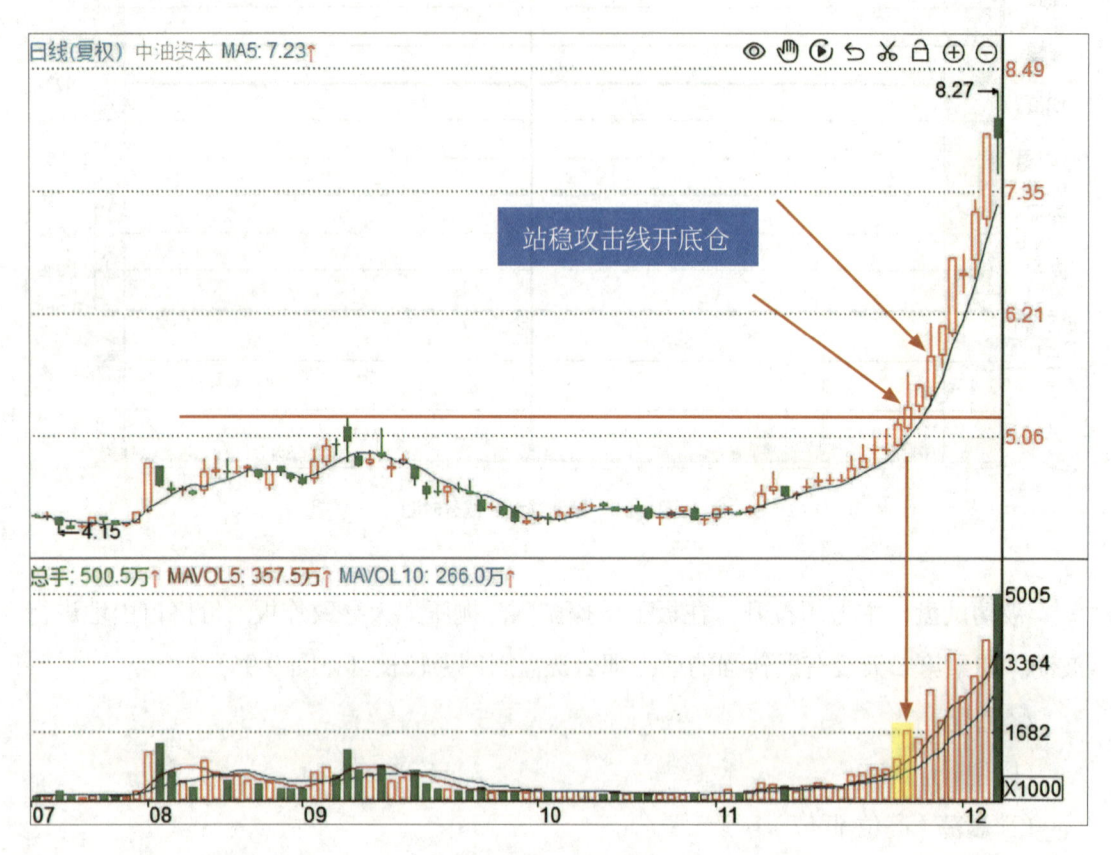

▲图 9-97　起爆 K 形态

四、选股步骤

❶以非 ST 主板股为主（考虑基本面业绩），尽量不考虑创业板和科创板股票。

❷涨幅为 3%～9.5% 的中阳线。

❸今日成交量是昨日成交量的 2 倍以上（3 倍也可以）。

❹股价在 0～15 元。

❺流通市值 150 亿元以内。

五、止盈止损

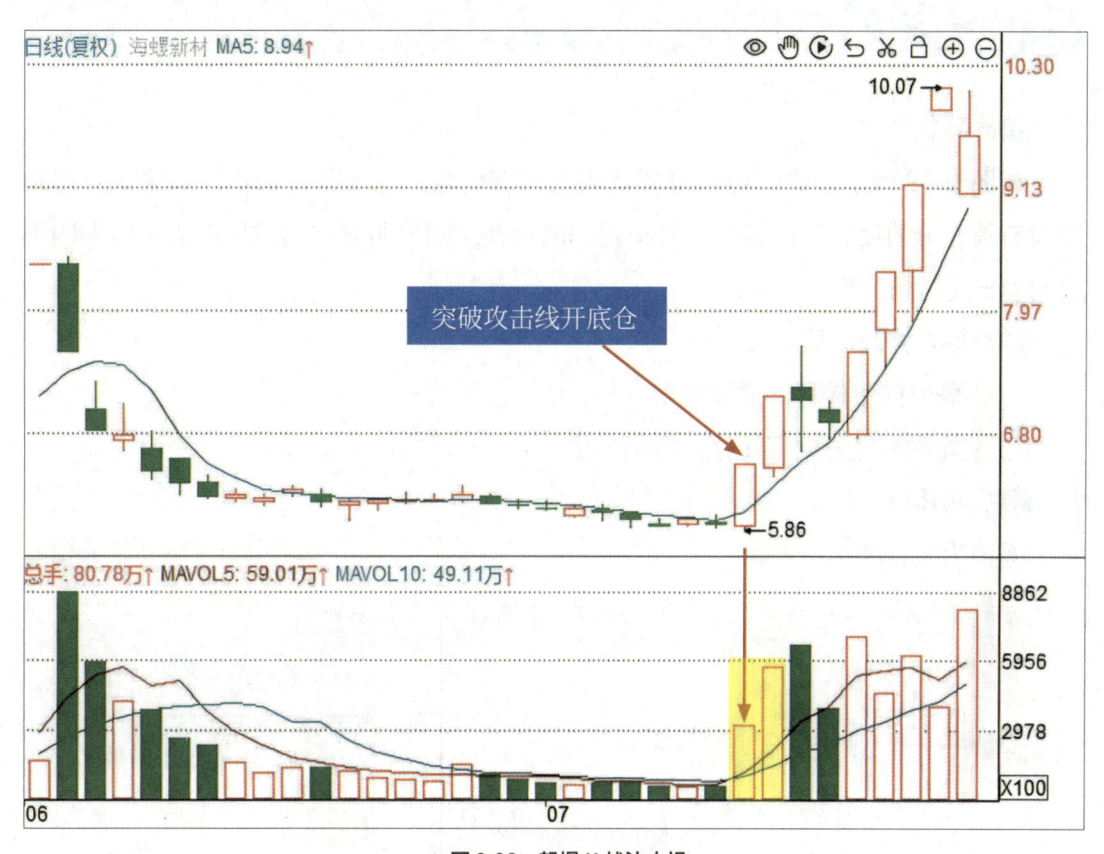

以五日线为攻击线，破线走人。

试盘 K 的收盘价为第一止损位，主力拉升的成本区为最终止损位（见图 9-98）。

▲ 图 9-98　起爆 K 战法止损

筹码峰八大跟庄战法

一、上峰不死，下跌不止

❶ 筹码状态。

如图 9-99 所示，高位蓝色筹码代表上方套牢盘，在下跌行情里，如果上方密集峰没有被充分消耗，并伴随单峰密集筹码的存在，则说明套牢盘承压较大，短期内不会有新一轮行情产生。

❷ 后期走势及对策。

(1) 上峰未向下转移，需要规避。

(2) 上峰没有充分向下转移，择机卖出。

❸ 交易策略。

观望为主。

▲ 图 9-99　上峰不死，下跌不止

二、单峰密集，主力参与

❶ 筹码状态。

如图 9-100 所示，股价经过较长时间的整理之后，移动成本分布在低位并形成单峰密集。股价放量突破单峰密集，通常是一轮上升行情的征兆。

❷ **操作要点**。

股价放量突破单峰密集，投资者可以积极介入。一轮上涨行情的充分条件是移动成本分布形成低位单峰密集。单峰的密集程度越大，筹码换手越充分，上攻的力度越大。

❸ **交易策略**。

买入信号。

▲ 图 9-100　单峰密集，主力参与

三、多峰林立，行情延续

❶ **筹码状态**。

股价在拉升途中，形成一个或多个密集的筹码峰，表明主力资金持续进场推高股价！拉升的行情将持续，应持股待涨，或逢低加仓（见图 9-101）。

❷ **交易策略**。

逢低加仓 / 持股待涨。

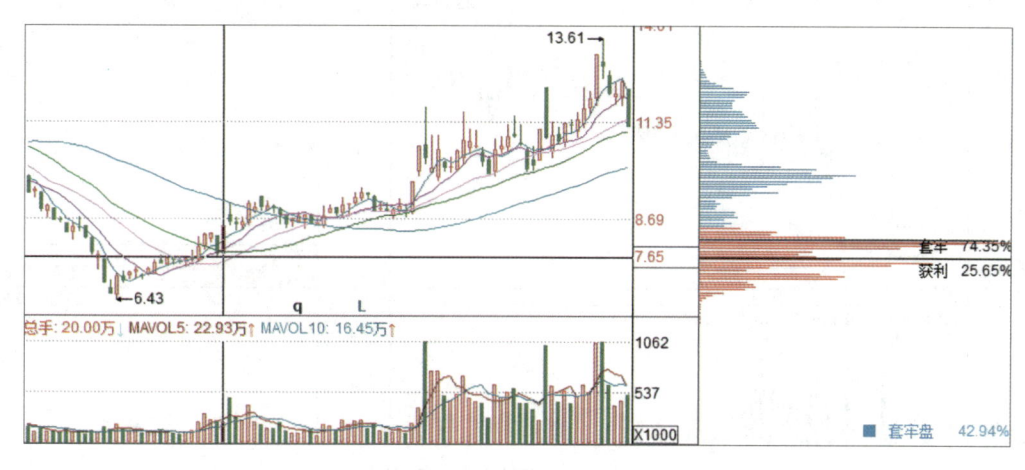

▲ 图 9-101　多峰林立，行情延续

四、多峰锁仓，顶级强庄

❶ 筹码状态。

当行情处于一轮主升浪阶段，股价连续拉升，主力只需要很少的资金就能拉动价格封住涨停，此时盘口不会放出巨量，并且筹码峰也是小山峰状，可以视作主力锁仓，高度控盘，说明庄家比较强，志存高远（见图9-102）。

❷ 交易策略。

持股待涨。

▲ 图9-102　多峰锁仓，顶级强庄

五、下消上移，换庄接力

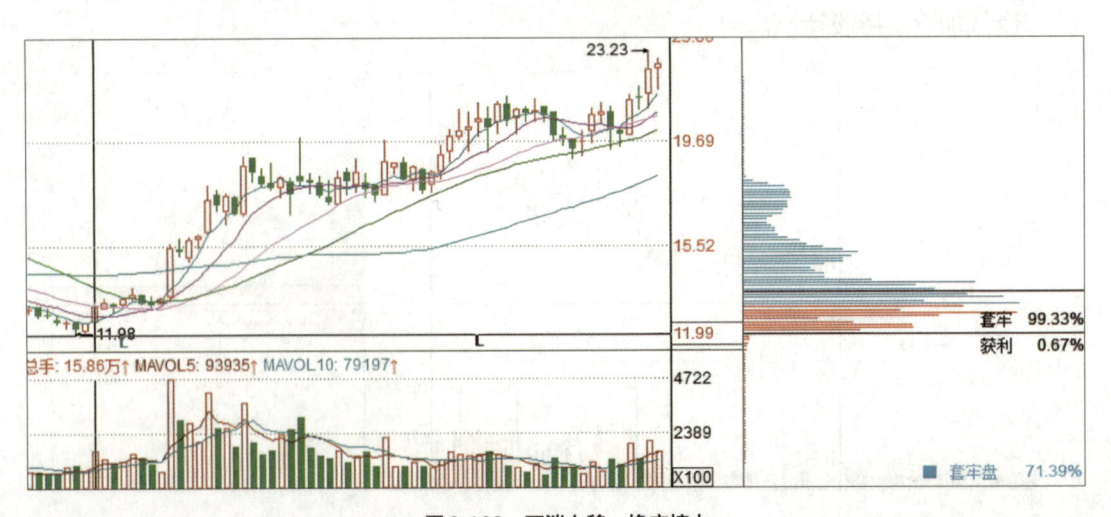

▲ 图9-103　下消上移，换庄接力

❶ 筹码状态。

价格连续拉升之后构筑一个小平台，不断地震荡，最后下方的筹码在集中往上移动上挤，视为有新的庄家主力在此接力，后市上升行情尚未结束（见图9-103）。

❷ 交易策略。

持股待涨/择机买入。

六、多峰齐消，就是要逃

❶ 筹码状态。

2022年年初的大妖精华制药，在2022年1月2日这一天，下方的筹码峰和顶格筹码一起消失。这说明多个庄家主力在争先恐后地抛售筹码，随后价格连续下跌（见图9-104）。

❷ 交易策略。

逢高出局。

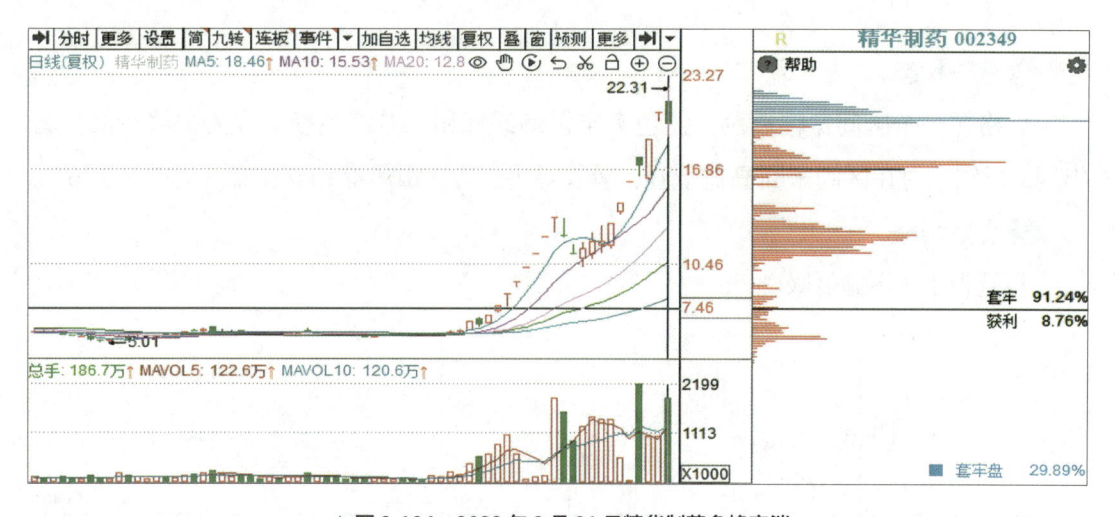

▲ 图9-104　2022年2月21日精华制药多峰齐消

七、下峰锁定，上涨未尽

❶ 筹码状态。

在行情放量突破平台这一天，出现顶格筹码峰，价格连续上涨，但是下方的顶格筹码牢如磐石般没有松动的迹象，视作建仓的第一个主力没有逃跑的迹象，上涨行情没有走完（见图9-105）。

❷ **交易策略。**

持股待涨。

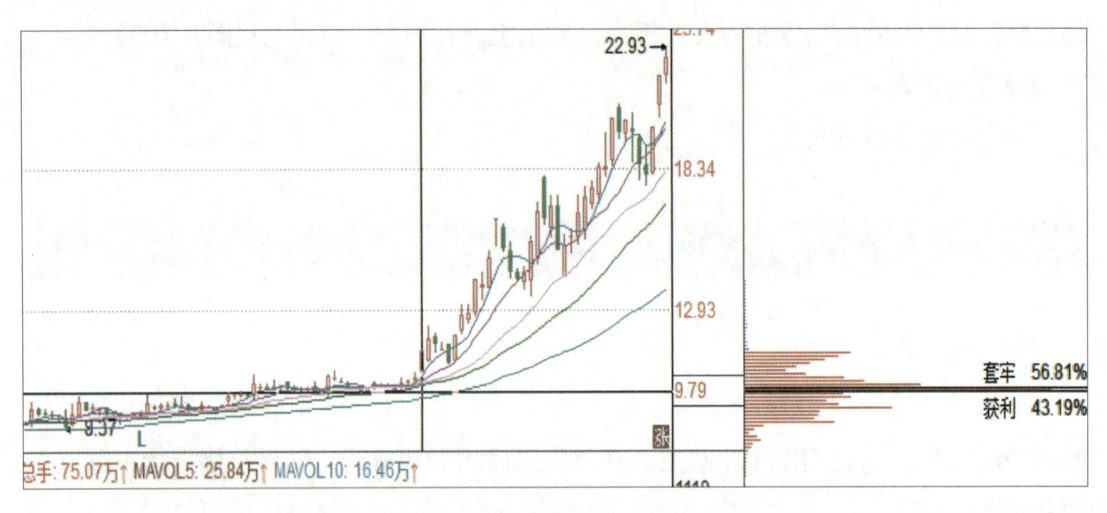

▲ 图 9-105　下峰锁定，上涨未尽

八、双峰对垒，高抛低吸

❶ **筹码状态。**

价格在一个区间宽幅震荡，蓝色套牢盘筹码峰和下方红色获利盘筹码峰轮回交替出现，视作主力在区间来回高抛低吸，吸收筹码，清洗跟风盘和套牢盘（见图 9-106）。

❷ **交易策略。**

观望为主 / 高抛低吸。

▲ 图 9-106　双峰对垒，高抛低吸

后记

投资为了什么？财富自由？最终还是为了享受生活。

但大多数投资者在股市多年，既没能增加财富，更谈不上享受生活。

多少人因为错过一只股票而后悔，多少人因为自己长期投资失败而伤感，多少人因为融资爆仓而遗憾终身。

投资虽然不是一个人生活的全部，但不少人的投资会影响其全部的生活。

如果你还在市场里郁郁不得志，只要还拥有时间，那么一切也没啥大不了的。

那些杰出人物，也曾郁郁不得志，也曾经历过挫折，但他们不屈不挠，坦然面对一切，最终站起来了。

人生之路顺风顺水最好，但逆境也是成长必不可少的部分。

当行情处于上涨大趋势时，懂得借势抓机遇，当然也大可不必因为顺利而沾沾自喜。

当然，面临行情逆境时，也不要悲伤。停下脚步，认真反思，因为下跌终将有一天会轮回到反转。

只不过大部分人要么是等不到反转的时间，要么是找不到跳出逆境的方法。阅读那些杰出人物的经历，学习那些杰出人物的技能，是最快突破逆境的绝招。

只有经历过股市的牛熊，才能从骨子里敬畏市场，才能坚定股市的信仰。也正是这种完整的经历，丰富了投资历程，也让我们在市场上走得更远。

最后，在追求财富结果的同时，也别忘了欣赏追求的过程，因为过程绘成了我们人生的轨迹。欣赏它的下跌与上涨，如同享受我们的人生。